U0088000

印尼史

異中求同的海上神鷹

李美賢——著

三民書局

自序：怎麼都去「那種地方」？

因研究與公務上的需要，近年來經常出國旅行。某日一位好奇的舊日同學，細問出國都去那些地方，聽聞「印尼、馬來西亞、泰國、菲律賓、越南、……，較常去印尼……」，同學略帶些許同情的口吻感嘆：「怎麼都去『那種地方』」。

「那種地方」四個字，對心緒的撩撥，久久無法平息。「那種地方」！怎樣的地方？臺灣「外勞的輸入地」、臺灣「婚姻市場失敗者重拾自尊自信之地」、臺灣疾病管制局經常提示大眾的「傳染病來源之地」、有著適合臺商開創新天地的「廉價勞動力」的投資地、「姑息滋養恐怖份子的罪惡之地」等等。無疑地，這些描述，始終是臺灣「南向」東南亞時，普遍的刻板印象與基本姿態。也因之，對我之「不得不去」「那種地方」所發出的同情與感嘆，實不難理解。

尤其是印尼，1997 年以來，劇烈天災人禍不斷，「貧窮」、「髒亂」、「失序」等等「落後」景象，隨著上榜國際頭條的新聞畫面傳輸全球各地。加之我們的史地教科書，數十年來始終以相對極少數的份量書寫這個地方，以及國內媒體始終以負面文字畫面報導這個地方。在這樣的環境下，我們的社會與人們，當然不可能有天縱的智慧、多元的史觀、敏銳的觸角、寬廣的眼界，來理解

這個地方的「何以不能『發展』」、「何以不能『繁榮』」、「何以不能『進步』」；或更簡要地說：「何以不能像『另一種地方』那樣」。想想，「怎麼都去『那種地方』」，或許不過是最直覺的一種反應；也不必然是傲慢的「（次）帝國之眼」對「那種地方」的凝視。

「安適穩定」的中產階級背景與位置，無形中阻礙了理解與同理以上所有的「何以不能」的速度與進程。在試圖理解甚或解釋「何以不能」的過程中，深悟「安適穩定」的生命經驗本身，竟是知解人類百態百命的屏障與侷限。奇妙的是，在這個試圖理解與解釋的過程裡，「感動」，竟成為每一趟旅行最厚重的內涵。企圖擴大分享此一感動的知性網絡，正是書寫本書的動機。

感念政治大學陳鴻瑜教授開啟我接觸印尼研究的機緣。謝謝三民書局給我書寫本書的機會，以及對本書以年計算的延宕的無盡寬容。書中豐富的資料、圖片及說明，得助於當年優秀的助理李永傑先生（現任教於馬來西亞新紀元學院）；也對其在資料蒐集過程中，受盡臺大圖書館內滿是厚重塵蟎的印尼史料的折磨，深感歉疚。另謝謝幾位就讀暨南大學東南亞所，分任我不同階段的助理──陳育章、陳雅莉、吳國華、高偉哲，對本書付梓過程的諸多協助。

客居荷蘭阿姆斯特丹的印尼作家兼歷史學家 Mochtar Lubis，曾如是描述印尼：「印尼——彩虹下的大地 (Indonesia: Land under the Rainbow)」。「彩虹下的大地」，是對印尼美妙而貼切的比喻。受限政治學學科訓練的背景，本書無法跳脫政治發展史的書寫框架，遺漏這片「彩虹下的大地」諸多珍貴的古老文明、豐富多姿

的社會文化風貌、老百姓日常生活的智慧以及無數發生在這片大地上的人類奇蹟。本書無能言盡「彩虹下的大地」的所有美妙，自是遺憾，唯盼未來的增補。本書存在的諸多偏漏與不足，歡迎批評與指教。

李美賢　謹誌

2005 年 4 月 14 日夜

印尼史
異中求同的海上神鷹

目　次 | *Contents*

Indonesia

第 I 篇
印尼的起源與早期發展

前　言

　　千禧年之交，印度尼西亞 (Indonesia) 在中文媒體上總是以貧窮落後、排華動亂等的負面形象出現。這些單面的刻板印象，加上某種的民族主義情緒，讓印尼變成一個不可理解的非理性的國度，一個充滿敵意的他者。不過，除去種種制式表象之後，臺灣對印尼的理解卻可說是相當單薄。舉例來說，就曾有人誤以為印尼共產黨領袖丹馬六甲 (Tan Melaka) 是姓陳的華裔。

　　無論如何，要充分理解這個國家一點也不容易，印尼是一個極為多元、複雜的國家——不論在地理或人文上都是如此。印尼國徽中，神鷹腳下牢牢地抓住 "Bhinneka Tunggal Ika" 的官方標語，這句話是古爪哇用語，意即「形體雖異，本質卻一」，或今天較通用的「異中求同」❶（見圖1）。它似乎是這個國家最佳的寫

---

❶　這句用語出自一則印尼神話：傳說古時候，有一位稱為普魯沙達的國王，他有每天吃人的嗜好。平民百姓因此每天都活在惶恐之中。此時，一個稱為蘇達索瑪的武士十分同情百姓的痛苦，因此向國王進言，表示願意代替百姓受死。但是，國王卻對這樣的干涉憤怒不已，因此多

圖1：印尼國徽　主角是傳說中的神鷹，其腳上抓著的緞帶寫著「異中求同」，而胸前的盾牌則是建國五原則的象徵。居中的五角星代表第一原則：信仰唯一的上帝；右下的環鍊代表第二原則：公正和文明的人道主義；右上的巨樹代表第三原則：印度尼西亞的團結；左上的牛頭代表第四原則：內在智慧和協商共識的代表制指導民主；左下的稻穗代表第五原則：所有印尼人民的社會正義。

照：掙扎在求同與存異之間，以期建立鞏固的民族國家。而掌握印尼這種多元性，將是開始瞭解這個國家的第一步。

第一節　地理環境：海闊而地散

　　印度尼西亞是世界上最大的群島國家，素有「千島之國」的美稱。印尼總共擁有一萬三千六百六十七個島嶼，它們橫跨在北緯 6°08′ 至南緯 11°15′，東經 94°45′ 至 141°05′ 的廣大範圍之內。其陸地面積有一百九十萬平方公里，大約是臺灣的五十三倍。海

　　番企圖殺害蘇達索瑪，不過都未能得逞。最後，他們倆展開了激烈的搏鬥。在打鬥過程裡，濕婆神進入國王的身體，而佛陀則進入武士的身軀，各顯神通，進行無止盡的戰鬥。戰事膠著許久，最後梵天神介入，用 "Bhinneka Tunggal Ika" 這句話提醒敵對雙方，雖然他們外表相異，但他們卻是一體的，並呼籲他們停止戰鬥。

域佔據印尼總面積的 81%，爪哇海、佛羅勒斯海 (Flores) 和班達海幾乎形同這個國家的內海。印尼東臨太平洋，西接印度洋，向來都是東、西世界的重要交通樞紐之一。

　　印尼陸地部分可分為五個大島及三十個左右的島嶼群。其中五個主要大島是：蘇門答臘 (Sumatra)、爪哇 (Java)、加里曼丹 (Kalimantan)、蘇拉威西 (Sulawesi) 和伊里安再也 (Irian Jaya)。其中以佔據 2/3 婆羅洲島的加里曼丹面積最大，共有 539,460 平方公里。而爪哇則是最富饒的島嶼。儘管爪哇佔全國面積不到 6.9%，可是根據 1985 年的統計，其人口卻佔有全國的 60.9%，是人口最密集的地區。除了五個大島之外，印尼較為重要的群島群則有：蘇門答臘東邊的廖內群島 (Riau)、峇厘島以東的小巽他群島 (Nusa Tenggara)，還有以香料著稱的摩鹿加群島 (Maluku) 等（見圖 2）。

　　從地質學而言，印尼可分為三大部分，即印尼西半部、伊里安再也以及華勒斯區 (region of Wallace)。前兩者屬於地槽穩定區，水域都屬於不超過二百公尺的淺海。印尼西半部——即蘇門答臘、爪哇、加里曼丹和其他周邊小島——位處巽他 (Sunda) 陸棚，跟亞洲大陸相接。伊里安再也則坐落在薩武 (Sahul) 陸棚之上，與澳洲大陸相連接。在這兩個陸棚之間，是所謂的華勒斯區，包括蘇拉威西、東南群島和摩鹿加群島❷。此一區域的地槽並不

---

❷　這裡，華勒斯區指華勒斯線 (Wallace Line) 以東，伊里安再也以西的區域。華勒斯線從菲律賓南部開始，延伸到望加錫 (Makassar) 海峽，再

穩定，海域則是甚至達到四千五百公尺的深海。蘇拉威西東北端
有桑義賀群島 (Sangihe) 的淺海域連接到菲律賓，由此再北上，便
與被巴士海峽相隔的臺灣遙望。

第二節　人文活動：極端的多元

印尼縱有眾多的小島，但其中卻有七千個左右是杳無人煙的
荒島。其人口高度集中在爪哇、馬都拉和峇厘島，因為這裡擁有
最肥沃的火山灰壤，以及優良的灌溉系統。爪哇和馬都拉島土地
僅佔全國面積的 7%，但是它們的人口卻達到了全國的 60.9%，是
世界人口最密集的地方之一。另外，印尼主要的大、中型工業也
都集中在爪哇島上，礦產、石油和種植活動則主要分佈在其他島
嶼上。

島嶼林立和地形分隔，使印尼出現了許多複雜和極端的人文
情境。印尼所存在的語言十分繁多，估計有超過二百五十種不同
的語言或方言。這些語言或方言大都屬馬來—波里尼西亞語群，
除了伊里安再也的巴布亞語言。除這些本土性語言之外，還有被
歸類為外國語的華語、阿拉伯語和印度語的存在。這些眾多的語
言或方言，也反映印尼國內多元族群的現象，其中以爪哇人最多，

橫越佛羅勒斯海，最後從峇厘和龍目島之間穿越南下。此線是以英國
著名生態學家華勒斯 (Alfred Russel Wallace) 為名，它區分了兩個動物
區，以西是亞洲系統（老虎為代表），以東則屬澳洲系統（袋鼠為代
表）。

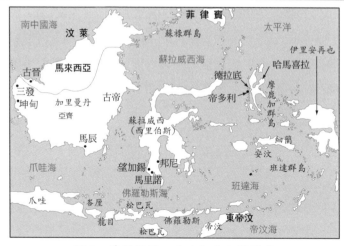

圖 2 蘇門答臘、爪哇和東印尼群島

巽他人次之，而馬都拉人位居第三。

在宗教方面，印尼也同樣是多元複雜的，印度／佛教、伊斯蘭和基督教都先後在此生根，並且受到本土的泛靈信仰的洗禮，呈現出嶄新的面貌。印度／佛教曾鼎盛超過七百年，也留下如婆羅浮屠 (Borobudur) 等的宏偉建築，如今它的據地卻僅剩峇厘和龍目西部。伊斯蘭教在十三世紀末開始傳入，其散佈的範圍和程度都有相當的差異，如今印尼穆斯林尚有閃特里 (Santri) 和阿邦安 (Abangan) 之分。除了這些外來宗教外，印尼更有不計其數的本土性宗教。

雖然印尼萬分的複雜，可是要理解它卻非「不可能的任務」，而歷史回顧可以提供我們一個很好的起點。不過，研究印尼歷史時，我們必須謹記對印尼歷史的任何書寫，都有某種程度的「過度簡化」危險。例如，慣用的「荷蘭殖民時期」時間區隔，其實並沒有想像中的清楚，從荷蘭東印度公司最初在爪哇取得第一個據點：巴達維亞（Batavia，1619 年），直到它在這個島上確立霸權，其過程就經歷一百五十年以上。荷蘭人勢力進入印尼其他外島的時間，更要遲至十九世紀中葉以後。本書將企圖提供讀者一個簡略的印尼歷史圖像，從遠古時期直至二十一世紀為止。

史前史

第一節　最早的「居民」：古林中的幽靈

　　今天的印尼地區都是星羅棋布的島嶼，可是這種情況卻並非從來如此。在久遠的冰河時期，巽他陸棚的大片淺海區乾涸，蘇門答臘、爪哇和加里曼丹因此與亞洲大陸相連接起來（見圖 3）。當時，一些亞洲大型哺乳動物通過陸橋來到印尼東部地區，其中包括梭首劍齒象、犀牛、河馬、馬鹿、羌鹿、豬類、劍齒虎、貓狸、巨熊等，而印尼最早的古人類也同時隨著出現了。考古學家在爪哇桑吉蘭 (Sangiran) 附近發現「古爪哇魁人」(Meganthropus palaeojavanicus) 化石，估計生存在六十萬年以前。然而從出土的三個下顎骨和一些牙齒裡，科學家得到的疑問似乎更多於答案❶。

---

❶　「古爪哇魁人」在 1979 年由薩多諾 (Sarttono) 所發現。根據推斷，其
　　腦容量約為 900cc。由於體型粗壯，一些學者認為他跟非洲的南方猿人

圖 3：遠古東南亞海岸線略圖

　　另外，在中爪哇等處更發掘了直立猿人的化石，其中最為著名的即是 1891 年杜波依司 (Eugene Dubois) 在特里尼爾 (Trinial) 發現的爪哇直立猿人 (Homo erectus erectus)。學者從出土的股骨和頭蓋骨推斷，爪哇直立猿人存在於六十至四十萬年前，已經能夠完全直立行走，而且更經常使用右手 (因左額葉較大)。與爪哇直立猿人同期或更晚近 (至十萬年前) 的，是梭羅直立猿人 (Homo erectus soloensis，見圖 4)，他在梭羅河流域的岸棟

(Australopithecine) 有所淵源，更早於非洲的直立猿人。不過，另一些學者則否定這種說法，認為其年代並沒有如此久遠 (要到達約一百萬年以前)，而且齒型 (或體型) 也仍可以屬到直立猿人的範圍之內。

(Ngandong) 被發現。梭羅與爪哇直立猿人型態大致相似,頭蓋骨厚重,額頭窄短,顎骨突出,但是前者卻有些更進化的特徵,如:眉脊分開、腦容量更大。

一般而言,學者至今對這些更新期猿人——從古爪哇魁人到爪哇和梭羅直立猿人——真正的理解不多,其中仍有眾多灰昧不明之處。學界研究爭議持續不斷,而每回的新發現總是引發更多的辯論。

對於印尼古代猿人的生活型態,存在著相當多的疑點和爭議。其主要原因是,在爪哇所發現的猿人化石,都是經過大自然力量推移而沉積土中的骨骸,其周圍都沒有任何器具的發現。而且至今,所有被發現的聚落遺跡中沒有任何是超過四萬年的。不過,有些事情是可以肯定的。爪哇的猿人比較傾向居住在開闊的山麓,或者季風區的森林地,因為這些地方有許多的動物群。他們一般都會避開濃密的赤道雨林。

圖4:梭羅直立猿人頭骨 考古學家在1931年岸棟發現十一塊直立猿人的頭蓋骨。這些被稱為梭羅直立猿人者相信是在五十至十萬年前演化出來。由於出土的頭骨都有被刻意敲破的情況,因此學者認為梭羅直立猿人有吃人腦的習慣。其他少數證據顯示,他們已經出現最原始的社會組織型態,形成一小隊的狩獵和採集團體。另外,他們似乎也懂得使用簡單的工具。

　　印尼出土的石器稀少，製作也顯得粗糙，這使得一些學者以為，這個地區史前人類的發展相當緩慢，甚至是停滯的。不過，這種結論似乎過於武斷。首先，一些學者相信，印尼直立猿人已經懂得使用石器，因為非洲和中國的直立猿人都確定有利用石器的情形。爪哇南岸普農 (Punung) 出土的「巴芝丹」(Pacitanian) 石器被認為屬於爪哇直立猿人。這些石器多是以石片、石子或圓筒狀石頭製成的砍伐 (chopper-chopping) 工具，只有一端被打砸，其他表面仍維持天然型態。此外，岸棟附近也找到少數石片、骨器和鹿角，它們被指屬於梭羅直立猿人❷。其次，在多雨的熱帶，石灰石被侵蝕的速度較快。最後，熱帶地區除石頭之外，尚有眾多可以製成工具的素材，如竹子、木材、椰葉、貝殼、藤、樹皮等，這些素材都會隨時間快速腐化掉，不留下任何痕跡。印尼這些古代人類祖先極可能大量使用著這些易腐朽的工具。

　　除生活型態課題之外，學界還存在著另一個更重大和尖銳的分歧，即：印尼地區這些人類祖先的後續發展，或者他們跟印尼現代人之間的關係。根據「諾亞方舟」派的說法，現代直立人乃演化自非洲某支的直立猿人，之後，他們大約在四萬年以前開始遷徙散佈到世界各地，取代了當地直立猿人，並且因應不同環境而發生了某些形體的變異。換言之，其他地區的直立猿人進化是

---

❷　不過，這些證據以及它們跟直立猿人的關係受到了相當多的質疑，曾有研究顯示，巴芝丹石器只有不到五萬年的歷史，未能契合爪哇甚至梭羅直立猿人所生存的年代。

停滯的，而最終走上滅絕之途。

　　不過，「區域延續」派卻有不同的意見。他們強調，非洲以外的直立猿人事實上存在著進化的現象，他們極有可能進化為智人（Homo sapiens，即現代人類）——若非如此，也至少有部分血統是被後人所繼承的。印尼的古爪哇魁人至直立猿人的基因傳承關係似乎證實了發生進化的說法。今天許多學者也都同意，爪哇直立猿人是澳洲史前某些智人的淵源 。印尼的挖甲人 (Wajak Man)❸與澳洲墨爾本發現的凱洛人 (Keilor) 十分相似，應該是澳大利亞種人 (Australoid) 的遠祖。無論如何，這兩派的立論都尚有許多疑點，且缺乏關鍵性證據的支撐。一些學者更認為，此議題並不是非此即彼的選擇題，上述兩種情況極可能是同時並存的。

第二節　種族遷徙的足跡：南向與融合

　　從生物學的角度，印尼現今的大部分居民都屬南方蒙古種人 (Southern Mongoloid)❹。除南方蒙古種人之外，印尼今天的本土住民就剩下同屬澳大利亞－美拉尼西亞種人 (Australo-

---

❸　挖甲人是印尼出土的最早智人，其兩具頭骨在東爪哇的挖甲出土。估計，挖甲人生存在距今大概四萬年的時代，跟中國周口店的山頂洞人同期。

❹　雖然如此，在這個人種之內卻存在著些許的差異。若我們從北向南，同時在印尼內從西向東行，則不難發現，當地人的膚色將變得越深，臉型和下顎也越寬闊。

Melanesian)，包括尼格利多 (Negritos) ❺ 和美拉尼西亞
(Melanesian) 人。不過，距今一萬多年以前的更新世末期，情況
卻是相反的，澳大利亞－美拉尼西亞種人反而是印尼地區最主要
的居民。

　　更新世末期開始，印尼地區的地理環境也出現了大幅的變化。
北歐的覆冰消失，東南亞的海平面則普遍上升，而巽他陸棚沿海
大片地域逐漸被淹沒，原本連接蘇門答臘、爪哇和婆羅洲的陸橋
時斷時續，最終不復存在。此時，氣候變得更溫暖，雨量更多，
赤道雨林也隨之擴大。一些本土性動物滅絕了，牠們包括爪哇犀
牛、野犬、巨型穿山甲等，其他動物的體型也有縮小的趨勢。

　　與此同時，蒙古種人從華南地區開始向東南亞和印尼地區移
入，展開了一波波人口遷徙和種族融合的現象❻。蒙古種人南向
的原因不明，也許是戰爭、瘟疫、糧食短缺或單純就是人類的冒
險心等因素。這種南向的人口遷徙是個漫長且緩慢的過程，甚至
今天，印尼的內部移民——如爪哇人向摩鹿加和伊里安再也的遷
徙——也可說是此一過程的延續。通過漫長的時間，澳大利亞－

---

❺　「尼格利多」原為西班牙語，即小黑人之意。此人種體型矮小，成年
　　男性身高不到五英尺，髮黑且捲，膚色從黃褐到黑色都有。

❻　傳統印尼或東南亞研究裡，往往將此第一波的蒙古種人稱做「原始馬
　　來人」(Proto-Malay)，以區別後來、懂得農耕技術的「續至馬來人」
　　(Deutero-Malay)。但，除了體型外貌之外，這種區分並沒有其他面向的
　　證據支撐，而且容易讓人以為存在兩個次級的蒙古種人範疇，所以本
　　文放棄這種區分。

美拉尼西亞種人漸漸被推擠而向南或東方移動，少數則退到內陸森林。在今天的東南亞，尼格利多人僅存於菲律賓、馬來西亞中部和安達曼群島，而美拉尼西亞人則集中在新幾內亞附近。

當時，捲髮和黑皮膚的澳大利亞－美拉尼西亞種人傾向使用卵形石斧，而直髮、膚色較淺的蒙古種人則慣用方形石斧。他們以小群體的方式聚集起來，佔據一方，排斥其他人或猛獸的入侵。他們以狩獵和採集活動維生，男性負責捕獵和保護群體，而女性則採集食物和照顧孩子。除小家庭單位外，似乎還未有任何的社會階層分化，因此沒有酋領或國王的出現。不過，他們尊重有經驗長者的意見，遵從著某些禁忌規矩，並相信任何東西都擁有靈魂，包括人、動物、樹木、石頭、河流等等。

在蘇門答臘東北海岸，考古學家發現了當代的古蘇北人聚落，除了人類化石和器具，同時也發現許多的大型貝冢——最大者甚至高四公尺，直徑達三十公尺。這些貝冢是古蘇北人漁撈貝類作為食物而堆積起來的「廚餘」垃圾堆。由此看來，豐富的食物來源讓他們長期固定駐紮下來。除貝類之外，貝冢也有魚、蟹、龜，以及象、鹿和熊等動物遺骨。顯然，他們也同時在內陸從事著狩獵活動。從土中灰燼層，學者確定古蘇北人已懂得用火來處理食物。

根據對比研究，古蘇北人被鑑定屬於和平文化群(Hoabinhian)❼。而爪哇出土的古東爪哇人和蘇拉威西的托拉阿人

---

❼ 在和平文化裡，人們主要使用單面打擊的石器，包括圓盤形器、短斧、

(Toalean) 也同屬這個文化，不過最後者卻似乎是更進步的。從托拉阿人的洞穴遺址裡，找到了加工細緻且種類繁多的石器，包括石葉、雙邊石刀、石鑽、石錐、刻刀、削刮器等。這些石器主要由硬而脆的玉髓石製成，常有細鋸齒和鋒利尖端。另外，在這些洞穴更發現手印圖，甚至一幅獵射野豬的壁畫。

直至全新世之初，這些澳大利亞－美拉尼西亞和蒙古種人生活在印尼地區，緩慢地南或西移，並同時發生基因融合。他們擅長於狩獵和採集，使用石頭工具和少數的骨器。不過此後，他們這些傳統所謂的「中石器時代」生活方式，卻面臨了另一波的「科技」衝擊。

第三節　農耕時代的來臨

全新世初期以後，全新的農耕文化開始從華南沿岸傳播開來，通過東南亞大陸或臺灣，最終到達印尼地區 ❽。在長江以南的發

杏仁形器，以及石槌、磨石和骨器等。法國考古學者於 1906 年越南北部和平首次發現，故以此命名之。其開始年代應該是更新世末期，以至西元前 3000 年以前，而分佈範圍甚廣，除越南外，還包括華南、柬埔寨、寮國、泰國、馬來西亞、蘇門答臘北部等。不過，這個名稱仍受到相當的質疑——尤其它被指包含過多的差異性，而且其涵蓋的年代也仍有許多爭議。

❽ 在此補充，新幾內亞其實也是一個重要、獨立的農耕技術中心。在六千年前，其高原地區已懂得種植芋頭、甘蔗、露兜樹和澳洲香蕉等作

源地，這些農耕人口除種植稻米之外，也懂得製造陶器、木器、小船、木或骨製的農耕工具，以及紡織和揉繩等，而且他們也開始畜養豬、狗、雞，甚至牛或水牛。

由於適合種稻的沼澤或沖積地有限，而且灌溉不易（基於技術和人力不足），所以尋找更肥沃的耕地成為維持生產的最佳途徑。在這種動力之下，這些早期的農業生產者迅速地向南遷移——尤其到屬亞熱帶的大陸東南亞地區。追蹤農耕人口的進入印尼群島並不容易，因為能夠找到的實質證據相當稀少，而至今最確鑿的證據反來自語言的比較研究。今天，使用所謂南島語系的人口佔據了印尼絕大部分的農業地區——除了哈馬喜拉 (Halmahera) 和小巽他群島東部——兩者分佈區有相當高度的吻合。正如過去一樣，這些新移民也與當地住民產生相當的文化和基因融合現象。

相較於大陸東南亞，農耕文化傳入印尼地區的時間要再晚一些，大約在四千至三千年以前；不過，更重要的是，其傳入過程似乎出現為了適應本土環境而產生的差異。赤道氣候長年多雨，沒有明顯旱季，並不利於稻米的收成。如此一來，印尼的赤道地區主要作物變成了稷粟、塊莖植物（如山藥和芋頭等），以及碩莪 (Sago) 和果樹（如椰樹、香蕉樹和麵包樹）等。農作物的改變也同時影響了其他相隨技術的輸入，例如收割穀類用的石刀和石鏟

物。不過，此農耕文化的影響力並沒有超越印尼東隅。又，農耕文化主要從兩個途徑進入印尼地區：其一經臺灣和菲律賓，傳入蘇拉威西以至小巽他群島東部和帝汶；另一則是經大陸東南亞和馬來半島，傳入蘇門答臘、爪哇、峇厘島和婆羅洲。

等耕作工具，在出土的器具中並不多見。

在這個「新石器時代」裡，伴隨耕種而來的最重要技術就是水上航行。除了獨木舟的大量製造之外，改良的大型獨木船也開始出現。這些大型獨木船的船身加裝了幾層的船板，船中搭起椰葉編成的船篷，有時也會使用椰葉編織而成的船帆。另外，為了增加平衡力，一些船隻更裝備伸出船體之外的橫木，或者與船體長軸平行的浮木。如此一來，當時的人們不僅可以沿著海岸航行，更能夠航行於大海之上。水上交通的改進，無疑增長和加速了種族的遷移、文化交流和基因混合。

印尼農耕文化所出土的物件中，多有陶器殘片的存在，說明陶器已經成為普遍的日常器具。當時的陶器都是手製品，分為無紋和刻紋陶兩種。這些陶器讓人們在熟食方面更進步，除用燒烤或以熱石煨熟之外，現在他們更多了烹煮食物的方法——這是食用穀糧所必須的技術。另外，值得注意的是，從出土的物件中，未見有紡織用的陶製紡錘。由於多雨的赤道氣候不適於栽種棉花，使得原有的織布技術銷聲匿跡。雖然如此，但印尼地區卻有替代的產品：樹皮布。它是以榕樹、桑樹或楮樹之類的樹皮作為原料。樹皮以環剝法取下後，利用其內層軟皮，經過煮熟、發酵、敲打和風乾的程序，最後再塗上一種果醬，就成為柔軟的樹皮布了。

印尼蘇門答臘島西岸的民大威群島 (Mentawai) 提供一個絕佳的機會，讓我們得以一窺這些謙遜平等的先民生活。薩古迪部落 (Sakuddei) 住在希伯魯特島上，長期與世隔絕，生活方式跟他們三千五百年前遷入的祖先大同小異。他們的祖先應該擁有優越

的造船技術，所以能夠渡過馬六甲海峽，然後翻越蘇門答臘中央山脈，最後從西岸乘船到民大威群島。但是，薩古迪人如今卻已遺忘這些越洋技術。

薩古迪人的農作物僅限於碩莪、芋頭和塊莖植物。他們畜養雞和豬隻，而漁獵還是他們蛋白質的重要來源。他們不會紡織。他們的基本社會單位是「屋瑪」(uma)❾，由五到十個家庭組成，其中沒有社會階層之分，也沒有正式的首領，而且氏族遠比個別家庭重要。這裡，重要的公共事務都通過協議來做成決定，而協商過程是容許婦女甚至孩童參加的。

薩古迪人相信所有人或物都擁有靈魂。人的靈魂能夠離開肉體，四處遊走。若人睡覺，靈魂的經驗就成了夢境；若人醒著，這些經驗則會反映在個體的情緒之上。當薩古迪人進行漁獵時，會通過儀式引誘獵物的靈魂到自己的屋瑪來，如此一來，捕獵將會大有收穫，因為獵物的肉體「希望」被捕，要跟被引誘到屋瑪的靈魂重新結合。另外，當一個人生病的時候，其靈魂在體內會感到不舒服，進而離開人體到祖先那裡尋求庇護。此時，若祖先接受該靈魂，並且裝扮他，與他一起用餐，則該人就會死亡。

---

❾ 屋瑪意即房子。這個詞彙與馬來語的「胡瑪」(huma) 十分相近，後者指平地上的小房屋。

第四節　活著的巨石文化：祖／靈的信仰和庇護

在南島語系人口裡，薩古迪人的這種泛靈信仰並不屬於特例。基於對靈魂的崇拜，南島語系人口從三千五百年前發展出一種獨特的巨石文化。直至今天，許多印尼人仍然對泛靈信仰堅信不移。在尼亞斯群島 (Nias)、佛羅勒斯群島、松巴島和蘇拉威西中部等地區少數種族甚至還保存了某程度的巨石文化，所以它可說是一個仍然活著的文化。

根據考古學者的研究，巨石文化可略分為前期和後期：前期從西元前 2500～1500 年，後期則屬西元前 1000 年以後。巨石文化主要代表物有：石桌、立石、石座和石地壇等。這個時期巨石的「功能」在於保護亡者的靈魂，避去陰間的種種險惡，最終能夠獲得永存不滅。這些巨石物件能夠延續建立者和亡魂的魔力，讓人們、牲畜和農作物都得到保佑，帶來豐收和財富。這些巨石的存在與葬禮息息相關，石地壇是供奉犧牲的祭壇，石桌和石座是靈魂的憩息之處，而立石則是某種形式的紀念碑。

不過到後期，這些巨石地點卻漸漸地轉變成為權力的聖地，即部落酋長或國王的寶座，或是首領聚會議事和進行公共儀式的地方。顯然，這些部落社會已漸有階層化現象。從祖／靈崇拜出發，人們發展出一套習俗規範和禁忌以保護自身和社群，並且滿足死後世界的種種需求。以後，當印度教傳入後，這些巨石文化更進一步發展和滲透，成為「印度－爪哇」宗教的特色之一。印

尼頗具特色的陵廟(Candi)——如中爪哇的蘇庫(Sukuh)陵廟(見圖5)——階臺式祭祀平壇就是這些巨石文化和濕婆教揉合而一的結果。

圖5：蘇庫陵廟　在階臺式祭祀平壇左邊矗立著一柱立石，它與濕婆教的林加(Lingga)有著許多的相似之處。這種情況再次說明巨石文化和濕婆教在爪哇已漸漸揉合起來。

第五節　青銅鐵器的使用：統治菁英與貿易的開展

在印尼地區，金屬器的使用發生得相當突然，大約是西元前500年左右，其中更沒有傳統初階的黃銅使用，而是直接出現青銅（銅和錫合金）和鐵器❿。一般學者相信，東南亞的青銅和鐵

───────────

❿　由於印尼地理環境分散割裂，地域性差異相當大，許多地區當時仍未

器乃源自中國，而印尼地區的出土物，與在越南東山 (Dongson)
所發現的東南亞最早青銅器十分類似，所以有時將它們通稱為「東
山文化」。

　　印尼地區青銅鐵的使用與後期巨石文化有著相當的重疊性；
當時，隨著農耕文化的展開，人們開始在一個地方固定居住下來，
部落之間互相聯繫或結盟，其中產生越來越多的分工合作，灌溉
系統被建立起來，同時出現製陶器、木雕、編織、造屋的專門工
藝，區域內外的貿易也發展起來。社群的成長同時也意味著：父
系體制的影響力提升❶，社會產生私有財產的觀念，以及社會開
始分化為各種細緻的階層。

　　在蘇門答臘，重要的巨石文化遺址坐落於南部帕西馬高原
(Pasemah) 之上。在這裡，考古學家發現不少的石棺墓，它們擁有
墓室，石棺內層擁有彩色的人和水牛壁畫。從陪葬品包括石臼、

進入使用金屬器的階段。

❶　在採獵時代，女性負責採集工作，在營地時間長，因此成為維繫部落
　　的管理和主持者。這種母系社會裡，女性不但享有財產繼承權，而且
　　還有地位的繼承權，即一個人的社會地位，並非依據其父親的身分地
　　位，卻是根據他母親的門第。在婚姻關係裡，男方是「入贅」到女方
　　家庭的。不過，隨著農耕時代的到來，男性在生產的重要性漸增，使
　　得父系制度的影響力日益彰顯。男性家長強化對財產，以及家族和社
　　群事務的管理權力。男方「入贅」也轉變為女性從夫嫁到其他家庭去。
　　儘管母系制式微，不過它的影響力從未真正消失，甚至在現代印尼裡，
　　一些種族依然維持某程度的母系制，像蘇門答臘的米南加保人
　　(Minangkabau) 就是一例。

石槽、玻璃珠子、青銅和鐵器具，卻沒有生產工具的情形看來，這些石棺的主人應該是脫離勞動生產的統治菁英。相較於鄰近的公共墓地，這些石棺實屬「極盡奢華」。在公共墓地裡，每個甕墓都只找到棕紅色上釉的空心甕和一大堆人骨，沒有任何的配葬品❷。這種強烈對比，說明當時社區已經出現特殊的統治階層，人們的經濟處境和社會地位也出現了明顯的差距。

在爪哇西北的布尼 (Buni) 和峇厘東北海岸的森比蘭 (Sembiran)，考古學家挖掘出許多印度輪紋陶器。在布尼，出土的印度陶器還伴隨了本土性陶器。在森比蘭，則挖掘出印度輪紋和印花陶器，據研究顯示，一至二世紀之時，這個地方曾是個貿易港口，並且吸引了來自印度和本地的船隻。另外，在峇厘西部的基里馬奴 (Gilimanuk) 發現的陪葬物，跟布尼的出土物也有著相當高的雷同性，它們包括本土製陶器，以及葬禮用的印度金箔眼罩。由此看來，從爪哇以至峇厘的農業社會，已有蓬勃發展並且累積了相當的財富，足以驅動和支撐印度和本土的貿易聯繫，進而享有相似的本土陶製品，也輸入了大量的青銅和鐵器，以及來自印度的精緻陶器、玻璃珠子、紅玉髓珠子和金服飾。

富裕的統治菁英階級崛起，而青銅器更成為他們財富和門第的象徵之一，因為這些器具關係著特殊的「先進」技術、勞動資

---

❷　甕葬是印尼一種以瓦甕作為放置屍骸器具的特殊葬法。某些時候，屍體是以屈膝的方式放置，不過也有的屬於第二次葬，即將屍體腐爛後剩下的骸骨放入。

源和貿易管道。直至今日，青銅在印尼人心中仍擁有崇高的文化價值，深信黃鐵（besi kuning，印尼人對青銅的稱呼）擁有某種的魔力，若穿戴之則可逢凶化吉，並且帶來力量和好運❸。

　　在出土的青銅器當中，以銅斧和銅鼓（見圖 6）最具特色。一般上，銅斧擁有扇形的斧口，它們的類型繁多，其中一些外形精緻優雅，所以被認為是進行儀式所用的器物，甚至是部落或者首領的權力標誌——就如權杖一般。同樣的，銅鼓也被認為多是儀式之物，許多銅鼓出現特殊的太陽和青蛙，或者載魂船和羽人（羽冠武士）的紋飾，學者因此認為這些銅鼓很可能跟祈雨（豐收）或者安葬儀式有關。

　　從巨石遺址、安葬儀式、青銅鐵器具、陶器，以及它們的細緻紋飾看來，印尼這些農業社會已達致緊密的社會組織，信仰著複雜的宗教觀念，並且掌握精巧的工藝技術。他們的經濟、社會和文化活動都圍繞在貿易、稻米

圖 6：印尼出土的銅斧與銅鼓

生產和冶金周圍。這些社會和文化早存在於所謂「印度文化」傳入之前，它們比印尼最原始的梵文銘石早三百年左右，比最古老的廟宇遺跡更早了六百年之久。

---

❸　鐵器雖沒有高尚的文化地位，但它的使用卻能大大提高勞動效率，尤其在農業和戰爭方面。

第三章 │ *Chapter 3*

遠古王國、室利佛逝和馬打藍王朝

第一節　最古早的王國：飄零散落的記憶

　　二至七世紀期間，印尼地區陸續出現規模不同的古王國，而它們顯然是前述原始農業社會繼續發展的必然結果。不過，對這些王國的理解並不多，因為它們幾乎沒有留下任何的歷史資料——除了屈指可數的石刻和碑銘之外。

　　根據《宋書》、《梁書》和《南史》，中國南北朝時代 (435～616)，前往朝貢的印尼王國有五：包括「闍婆婆達」（或闍婆達）、「婆皇」（或槃皇）、「訶羅單」（或訶羅陀）、「干陀利」（或斤陀利）和「婆利」。根據推測，前三者可能位於中爪哇，而其他的則坐落在蘇門答臘。接著，在《舊唐書》和《新唐書》裡，唐代的學者也鑑定出一些屬於印尼地區的王國 (七世紀末以前)，估計在爪哇的有「訶陵」、「單單」、「墮婆登」和「多磨萇」❶，而在蘇門答臘者，則有「摩羅游」、「乙利」、「鼻林送」和「都播」。

圖7：法顯著書圖　399年，法顯偕同數位同伴，從長安通過陸路前往印度。413年7月，他從斯里蘭卡乘商人大船返國。該船可以容納二百多人，而且備有逃生的小船，應屬從印度到印尼地區的定期往來商船。這次的航程不幸遇上大風暴，使該船在大海上漂流了九十天之久，才抵達一個所謂的「耶婆提」國家。法顯表示「其國外道婆羅門興盛，佛法不足言」。

對於這些古老王國的情況，印尼本土能夠提供的證據實在有限。在西爪哇茂物 (Bogor) 地區，人們發現了三塊屬於多羅磨王國 (Taruma) 的石刻。這些石刻出自400年左右，上面都有梵文書寫，其兩塊還刻有一對腳印，另一塊則刻有大象的腳印（見圖8）。那些文字主要在宣揚多羅磨國王的豐功偉業，其中一塊這樣寫著：

> 這一對腳跡是最高貴的布納瓦曼王的腳跡，就像毗濕奴的腳跡一樣。他是多羅磨國國王，是全世界最勇敢而威武的國王。

---

❶ 學者許雲樵認為「墮婆登」和「多磨萇」指的是同一國，因為「多」與「墮」、「婆」與「磨」音相近，而「萇」古音也讀作「登」。

另外，在加里曼丹東部的三馬林達也發現四塊年代相近和刻有梵文的石刻，不過，它卻是古戴國王 (Kutai) 的載功立碑。

總的來說，無論本土或海外資料，對於拼湊一幅清楚的圖像都顯得相當無力。不過，片斷零碎的資料中，有兩點似乎是可以肯定的：首先，印度教信仰已經傳入印尼某些地區❷，至少對當地統治菁英的思維有相當的影響；其次，這些古老王國跟中國、印度甚至遠至希臘地區建立了貿易連線。

對於印度教的存在，過去一些學者因此推斷，印尼有一段「印度化」的歷史，深受印度文化的籠罩，甚至是印度人本身因為避難等原因在這片土地上建立國家或者「殖民」。但是，這種說法今天受到許多的質疑。像樊里爾 (Van Leur) 等學者更強調了印尼人

圖 8：在勃良安發現的石刻
這個石刻所使用的梵文，跟四至五世紀南印度的帕拉瓦 (Pallava) 王國的一樣。腳跡下方的文字提到多羅磨國王布納瓦曼王 (Purnawarman)，而腳跡上方的短文字卻還未被解讀出來。

❷　印度教主要信仰一神，但這個神卻擁有「三位一體」的三方面表現：婆羅門（梵天）、毗濕奴（妙毗天）和濕婆（大自在天）。婆羅門是創造萬物之神；毗濕奴是維護萬物之神，在九次化身中，曾經化作佛陀；濕婆則有眾多的形象，可以是一切神的首腦（摩訶提婆），或傳授知識的教師（摩訶古盧），又或毀滅之神（摩訶迦羅或巴依拉哇）。

對印度文化輸入所扮演的積極角色。

因為，印尼人也同樣揚帆到印度和中國去經商，有證據甚至顯示，印尼人已在西元之初踏足非洲東岸的馬達加斯加 (Madagascar)。如此看來，掌握貿易管道的統治菁英很可能為了鞏固自己的政權，有選擇性和部分地輸入印度教文化——甚至以後的佛教和伊斯蘭教——作為某種統治的「意識型態」 ❸ 。

第二節　室利佛逝：偉大的海上王朝

五世紀左右，中國－印尼－印度之間的海上貿易已經展開。每半年轉換的季候風，驅動著有節奏性的貿易往來。這種持續和繁榮的貿易關係，為印尼地區第一個海上貿易帝國室利佛逝 (Sriwijaya) 的崛起提供了最佳的基礎。

從巨港附近發現的一塊石刻上的文字，學者判斷室利佛逝建國於 683 年。一般學者認為，位於蘇門答臘巨港 (Palembang) 的干陀利王國應該是室利佛逝的前身。在中國文獻《大唐西域求法高僧傳》記載，義淨在 671 和 683 年往返印度之間，都在室利佛逝作停留，其中回程更駐留達六年之久。他在 689 年返回中國後，旋即又往室利佛逝，歷時五年，然後在 695 年中歸鄉。

此時，室利佛逝立國不久，不過此區域顯然已是東西方貿易的重要中繼站。室利佛逝的地理位置優越，扼馬六甲和巽他海峽，

---

❸ 印度重要的種姓 (caste) 制度沒有被移植，似乎也可以說明這種選擇性。

其腹地是農耕發達的河流流域，而且擁有優良的港口。另外，室利佛逝的佛教相當興盛❹，集合了眾多的佛教徒，是該區域重要的佛教研究中心。

　　室利佛逝從繁榮的貿易中，累積大量財富，國力日益強大，勢力很快地向鄰近地方擴張開來。686年，室利佛逝征服了邦加島 (Bangka) 和末羅瑜。不久，它更揮軍侵入爪哇島井里汶 (Cheribon) 和其附近的海岸地帶。根據《新唐書》的記載，室利佛逝控制了十四個城市，「地東西千里，南北四千里而遠」。從泰南克拉地峽出土的六坤 (Ligor) 碑文，更顯示室利佛逝勢力也伸入馬來半島（見圖9）。

圖9：九世紀初東南亞主要政治勢力

　　十世紀左右，室利佛逝已經名副其實成為了偉大的海上王朝。阿拉伯－波斯的歷史資料透露，薩帕（Zabag，即指室利佛逝）大帝擁有雄厚的財富和勢力，是「東海上的島嶼君主」。916年，阿拉伯人宰德描述它是「土地豐沃，閭閻相接，傳聞其國，村落相

❹　根據義淨的說法，七世紀末時，小乘佛教在當地十分盛行。不過，根據當地後來出土的菩薩 (Bodhisattvas) 神像，卻顯示室利佛逝所盛行的主要是大乘佛教。儘管如此，在十三世紀時，這兩者之間差異其實並不會太大。

連，中無荒原沙磧，雞鳴之聲，遠及百程之外。」同樣，阿拉伯地理學者馬素提 (Mas'udi) 也敘述它擁有龐大的居民和軍隊，並且盛產樟腦、沉香、白檀、麝香、荳蔻等香料和藥材❺。

此時，室利佛逝仍須要維持強大的軍力，迫使其他敵對小王國就範或臣服，以維持其海上的優勢和貿易壟斷。爪哇的宿敵馬打藍猶如背後的芒刺，一直都潛藏著威脅——尤其達瑪旺沙 (Dharmavamsa, r. 985～1006) 在位期間。當時，馬打藍國力驟升，野心勃勃的達瑪旺沙在 989～992 年之間向室利佛逝發動戰爭。根據中國資料的紀錄，戰事曾對室利佛逝相當不利，以致其使者不得不向宋朝請求保護❻。無論如何，室利佛逝安然度過了這次的危機，並且在 1006 年發動反擊，假借馬來半島的附庸部落之力，一舉摧毀馬打藍王國首都，並且讓達瑪旺沙步上黃泉。

這項勝利讓室利佛逝的勢力更上一層樓，但好景不常，一個更可怕的敵人不久就逼近了室利佛逝。在「西方」，印度的注輦王朝統一南印度，崛起成為一方霸權。積極向外發展的注輦王國，與實施壟斷貿易的室利佛逝產生不可能調解的利益摩擦。 1017

---

❺ 從七至八世紀之交，到印尼地區通商的阿拉伯和波斯商人日益增加，讓室利佛逝更加的繁榮興盛。至八和九世紀，印度人的商業勢力幾乎被阿拉伯人所取代。

❻ 《宋史・四八九・三佛齊傳》載，室利佛逝於「端拱元年 (988) 遣使蒲押陀黎貢方物。淳化三年 (992) 冬，廣州上言：蒲押陀黎前年自京迴，聞本國為闍婆所侵，住南海凡一年，今春乘船至占城，遇風信不利，復還，乞降詔諭本國。從之。」

年，注輦王羅貞達拉 (Rajendra) 侵略室利佛逝在馬來半島的藩屬吉打 (Kedah)。1025 年，羅貞達拉的遠征軍來到了室利佛逝心臟地帶，首先襲擊了巨港，俘虜其國王宋拉瑪‧維查育東伽跋摩 (Sangrama-Vijayattungavarman)。之後，注輦軍隊轉攻擊蘇門答臘東岸各個重要的據點和馬來半島。返途中，他們也侵襲了亞齊 (Acheh) 和尼科巴群島 (Nicobar)。

　　雖然注輦沒有實施長期佔領，但其襲擊卻讓室利佛逝元氣大傷。室利佛逝另立新王，延續了王國的生命，可是往日的光輝已經遠離，從此步上了沒落之途。室利佛逝在十二至十三世紀期間逐漸地瓦解。1178 年，中國周去非的《嶺外代答》顯示，室利佛逝的經濟地位已經落後於爪哇諫義里王國 (Kediri) ❼。此時，室利佛逝的貿易型態也漸海盜化，任何經過的船隻，若沒有到其港口停泊，則會受到無情的攻擊。儘管它仍然控制馬六甲和巽他海峽，但漸漸失去對附庸國家的宰制力量，像亞魯 (Aru)、淡帕拉楞伽 (Tambralinga，即六坤) 等已開始自行其事，末羅瑜也顯然凌駕巨港，成為蘇門答臘的重鎮。1292 年，當馬可孛羅到訪蘇門答臘時，也只提到了末羅瑜作為當地最重要的國家。換言之，「室利佛逝」這個名字，顯然已悄然退出了印尼歷史的舞臺。

　　室利佛逝的分崩離析，可以從當時的國際經濟和政治兩方面來理解。就經濟層面而言，當時中國海洋事業的擴張給整個亞洲

---

❼　《嶺外代答》如此表示：「諸蕃國之富盛，多寶貨者，莫如大食國，其次闍婆國，其次三佛齊國，其次乃諸國耳。」

貿易帶來巨大的影響。十一世紀末之前，中國對東南亞的貿易主要都依賴外國船隻；同時，所謂的「貿易」也不過是「朝貢」制度的延伸。這意味，中國並不會跟所有前來的商人進行貿易，其對象僅限於前來朝貢的「藩國」使節。在這種制度下，室利佛逝受益匪淺，它成為與中國貿易的重要中介者，而貨物的集散以及運輸事業，為它帶來巨大的財富，也獲得其他國家對它的臣服。

但是到十二世紀，中國南宋王朝確立後，這種美好時光卻消逝了。中國南宋對海洋貿易的倚重，促使中國的商業艦隊開始直接到東南亞各個港口與西方商人進行貿易。至十四世紀初，中國商人更掌控了大部分印度洋的貨運事業。在這種轉變下，室利佛逝逐漸失去它作為中介者的優勢，而唯有訴諸武力或海盜行為來維持貿易，因此其霸權的凋零似乎是無可避免的。

另外，在十三世紀後半葉，室利佛逝在政治上也遭受兩股新興勢力的嚴峻挑戰。它們是湄南河流域的素可泰王國 (Sukhothai)，以及東爪哇的新柯沙里王國 (Singhasari)。前者在 1280 年以後，已經實際宰制馬來半島北部；後者則在十四世紀後半葉，宣稱統御了蘇門答臘東南部分，而且根據《爪哇史頌》(*Nagarakertagama*)，巽他王國和部分馬來半島地區也成為其屬邦。

在中國明朝確立後，室利佛逝獲得曇花一現的復興，因為明太祖恢復「朝貢─貿易」合一的制度。但，未來的發展卻證明這不過是一種死亡前的迴光返照。爪哇王國對中國一直忽視其霸權，採取不合作的態度，甚至以野蠻方式的報復──誘拐和刺殺準備到末羅瑜作冊封儀式的使節。不久以後，明朝進一步緊縮其對外

貿易政策——嚴禁私人的對外貿易。這樣的政策無疑是對室利佛
逝雪上加霜。1397 年，中國明太祖為蘇門答臘港口貿易的枯萎感
到厭煩，因此通過其「藩屬」阿瑜陀耶 (Ayuthia) 國王，對爪哇滿
者伯夷 (Majapahit) 國王表達其不滿和要求糾正的命令。不幸，這
項行為卻給室利佛逝帶來致命的一擊。根據中國說法，滿者伯夷
的回應是「摧毀此國」——立即揮軍吞併室利佛逝。如此一來，
室利佛逝正式走到了生命的盡頭。

第三節　馬打藍王國：農業起家的強權

相反的，馬打藍以葛都 (Kedu) 平原為中心，發展憑藉的是雄
厚的農業生產力量。

根據中國資料，五世紀時，爪哇海岸存在了兩個王國，其一
就是中爪哇的訶陵 ❽。一些史學家以為，訶陵即是馬打藍王國的
前身，不過，這種說法仍受到許多質疑。無論如何，學者從葛都
出土的一塊碑石知道，山查雅 (Sanjaya) 在 732 年立起林加
(Lingga) ❾。碑文也讚頌這個國家的太平盛世。另外，一塊同樣出

---

❽　根據《新唐書・訶陵傳》，訶陵國「至上元間 (674～675)，國人推女子
　　為王，號『悉莫』，威令整肅，道不舉遺。大食君聞之，齎金一囊置其
　　郊，行者輒避，如是三年。太子過，以足躪金，悉莫怒，將斬之，群
　　臣固請，悉莫曰：『而罪實本於足，可斷趾。』群臣復為請，乃斬指以
　　徇。大食聞而畏之，不敢加兵。」

❾　林加 (Lingga) 源自梵文，原意為符號，或顯著的標誌。濕婆教裡，它

自葛都，誌期 907 年的碑銘裡，國王巴利東啟用「馬打藍」作為國號❿。該碑銘所載的馬打藍國王系譜將山查雅列為開國元首。

七世紀，室利佛逝崛起的同時，佔領爪哇西部和北邊的海岸地帶，但它卻沒有意圖將勢力深入到中爪哇和葛都平原。室利佛逝與中爪哇向來維持著一種微妙的共生關係。豐饒的葛都平原盛產稻米，供應海岸貿易城市的市場需要。不過，這個農業王國的統治者向來疏離繁榮的海上貿易活動，山脈和流向南方的河流將這個平原跟北部海岸貿易城市隔絕開來，專事農產品轉售的中介商也消除任何接觸北部國際貿易的機會。這種封閉性讓室利佛逝沒有覬覦之念，也維持了馬打藍政權對當地的政治影響力。

在統治爪哇期間，崇信佛教的剎朗闍家族創造了舉世聞名、世界七大奇蹟之一的婆羅浮屠陵廟（見圖 10）。根據推測，這個陵廟的建立是為了收藏佛祖的小部分的骨灰。婆羅浮屠是一個實心的佛塔，下面四層為方形，上面三層則是圓形，階層之間由石級相通，最高層是一昂然矗立的尖塔。方形階層上，每隔一定距離就建有佛龕，內設佛像，總共有四百三十二個。圓形階層則建有七十個小塔，塔內也都有佛像。方形階層走廊石壁上，刻有無數的浮雕和佛像，描述佛的歷史和生前的種種事蹟。此外，還有大象、孔雀、猴子及熱帶水果，以及當代人民的各種生活面貌的雕刻。這些生動精緻的作品，成為瞭解 800 年代人們生活型態的重要參考。

是石柱狀的崇拜物，是濕婆的標誌。

❿　「馬打藍」意即「祖國」（印尼語的 Tanah Air）。

圖 10：婆羅浮屠　「婆羅浮屠」是梵文，意即「丘陵上的寺院」。根據估計，這座建築使用了一百多萬塊的石料建立起來，而根基底下正是一座天然的小山。考古學家認為，婆羅浮屠的石料來自鄰近的河床，而整個工程須要耗時七十年，勞動力則來自葛都平原的農業社群。

　　九世紀中葉，馬打藍成功將其他勢力逐出而稱霸中爪哇。接下來，十世紀左右，馬打藍王國建造了著名的普蘭巴南（Prambanan，見圖 11）陵廟。這個陵廟包括一個主殿和其他眾多的神殿——如今大部分的建築都已崩毀。主殿裡，供奉著濕婆所化身的聖師婆塔拉古盧 (Bhatara Guru)，旁邊房間則發現三座神像：濕婆之子卡尼夏 (Ganesa)，是象頭人身的智慧之神；濕婆妻子婆婆帝，化身作恐怖的多耳伽（Durga，死神）；聖先知阿加斯加（Agastya，南極仙翁）。在主殿南、北方則有婆羅門和毗濕奴的神殿。同婆羅浮屠一樣，普蘭巴南陵廟也擁有眾多的牆壁浮雕，

講述著印度史詩《羅摩衍那》裡的各種故事。

　　大約在 930 年，國王辛鐸 (Sindok) 遷都到東爪哇，遷移東爪

圖 11：普蘭巴南陵廟　在中爪哇，人們對這眾多的陵廟有著一個淒美的傳說。在古代，普蘭巴南存在著一個由巴卡 (Baka) 國王統治的國家，其公主名叫拉拉鍾格郎 (Lara Djonggrang)，長得貌美如花。某一年，鄰近敵國的王子班達瓦沙 (Bandawasa) 率軍入侵，要求與拉拉鍾格郎結婚。巴卡國王和公主都不同意，但是在敵人重兵壓境之下，最後只得答應。不過，公主向班達瓦沙提出一項條件，希望用此條件讓他知難而退。此條件就是，他必須在一夜之間建造一千座陵廟。神通廣大的班達瓦沙一口就答應了。當天晚上，班達瓦沙施法召集眾妖魔來替他完成任務。一座座的陵廟因此從平地而起。公主見狀，急中生智，找來宮女和村姑們開始舂米。妖魔們聽到舂米聲，誤以為天已亮，因此紛紛遁走。結果陵廟只完成了九百九十九座，還差一座。班達瓦沙美夢破滅，勃然大怒，發出咒語將公主變成了一座石像，即是普蘭巴南陵廟裡面的多耳伽神像。

哇之後，馬打藍在文化上出現積極的本土化，印度文化的影響力被削弱，無論在政府、藝術或宗教上，本土的爪哇元素都大幅的增加了。達瑪旺沙繼任後，下令編纂爪哇法令，並且鼓勵將梵文經文轉譯為爪哇文，更首創將部分的印度名著《大戰紀》(*Mahabharata*) 以爪哇散文的形式譯出❶。在濕婆教的信仰外衣下，古老的本土神靈崇拜繼續興盛和強化。

　　而在經濟上，馬打藍開始介入國際貿易——尤其從事來自摩鹿加群島的香料轉口。這種業務讓馬打藍的國力蒸蒸日上，但因為商業利益和中爪哇糧食供應的競爭，它與室利佛逝的摩擦也日益升級。在 989～992 年之間，國王達瑪旺沙向室利佛逝發動戰爭未果，卻反遭室利佛逝報復攻擊而喪命，整個王國因此搖搖欲墜。

　　都城淪陷時，達瑪旺沙年僅十六歲的女婿愛兒楞加 (Airlangga) 成功脫逃，並且在山林中藏匿起來。1010 年，他重返東爪哇，並在九年之後正式登基繼承破碎的馬打藍王國。此刻，在強大的室利佛逝陰影下，愛兒楞加無力收拾原有江山。但是，好運不久就降臨了。愛兒楞加原是峇厘王子，他父親去世後，愛兒楞加繼承峇厘王國。1025 年，室利佛逝因為注輦的入侵而一蹶不振。愛兒楞加充分利用此一良機，發動戰爭一舉收復故土。其復興大業如此成功，讓敵人室利佛逝不得不與之議和，並且建立

---

❶　這些是印度原著的節譯本，中間還插入梵文詩及譯文。它是爪哇第一本的印度文學譯本，雖然之前已有佛經的翻譯，但對文學的提倡卻是首創的。

了姻親關係。根據雙方的協議，馬來群島以西為室利佛逝勢力範圍，以東則為馬打藍王國的支配範圍。

在愛兒楞加的統治之下，王國的勢力籠罩了整個東爪哇和中爪哇。在商業成就方面，泗水 (Surabaya)❷ 和杜板 (Tuban)，成為東、西貿易商聚集之地。愛兒楞加曾下令修築堤壩，除大幅改善河港交通和貿易，同時也提升了灌溉系統和農業生產。在文學方面，宮廷詩人穆甘華 (Mpu Kanwa) 完成著名的古爪哇史詩《阿爾珠那的婚姻》(*Arjunavivaha*)——藉由印度神話反映和頌揚愛兒楞加的復興鬥爭。在宗教上，濕婆教重返中爪哇，但它並沒有因此造成佛教和印度教之間的對立，相反的，它們關係和諧並產生共生現象。大乘佛教——尤其祕宗，成為最高級的教派，而濕婆教則是其入門。當時，愛兒楞加自稱是毗濕奴 (Vishnu) 的肉體化身（見圖 12）。

愛兒楞加去世之前四年 (1045)，一反常理，將這個王國一切為二，分封給兩個庶子。根據出土石碑和文獻的說法，這個反常的決定顯然是無可奈何的，因為愛兒楞加的正配沒有子嗣，而傳位予任何一位庶子，只會帶來更糟糕的內戰和兄弟相殘。此兩個

---

❷ 根據當地傳說，泗水 "Surabaya" 的名字裡，前面的 "Sura" 指鯊魚，"Baya" 則指「鱷魚」，因為古時候，當地還是一片沼澤地時，各居住了一隻凶猛善鬥的鯊魚和鱷魚。為了爭奪食物，牠們經常發生激烈打鬥。後來牠們定下君子協定，規定大家各佔一處，互不侵犯。不過，鯊魚不久卻食言，因此引發雙方展開一場生死決鬥。牠們打鬥了三天三夜，最後同歸於盡。那裡於是以「鯊鱷」為名。

圖 12：坐在神鷹 (Garuda) 上的毗濕奴　這座在柏拉漢 (Belahan) 陵廟的石像，一般認為代表愛兒楞加本人。在此，神鷹以半鳥半人的形象出現，腳裡抓住一條蛇，這條蛇即是牠最大的敵人。

王國以帕蘭達斯河 (Brantas) 為界，以東是章伽拉王國 (Janggala)，以西則是諫義里王國（Kediri，原稱為彭查盧 Panjalu）。但不久之後，諫義里的卡密斯華拉 (Kamesvara) 國王通過迎娶章伽拉公主，而將章伽拉和平地併入。

第四章 | *Chapter 4*

海陸大帝國——滿者伯夷

第一節　新柯沙里：宮廷喋血與短命的霸業

　　1222 年爪哇編年史《列王書》書中所述的「擾亂一切的人」的農家之子肯昂羅 ❶，發兵攻打諫義里，一舉殲滅諫義里軍隊。

---

❶ 根據《列王書》的說法，在肯昂羅出生之後，母親將他遺棄在墳地裡。到了晚上，一名途經的盜賊發現墳墓發出奇特的光輝，走近探究就發現並且收養了他。長大後，他將義父的財產花盡，更把村長的牛私自賣掉而畏罪潛逃。接下來，肯昂羅被一名賭徒收養，因為後者獲得神啟，相信肯昂羅是神之子，能夠替他帶來賭運。之後，成為杜馬板地區的流氓，專事劫掠路人、偷竊、剽掠、侵犯婦女，無惡不作。當地方官府決心要將他逮捕時，肯昂羅便逃到勒查爾 (Lejar) 山區，並且遭遇一段「神奇」經歷：當時，他巧遇眾神在山上開會，而聖師婆塔拉古盧指稱肯昂羅是祂的兒子，而且日後將使爪哇強大。在此同時，一名婆羅門僧侶找到他，宣稱獲得毗濕奴啟示：肯昂羅是祂在爪哇的化身。通過該婆羅門僧侶的推薦，他成為杜馬板藩侯棟古爾阿默棟

此後，肯昂羅在古打拉惹 (Kutaraja) 建立王城，史稱新柯沙里王
國❷。

其實，有關肯昂羅的事蹟有太多的傳說成分，根本無從鑑定
其中的真假；而這個王國早期的歷史，除連串的宮廷喋血之外，
就剩下一片晦暗不明。1227 年，肯昂羅被謀殺，兇手是亞奴沙巴
狄 (Anusapati)，即死者妻子肯戴蒂與其前夫棟古爾阿默棟所生的
孩子，他暗中派遣刺客殺害其繼父而奪取了王位。二十年後，他
卻又被其名義上的弟弟督查雅 (Tohjaya) 所刺殺。督查雅是肯昂羅
與第二個妻子所生的兒子；他在 1248 年登基數個月後，卻又在一
場宮廷叛變中身亡。亞奴沙巴狄的兒子——維修奴華達那
(Veshnuvardhana) 王，隨後登上王位。

接下來，維修奴華達那王兒子格達拿伽拉 (Kertanagara) 在
1268 年繼承大統。對於這位末代君王，爪哇兩大重要歷史文獻
《列王書》和《爪哇史頌》出現迥然不同的看法。前者斥之為酒
鬼，沉溺於情慾而招致毀滅。但，《爪哇史頌》卻讚頌格達拿伽拉

(Tunggul Ametung) 的家臣。

肯昂羅為了刺殺棟古爾阿默棟，特請一名鑄劍匠打造一把劍。當肯昂
羅前往取劍時，劍卻未完成，因此他勃然大怒，拿起那未完工的劍，
將鑄劍匠刺死。鑄劍匠在斷氣之前，發出咒言，詛咒肯昂羅和他的後
裔，七個帝王將死在該劍之下。

❷ 古打拉惹即杜馬板。1254 年，維修奴華達那執政六年後，立長子為王
太子——此人就是日後繼位的格達拿伽拉。在此同時，古打拉惹被更
名為新柯沙里。所以，歷史學者就以新柯沙里來命名這個王朝。

為一個擺脫所有情慾的苦行者。

　　不論究竟那一種評價接近事實，在格達拿伽拉統治下，新柯沙里進入積極的擴張時期，破天荒地以一個東爪哇王國取得馬六甲海峽和爪哇海的控制權。1275年，格達拿伽拉壓制國內反叛後，發兵遠征正逐漸沒落的室利佛逝。這次的遠征耗時十多年，成功地完全佔領原屬室利佛逝心臟地區的巴塘哈里流域（Batanghari，即占卑和米南加保地區）。除此之外，根據《爪哇史頌》，格達拿伽拉還在爪哇島之外佔領了其他三個戰略地區，其一是馬來半島的彭亨（Pahang，當時可能指整個馬來半島南部），其二是婆羅洲的巴庫拉普拉（Bakulapura，今天的坤甸地區），其三則是細蘭 (Seram) 島南端的科隆 (Gorong) 島。在爪哇地區，格達拿伽拉將勢力擴張到馬都拉，並且一改過去王朝只集中在爪哇東隅的發展政策，而將勢力擴張到西爪哇地區（巽他）。1284年，他出征峇厘島，雖未能完全征服全島，卻也成功地俘虜了峇厘王。

　　不過，正當格達拿伽拉努力成就霸業之時，一股來自遙遠北方的政治和軍事高壓氣氛已開始籠罩東南亞地區。1264年，格達拿伽拉登基，之前四年忽必烈正式稱帝，定國號元。而這個中國的新主人已經盯上了東南亞地區。1257年，蒙古人攻打越南；1271年，入侵緬甸；1278年，對占婆用兵。1289年，強敵終於叩門，元使孟琪來到爪哇，要求格達拿伽拉入朝稱臣。不過，這次入朝與以往不同，不能只是遣使進貢和象徵性的遵從，忽必烈要的是真正的臣服，而且準備以實際武力作為其政策的後盾。最初，格達拿伽拉採取謹慎和委蛇的態度，以期拖延時間並衡量利

害，但不久後——也許是得知蒙古軍陸續在日本、東京和占婆
(1285) 失利的消息——他卻悍然地將元朝使者孟琪逮捕、黥面並
將之驅逐。

　　對於爪哇王國這般的羞辱，忽必烈決意給予武力報復。1292
年初，忽必烈命令史弼、亦黑迷失和高興為統領，「征行上萬戶
四」，「會福建、江西、湖廣三行省兵凡二萬」，「發船千艘，給糧
一年」大舉征討爪哇❸。不過，當軍隊在 12 月出航的時候，他們
報復的對象卻早已從人間消失。此時，新柯沙里已經滅亡。1292
年 5 月，諫義里王朝的後裔——查雅伽望 (Jayakatwang)，為一洗
遭滅國的恥辱，趁著新柯沙里大部分軍隊在海外遠征，國內軍力
空虛的時機，發兵直搗王城。王城被偷襲淪陷，格達拿伽拉在一
片驚愕中身首異處。

第二節　滿者伯夷：登峰造極的海陸帝國

　　新柯沙里滅亡，王太子維查雅 (Vijaya) 向查雅伽望佯降稱臣。
隨後，他向查雅伽望請求拓荒，而遷移到特立克 (Trik) 從事開墾
工作，並靜待復仇的時機。據《列王書》表示，一個部下在該地
採集了一顆「滿者」(Maja) 果來吃，結果卻發現那果子是苦
(pahit) 的，就把果子扔了。因此，這個地方就得名滿者伯夷（意
即滿者苦果）。

---

❸　參見《元史·爪哇傳》。

　　1293 年初，蒙古軍隊抵達爪哇，維查雅獲得天賜的復仇良機。維查雅向蒙古軍輸誠，獻上「其國山川、戶口及葛郎國地圖」，並宣稱他願遵從忽必烈先前的要求舉國納降。當他獲得接納以後，便與蒙古軍合作出擊，輕而易舉打敗和俘虜查雅伽望。之後，維查雅卻趁蒙古軍隊分散進行綏靖時，倒戈並偷襲他們。蒙古軍遭埋伏且戰且退，因為死傷慘重，蒙古遠征軍最終被迫放棄任務，拔營回航。智取兩大敵手以後，維查雅以格達臘查薩 (Kertarajasa) 的名號稱王，定都滿者伯夷，正式建立滿者伯夷王朝。

　　儘管新王國已立，但 1295 年以後，格達臘查薩卻須面對連串的內部叛亂。根據《列王書》，當時，出自蘇門答臘籍王后的查雅納伽拉 (Jayanagara) 被冊立為諫義里王子——等同於王太子的地位——引起國內排外派系的強烈反感。他們眼見國王病重，而這個「外來者」即將繼承這個王國，於是毅然發動叛亂。即使在 1309 年，查雅納伽拉正式登基之後，這些叛亂還一直在延燒著。

　　1319 年，查雅納伽拉面對生平最嚴重的政權挑戰——古狄 (Kuti) 叛亂。爪哇貴族古狄率領叛軍攻下了王城，查雅納伽拉被迫出亡到峇當德 (Badander)。在逃亡過程中，一名年輕軍官迦查馬達（Gajah Madah，見圖 13）開始嶄露頭角。當時，他只是擔任護駕的任務，但日後，他將帶領滿者伯夷成為印尼史上最偉大的王朝。

　　迦查馬達一行人抵達峇當德後，一名士兵堅持要求返鄉。迦查馬達毅然將該士兵殺死，以杜絕國王藏身之處被洩漏出去。一

圖13：迦查馬達的畫像　峇厘人相
信迦查馬達來自峇厘，沒有父母，
是從椰子裡蹦出來的毗濕奴化身。
爪哇人則傳說，迦查馬達是在雷電
交加的時候，從山石間蹦出來的仙
人，並且一出世便能為人興善除惡。
據說，迦查馬達在眉宇間有第三隻
眼，因此，當地代表他的戲劇面具
和頭像經常畫有第三隻眼。雖然爪

哇和峇厘人對迦查馬達十分崇敬，但西爪哇的巽他人卻不喜歡他。原
因是，1350年，迦查馬達引起了惡名昭彰的「普別(Bubat)屠殺」事
件。當時，巽他國王答應將其公主許配給滿者伯夷新君哈奄烏祿。不
過，當巽他國王和大批的侍從將公主帶到滿者伯夷的北方城市普別準
備舉行結婚儀式時，迦查馬達卻介入，強硬規定一切禮儀必須依循屬
國向霸主朝貢的方式進行。對巽他國王而言，這無疑是一種羞辱性的
圈套，誘騙和逼迫他放棄自己國家的獨立。最終，巽他國王、公主和
隨行人員選擇了搏命戰鬥，企圖殺出一條突圍的血路，而全部壯烈犧
牲。

週後，迦查馬達易容潛回王城刺探形勢。他向大臣們佯稱國王已
經身亡，發現大臣們都有哀痛之情。據此，他斷定古狄並沒有獲
得普遍的擁戴。接著，迦查馬達策動了一次成功的起義，重新將
查雅納伽拉迎接回京。日後論功行賞時，迦查馬達被冊封為卡胡
里班的大臣(patih)；數年後，他再被擢升為諫義里的大臣。

不幸的，和諧的君臣關係最終卻變質了。1328年，一名大臣
丹查(Tanca)趁為國王開刀治病時，謀殺了查雅納伽拉。隨即，
這名兇手卻又馬上被迦查馬達所殺害。根據《列王書》的說法，

這是一項殺人滅口的舉動，因為真正的幕後黑手正是迦查馬達本人。國王與迦查馬達的妻子有染，讓迦查馬達不甘屈辱而動手弒君。

查雅納伽拉沒有子嗣，所以最終繼承的是他的第四位妻子伽查蒂尼 (Gayatri)——她是新柯沙理末代君主格達拿伽拉在世僅存的女兒。可是，她並不眷戀這個寶座，她早已出家為尼，因此轉由其長女攝政，稱號蒂尼布華娜 (Tribhuvana) 女王。1350 年，女王去世後，王位傳予其子哈奄烏祿 (Hayam Wuruk)❹，稱號臘查薩納伽拉 (Rajasanagara)。在這段時間裡，迦查馬達成為三朝重臣，權勢如日中天。自從 1330 年被任命為首輔（Mapatih，首席部長的職位）後，迦查馬達其實已掌握這個王國真正的統治權。

1331 年，迦查馬達成功弭平沙登 (Sadeng) 和克達 (Kerta) 兩處的叛亂後，決心推動擴張政策，在部長會議上發誓將致力於完成泛印度尼西亞的（武力）統一。當時，首當其衝的是峇厘島——它在新柯沙里王朝滅亡時恢復了獨立。對峇厘的用兵從 1331 年開始，直至 1343 年才順利完成❺。除此之外，滿者伯夷在 1331～

---

❹ 哈奄烏祿，意即小雄雞。他在十六歲時登基，其在位期間是滿者伯夷最鼎盛的時候。《列王書》給這位君王取了許多別號，包括「演員」、「女演員」、「演畫映戲的」、「畫映戲丑角」。但《列王書》這樣做並非出於詆毀，而是基於事實。根據《爪哇史頌》，哈奄烏祿曾在宮中的一次喜慶典禮上，親自參與演戲。

❺ 根據出土碑銘，峇厘島在十世紀初曾出現一個稱為瓦瑪迪瓦 (Warmadewa) 的王朝。在西元十一世紀以後，爪哇的影響力開始滲透

1351 年間也成功將其他眾多的地方併入其版圖，如：庫崙
(Gurum)、西連 (Seran)、丹戎布拉 (Tanjungpura)、亞魯、彭亨、
冬坡 (Dompo)、巽他、巨港和單馬錫（Tumasik，今新加坡）等。
《爪哇史頌》列舉了當時臣服於滿者伯夷的屬國，它們分佈在全
蘇門答臘，部分的馬來半島、民大威、汶萊 (Brunei) 和婆羅洲的
丹戎布里 (Tanjungpuri)，另外也有爪哇以東的眾多地方，如峇厘、
錫江 (Makassar)、班達群島 (Bandas) 和摩鹿加群島。其中，許多
地名不詳，只能根據推測來決定其位置。一般學者都認為，滿者
伯夷此時已擴張成為一個遼闊的帝國，它以其強大無比的海軍力
量，維繫著包含現今印尼和馬來亞大部分地區的版圖 （見圖
14）❻。

峇厘，兩者之間出現緊密的關係。馬打藍王朝復興國王愛兒楞加，即
是來自峇厘的王族。峇厘向來都維持著獨立自主的地位，直至 1343 年
才被滿者伯夷征服。但是，在十五世紀初滿者伯夷國力衰弱以後，峇
厘又再度恢復獨立。

❻　不過，有些歷史學家質疑這個遼闊帝國的真實性，他們認為《爪哇史
頌》所列舉的地名，不過就是該書作者的一些地理知識罷了。滿者伯
夷的版圖應該僅限於東爪哇、馬都拉和峇厘島這些地方。相反地，歷
史學者克侖 (Krom) 確信它的存在，但提醒我們不應該將它想像成一個
領土帝國 (territorial empire)。事實上，它僅是一個影響力範圍，滿者伯
夷並沒有真正統治這些地方，即使有，也僅限於特定的幾個港口。在
這個勢力範圍內，外國勢力被排斥，各個屬國則須向霸主滿者伯夷納
貢，以示承認它的霸權地位。但是，在鬆散的關係之下，各屬國仍然
能夠維持國內的自治權。

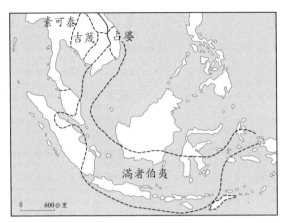

圖 14：十四世紀滿者伯夷的版圖

在內政事務方面，滿者伯夷積極擴大中央的權力和稅收。通過聯姻政策，割據四方的藩屬被減少，權力也被削弱，他們必須經常入朝晉見，而且領地也設有中央的行政官吏。為了增加中央稅收，中央政府大量廢除包稅制，並實施「人口普查」，從而建立更直接的收稅途徑，並將各種項目的稅務明確規定下來。除此之外，治安、戶口、職業、勞役等事項也都出現明確的條例規定。在司法方面，迦查馬達下令編纂新的法典，取代原有的《庫打拉馬納華法典》(Kutaramanava)。當時，法官在判案時，除了依據法典，同時也須要參照地方風俗、先例，以及祭司、長老等人的意見。

至於外交方面，滿者伯夷與暹羅、緬甸、柬埔寨、占婆、雅華納（Yavana，即越南）維持著良好關係；至於和較遠的中國、印度南部及孟加拉，也有著商業來往的關係。自從忽必烈去世(1294)後，中國元朝終止對馬來島嶼的侵略政策，滿者伯夷在

1295 年試探性遣使 「獻方物」，並且在 1297 年遣使正式奉表修好。中國史資顯示，滿者伯夷與元朝以至嬗替的明朝都維持著外交關係。可是十四世紀末，滿者伯夷與明朝發生摩擦，因為當時明朝冊封室利佛逝新王，傷害它作為此方霸權的事實，所以滿者伯夷以激烈手段回應之，刺殺中國使者，並且一舉摧毀巨港。

除內部整頓的成效之外，滿者伯夷的崛起更得力於國際貿易大局勢的轉變。西歐經過一番農業和商業革新，以及二百多年的十字軍東征，西歐人開始食用大量的肉類，而且發展出對亞洲香料的需求，作為醃製肉類或蔬果之用。在市場擴大的背景下，滿者伯夷的貿易日益繁榮，國力大大提升。當時，滿者伯夷國王與商人的關係密切無比，甚至一些說法將後者視為不過就是王室的「貿易代表」。無論如何，繁榮的港口帶來大量的收入，每項的交易和交通也帶來稅收，而王室更控制了大部分流入的金銀和奢侈品。滿者伯夷擴大中央集權後，對內陸米糧出產的有效控制應付了蓬勃發展起來的港口城市的需求，同時也作為與東部群島交換香料的貿易品。這個王朝的「海軍」以爪哇北海岸為基地，滿者伯夷王室給付他們以維持這個王朝在馬來群島的絕對權勢，同時也擔任貿易的雇傭軍。

1364 年，迦查馬達逝世，原本由他所獨攬的大權被拆分到四位部長手中。但不久，在位的哈奄烏祿卻對協調各部長的工作感到厭煩，因此再度委任一位首席部長來統管這個王國的一切事務。哈奄烏祿在任期間沒有任何大作為，只管沉溺在奢華與美色之中。1389 年，哈奄烏祿去世，而其嫡系只有一名女兒，所以這位女兒

的夫婿——前馬打藍王子維克拉馬華達納 (Vikramavarddhana) 最終繼承了王位。不過，哈奄烏祿生前卻埋下內亂的種子，他指定庶子維拉布米 (Virabumi) 為東爪哇的統治者，同時讓維拉布米迎娶維克拉馬華達納的妹妹，如此一來，造成維拉布米日後漸漸跋扈而割據自重。1401 年，中央與維拉布米之間的衝突爆發，引發一場為期大約三年的內戰。這場內鬥重創滿者伯夷的元氣，從此滿者伯夷進入急速衰敗的階段。

弔詭的是，最終削弱滿者伯夷的卻正是那個讓滿者伯夷強大起來的宏觀力量。簡言之，滿者伯夷太過成功了，香料貿易過度的膨脹讓它失去了駕馭的能力。王國內部或之外的貿易社群激增，過去受滿者伯夷支配的港口也開始不聽使喚並自行其事。除此之外，另一個強大的競爭者——馬來半島的馬六甲王國——也崛起了。室利佛逝亡國後所遺留下的真空，以及末羅瑜王國轉向專注經營內陸，都提供這個敵手一展身手的有利機會。無論是內部離心力量，或是競爭對手，伊斯蘭教更成為他們反滿者伯夷的最重要「意識型態」動力和工具。

從十六世紀開始，滿者伯夷走上死亡之路。不過，其中的過程並沒有清楚一致的說法。歷史學者克侖認為，滿者伯夷末代君主是 1516 年登基的巴狄烏特拉 (Pati Udara)。葡萄牙方面的檔案資料曾出現他的音譯名字 "Pateudra"。1511 年，當葡萄牙的亞伯奎攻佔馬六甲後，曾派遣使節團到爪哇晉見這個「異教徒」君主。此外，這些檔案也提到爪哇海岸港口已控制在伊斯蘭教徒手中，而且經常揭竿反抗「爪哇王」——不過卻屢次被鎮壓下去。1514

年，葡屬馬六甲總督戴柏里都 (De Brito) 向葡王報告說，爪哇島上有兩個統治者，一為巽他王，另為爪哇王；但事實上，海岸地區卻已被他稱之為「摩爾人」(Moors) 的穆斯林所控制❼。

---

❼   摩爾人是葡萄牙人對阿拉伯和其他民族穆斯林的通稱。

Indonesia

第 **II** 篇

印尼淪為列強殖民地

伊斯蘭王國、葡萄牙人和香料貿易

第一節　伊斯蘭教的傳入：內外力量的制動

印尼地區與穆斯林發生接觸的時間相當早，根據中國方面的資料，在九世紀時，中國廣州已經聚集數千名的穆斯林商人，而他們大都取道印尼水域到來。至於印尼本身的資料，最近在北蘇門答臘藍列 (Lamreh) 發現一塊墓碑，它屬於一位在 1211 年逝世的蘇丹蘇萊曼 (Sultan Sulaiman bin Abdullah bin al-Basir)，因此成為證實印尼地區存在著穆斯林王國的最早證據。

另外，馬可孛羅對蘇門答臘北部港口的描寫亦是印尼穆斯林存在的重要歷史紀錄。1292 年，馬可孛羅從中國返航時曾在蘇門答臘的帕拉克 (Perlak) 停留，並且發現當地有眾多的穆斯林商人，他們更讓一些當地居民隨之改宗信奉伊斯蘭教。隨後，馬可孛羅又到須木都剌 (Samudra)❶，但他卻表示該處並沒有穆斯林的蹤影。不過，當地出土的一塊 1297 年墓碑卻顯示，須木都剌統治

者——馬力克柯沙烈 (Malik as-Salih)，不久後即改奉了伊斯蘭教。

　　至於為何伊斯蘭教要遲至十三世紀末才在印尼地區傳播開來，如今各家眾說紛紜，其中的證據十分稀少，不足以釐清真相。不過有學者相信，伊斯蘭教是在出現比較有神祕色彩的蘇飛教派 (Sufi) 以後才被印尼居民所接受❷。這種神祕色彩——強調天啟

---

❶ 根據《馬來紀年》(*Sejarah Melayu*)，有一個人與兄弟發生口角後，憤而出走而四處流浪。一天，他走入一片森林，赫然發現一隻龐大的螞蟻（印尼語 Semut），其體型竟有貓一般大小。事後，他就在該處建立了王宮，並且發展成為須木都剌——意即「非常巨大的螞蟻」。這個王國建立的時間不詳，大概在十三世紀下半葉，蘇丹馬力克柯沙烈可能是開國元首。不久後，這個國家的中心被遷移到巴塞，所以一般史稱須木都剌—巴塞。十五世紀初，這個國家在海峽對岸馬六甲王國崛起後衰亡。

❷ 蘇飛教派深受敘利亞及波斯文化和思想的影響，其信徒都穿著羊毛衣 (suf)，因此得名蘇飛教派。其信仰裡，有許多與印度哲學相同之處，因為印度哲學曾對波斯和敘利亞思想有相當大的影響。蘇飛教派的目的在於達致與真主的統一。他們不重視聖典，而相信通過一邊手擊單面鼓，一邊不停朗誦真主之名和詞句，即能達到與真主的本體合一。有時，他們還會做各種的動作和舞蹈；其中部分信徒也信奉賢人。
　　蘇飛教派曾在馬六甲，以及後來崛起的亞齊有著十分巨大的影響力。巴魯斯 (Barus) 的漢沙 (Hamzah) 和巴塞的桑奧丁 (Shams al-din) 這兩位蘇門答臘的神祕主義教士所闡揚的教義，在整個馬來世界有著深遠的影響。蘇飛教派的訴求之所以成功，乃得力於馬來亞和印尼地區久存的泛靈信仰，它對民間不符合正統伊斯蘭教義的習俗和信仰採取容忍的態度。

和魔力，契合了印尼地區對神／靈崇拜的悠遠傳統。舉例來說，
《巴塞諸王志》 (*Hikayat Raja-raja Pasai*) 對伊斯蘭教傳入的描寫
就有著相當的神話色彩，它宣稱：伊斯蘭先知某天出現在國王美
拉希勞（Merah Silau，亦即上述的馬力克柯沙烈）的夢境裡；當
時，先知向美拉希勞嘴裡吐一口唾液，他竟然奇蹟般開始通曉伊
斯蘭知識，而且先知也賜予他蘇丹馬力克柯沙烈的稱號。這位蘇
丹醒來後，發現自己已行過割禮，而且能夠無師自通地朗誦《可
蘭經》。

　　過去，印尼地區的伊斯蘭源頭被鑑定在印度的胡茶辣
(Gujerat)，而穆斯林貿易商則被視為是這個信仰的傳播者。不過
今天，一些學者強調伊斯蘭的傳入涉及廣大地域和長久的時間，
所以僅以此單一來源似乎將其過程過於簡單化。許多學者已證明，
印度的柯羅勉多 (Coromandel) 或馬拉巴 (Malabar)、孟加拉、華
南，以及阿拉伯、埃及、波斯等地都是印尼伊斯蘭的眾多源頭——
儘管重要性也許不及胡茶辣。而關於中介者方面，有學者也質疑，
在印度／佛教盛行的爪哇地區，穆斯林商人向王室貴族們傳播伊
斯蘭教義的可能性，以當時商人的低微地位，他們應該不容易動
搖王室貴族的信仰。相較之下，擁有學識和「神祕力量」的穆斯
林賢人是比較有可能的人選❸。除此之外，印尼本土居民——尤

❸　根據《爪哇紀年》(*Babad Tanah Jawi*)，伊斯蘭教在爪哇的萌芽歸功於
　　九位賢人 (wali sanga)。不過，這些賢人確實的名字，在該書本身即有
　　著極大的出入。另外，少數甚至宣稱有十位賢人。主要出現的九位賢
　　人包括：蘇南安佩爾 (Sunan Ngampel)、蘇南古農查提 (Sunan

其馬來和爪哇裔穆斯林，在伊斯蘭教的傳播上也同樣扮演著重要的角色。

另外，由於蘇門答臘北部和馬來半島位於國際貿易線上，同時受印度／佛教影響較淺，因此成為伊斯蘭教萌芽的溫床。1345～1346 年間，在往返中國途中，阿拉伯人伊本帕杜達 (Ibu Batuta) 兩次拜訪須木都剌，他表示，當地蘇丹遵循著伊斯蘭的薩費 (Shafi'i) 儀式——現今印尼伊斯蘭教徒所踐行的方式，雖然當時其周圍仍舊圍繞著非伊斯蘭國家。另外，在須木都剌對面河岸巴塞 (Pasai)，發現一座 1421 年的穆斯林墳墓。顯然，須木都剌一巴塞是當時東南亞地區第一個重要的伊斯蘭教傳播中心。

位處馬來半島西岸崛起的馬六甲王國也是伊斯蘭重要的輻射中心。馬六甲開國元首拜里米蘇拉 (Paramesvara) 於 1414 年左右與巴塞公主結婚，因而皈依伊斯蘭教，更名彌吉伊思罕達沙 (Megat Iskandar Shah)。這個時候，馬六甲似乎繼承室利佛逝的商

Gunungjati)、蘇南伯農 (Sunan Bonang)、蘇南吉里 (Sunan Giri)、蘇南谷度斯 (Sunan Kudus)、蘇南姆雅 (Sunan Murya)、蘇南卡里查佳 (Sunan Kalijaga)、蘇南溪地則納 (Sunan Sitijenar) 和蘇南華里拉囊 (Sunan Walilanang)。另外，第十位賢人則是蘇南巴雅特 (Sunan Bayat)。

值得注意的是，"Wali" 一詞源自阿拉伯語，意即「賢人」，但是，這些伊斯蘭賢人都擁有蘇南 (Sunan) 的稱號。這個稱號卻是爪哇本土的詞彙，可能是衍生自 "suhun" 一詞，意即受尊敬的。這些賢人裡，有些是非爪哇裔，有些曾到馬六甲學習伊斯蘭教義，更有些是擁有商業聯繫的，如：吉里的母親是商人，巴雅特則是一個女性米商的雇員，而卡里查佳本身就是賣乾草的商人。

業衝力，迅速發展起來，成為東西貿易的重要據點，與胡茶辣穆斯林的貿易是其重要命脈之一。在短短半個世紀裡，馬六甲的政治勢力擴張到馬來半島，以及部分的蘇門答臘，一度甚至到達伊斯蘭重鎮巴塞。伴隨這種政治力量的開展，伊斯蘭在屬國之間傳播開來，影響所及包括馬來半島的彭亨、丁加奴 (Terengganu)、北大年 (Patani)、吉蘭丹 (Kelantan)、吉打，以及對岸蘇門答臘的羅庚 (Rokan)、甘巴 (Kampar)、英德臘其利 (Indragiri) 和錫國 (Siak)。

至於爪哇方面，北部各港口——尤其杜板和錦石 (Gresik)，都與馬六甲建立了密切的聯繫。除了香料輸出之外，東爪哇港口輸出的米糧更是馬六甲賴以生存的命脈。伊斯蘭教透過這些貿易網絡擴散到爪哇北部海岸地區，歷史學者克恩 (R. A. Kern) 甚至誇張地主張「爪哇是被馬六甲所改宗的」。當時，新崛起的爪哇小王國都紛紛改奉伊斯蘭，似乎有和印度／佛教中央政權對峙之勢，它們堅持本身的獨立自主，開始疏遠甚至抗拒逐漸衰微的滿者伯夷王朝。

除了以上區域內部的動因外，學者里爾 (J. C. van Leur) 對伊斯蘭的傳播提出宏觀的世界動因：宗教競爭。根據這位學者的看法，葡萄牙人在 1497 年在印度洋現身後，為伊斯蘭在印尼地區的傳播帶來空前的壓力。這種壓力最終轉化為強大的宗教擴散力。早在葡萄牙人到來之前，本區域的穆斯林早已透過朝聖地麥加 (Mecca) 得知基督教與伊斯蘭在伊比利半島 (Iberian Peninsula) 激烈鬥爭的消息。所以在葡萄牙人出現以後，這些穆斯林政權便極

力築構他們的勢力範圍，企圖阻斷基督教的進路。

1511 年，馬六甲淪陷到葡萄牙人手中，並且成為他們攻擊伊斯蘭或穆斯林貿易的據點。可是事實上，穆斯林依舊領先，他們旋即轉移陣地到蘇門答臘北部的亞齊，讓它成為十六世紀中葉印度和西亞穆斯林從事貿易的最重要商港，以及伊斯蘭的研究中心。在爪哇，穆斯林主要集中在捍衛北岸的港口，因為它們的功能極度重要。此外，他們更努力阻絕葡萄牙人與內陸的印度／佛教王國的接觸和合作，避免他們形成聯盟。例如，1522 年，葡萄牙船拜訪巽他王國的港口巽他卡拉巴 (Sunda Kalapa)，同時與該國攝政王簽下條約，獲允在當地建立商館。可是，五年後，當葡萄牙代表團重返該地設置商館時，卻發現穆斯林已經將該處佔領。另外，值得一提的是，伊斯蘭也從爪哇島北部的各港口——尤其是淡目，傳播到南婆羅洲和摩鹿加群島。換言之，穆斯林遠遠地超前葡萄牙人，輕而易舉贏取在印尼群島東部的宗教競賽。

在這些區域和世界動因下，伊斯蘭從十三世紀末在印尼地區傳播開來。不過，我們卻不能說伊斯蘭完全取代原有的印度／佛教傳統。正如學者帕奇 (C. C. Berg) 說明的那樣，爪哇文化是連續演化的產物，爪哇從未「改宗」(converted) 為伊斯蘭教，它對伊斯蘭元素的吸收是緩慢的——就如同它在更早之前對印度和佛教元素的吸收一樣。在其他地方，例如峇厘島，它就成功回拒伊斯蘭教的進入——即使十六世紀諫義里的蘇丹阿貢 (Sultan Agung)向它展開聖戰。此外，伊斯蘭在政治上的進程也十分緩慢。即使在 1579 年，當荷蘭人首次到來時，爪哇內陸大部分地區仍舊信奉

「異教」，並未皈依伊斯蘭教。

　　除地區的差異外，印尼居民對伊斯蘭接受的程度也有著相當的落差。例如在爪哇，穆斯林就區分成兩大群體。其一是閃特里，原意宗教學生，他們是非常虔誠的穆斯林，嚴格遵從伊斯蘭的教義和規定。其次則是阿邦安，這個群體雖然皈依了伊斯蘭教，但是他們卻從未放棄古老、深受巨石文化、印度／佛教影響的爪哇信仰和風俗。今天，這種鴻溝仍然存在於印度尼西亞，造成許多具衝突性的政治和文化課題。除此之外，傳統王公貴族所信仰的伊斯蘭教也深染著印度神祕主義的色彩，這群人被通稱為帕里亞伊 (Priyayi)。無論如何，伊斯蘭教確實深遠地影響了爪哇社會，例如穆斯林的割禮和土葬儀式就滲透了爪哇每一個地方。十六世紀時，除了短暫的淡目王朝及帕章王朝外，爪哇地區也曾經出現馬打藍王國和萬丹王國二個穆斯林霸權。

第二節　十六至十七世紀中的政經情況：香料貿易的熱辣競爭

　　十五世紀開始，印尼地區的政經舞臺變得擁擠且複雜起來。滿者伯夷因為內戰而國力驟降之後，爪哇北海岸的小王國借助蓬勃發展的香料貿易紛紛崛起。另外，在馬來半島西岸新立的馬六甲王國更鶴立雞群，迅速崛起成為稱霸馬六甲海峽的強權。這些新貴使用綠色伊斯蘭教作為支撐政權的「意識型態」——有別於以前的印度／佛教傳統。在此同時，藍眼睛的葡萄牙人也順著貿

易網絡攀緣來到這個香料的故鄉，企圖在這個豐隆的產業內分一杯羹。

為了釐清這個時期各歷史角色的複雜互動，以下將分解成為三大主要的區域來進行觀察：馬六甲海峽、摩鹿加群島——丁香和肉荳蔻的故鄉，以及爪哇地區。

一、葡屬馬六甲—亞齊—柔佛王國：馬六甲海峽爭霸戰

1511 年，葡萄牙的亞伯奎 （Afonso de Albuquerque，見圖15）帶領艦隊攻打馬六甲，成功拿下這個他稱為「可以找到凡是世界上說得出的任何一種藥材和香料」的城市。在此之前，進入歐洲的香料貿易管道全數由穆斯林和威尼斯商人所壟斷。香料貿易所帶來的巨大利潤是葡萄牙和其他歐洲人所夢寐以求的，並且驅動他們努力尋找到東方香料故鄉的途徑。

不過，葡萄牙人卻比其他歐洲人擁有更多的優勢。葡萄牙在大西洋的地理位置，使得他們自然地成為優秀的航海員。而且，由於長時期與阿拉伯人的競戰，葡萄牙建立了強大的海軍力量。它雇用技術純熟的熱那亞 (Genoese) 水手，並且有能力遠航和容納眾多船員的「巨艦」。葡萄牙的主要港口——里斯本 (Lisbon) 和歐博都 (Oporto)，則是繁榮的商港，與地中海及北歐有著密切的貿易往來。

1508 年，葡萄牙國王派遣斯奎拉 (Diogo Lopes de Sequeira) 東航，希望與馬六甲建立貿易關係。翌年，斯奎拉抵達馬六甲，獲得對方友好的款待，並且獲准在濱海地方停留和經商。不過，

圖 15：亞伯奎　1511 年 5 月，阿伯奎率領葡萄牙艦隊前往馬來群島，一心要拿下馬六甲，因為他相信，假如能夠將馬六甲的商業從穆斯林商人手中奪取，那麼「開羅和麥加則完全被摧毀，到時候沒有什麼香料可以轉運到威尼斯，除非由它的商人到葡萄牙去購買」。

在其他亞裔商人強烈反對聲浪中，馬六甲的蘇丹瑪末沙 (Mahmud Syah) 改變態度，企圖以邀宴之名奪取葡萄牙人的船隻。不過，這項消息走漏，斯奎拉倉皇乘船逃離，被拋下的二十多名葡萄牙人被捕入獄。返國途中，斯奎拉遣人到印度向總督亞伯奎報告。1511 年 7 月，亞伯奎帶領十九艘船艦和一千二百人的軍隊來到馬六甲，要求蘇丹瑪末沙賠償損失並且釋放被扣押的葡萄牙人。在亞伯奎的條件一再加碼之後，談判終於破裂。7 月 24 日，葡軍正式發動攻擊。戰事經過多日的膠著，葡軍終於在 8 月 10 日攻陷馬六甲。

　　葡萄牙人佔領馬六甲帶來的影響是深遠的，它破壞和擾亂了原有的貿易網絡，最明顯的即是亞洲的財富交換中心從此不復存

在；而且，也不再有任何強而有力的馬來王國足以提供馬六甲海峽海上交通和貿易所須要的秩序和安全。儘管如此，葡萄牙人希望的商業和香料貿易的壟斷並沒有到來。被佔領的馬六甲並沒有恢復往日的繁榮，葡萄牙人在海峽實施的商業壟斷顯得無力，亞裔商人紛紛轉移到其他港口去，而且葡屬馬六甲嚴重缺少人力和資本，行政糜爛且貪污嚴重。

在香料貿易方面，亞裔商人也迅速地恢復以往的繁榮商業往來，讓葡萄牙人壟斷香料貿易的夢想落空。更重要的是，葡萄牙人陷入一個衝突性網絡裡，必須時時面對來自四面八方的敵意和攻擊——尤其柔佛和亞齊王國（見圖16）。

在馬六甲城淪陷後，蘇丹瑪末沙企圖從馬六甲內陸或麻坡 (Muar) 展開反擊。不過，局勢卻始終未有進展。之後，他逃亡到彭亨，並遣使向中國明朝求援，但希望還是落空了，明朝只能提

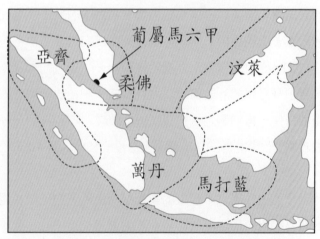

圖16：十六世紀東南亞主要政治勢力

供修辭性的安慰而非實質的軍援。一年之後，蘇丹瑪末沙帶著隨從南航，最終在賓旦島定居下來，並且將此地發展成為貿易中心，為日後的柔佛王國奠下重要的基礎。蘇丹瑪末沙以賓旦島作為復興基地。在這裡，他得以攻擊馬六甲跟中國或摩鹿加群島往來的葡萄牙船隻，同時向彭亨和在蘇門答臘西岸的屬國遣使。1517年，他成功地在麻坡建立一個要塞。之後，在1515、1523和1524年，蘇丹瑪末沙三次對馬六甲發動攻擊，不過都沒有成功。這些攻勢最終引致葡屬馬六甲的反擊，1526年葡萄牙人先拿下麻坡要塞，然後攻陷賓旦島的王城。蘇丹瑪末沙被迫出亡到蘇門答臘的甘巴，並在兩年後去世。

1528年，蘇丹瑪末沙的幼子阿老汀黎阿雅特沙 (Alauddin Riayat Syah) 繼位。他在柔佛上游河岸再度建立王城，延續其父親的復國鬥爭。1536年，阿老汀黎阿雅特沙被葡萄牙人擊敗，不得已求和並且退居到柔佛的麻坡附近，葡萄牙人開始承認他為「柔佛蘇丹」。1540年，他定都於舊柔佛 (Johor Lama)，柔佛王國正式建立。到這個時候，柔佛與葡萄牙的關係稍微緩和，因為它開始感受到來自亞齊的壓力。新崛起的亞齊企圖將柔佛王國在蘇門答臘的勢力清除。

亞齊王國的崛起確實深深威脅著葡屬馬六甲和柔佛王國。自從馬六甲淪陷後，亞齊漸漸成為新興的商業中心和海洋強權。到了十七世紀初，蘇丹伊斯干達穆達 (Iskandar Muda, r. 1607～1636) 將亞齊提升到最高的黃金境界。當時，他組織了一支強大的軍隊，包括重武裝的艦隊、乘坐波斯馬的騎兵隊、大象部隊、砲兵和步

兵。1612 年，亞齊取得蒂立 (Deli)。1613 年，它再度攻佔阿魯，也襲擊柔佛王國，這次後者的蘇丹阿老汀黎阿雅特沙二世 (Alauddin Riayat Syah II) 和眾多王室成員被擄，而整個王國也因此幾乎解體。亞齊企圖永久控制柔佛王國，但沒有成功，後者迅速恢復獨立，並且與彭亨和蘇門答臘中、南部國家組成反亞齊同盟。這個挫折沒有讓亞齊停歇下來，1614 年，它在賓旦 (Bintan) 附近成功擊垮葡萄牙艦隊。1617 年，亞齊征服彭亨，並擄獲其君王。三年後，它攻陷馬來半島北部的吉打王國。1623 年，亞齊再度襲擊柔佛王城。

但是不幸的，亞齊的軍事擴張在 1629 年受到嚴重挫折。當時，亞齊發動數百艘船艦出征馬六甲，結果卻是全軍覆沒。此後，亞齊的軍事行動停滯下來──除兩次出征彭亨的叛亂之外。蘇丹伊斯干達穆達去世後，礙於國內政治鬥爭，亞齊的國力開始萎縮，進入十八世紀時，它的勢力範圍僅剩蘇門答臘最北端的地區❹。無論如何，亞齊王國成功維持著獨立自主──直至十八世紀末荷蘭人實施推進政策以後。

二、摩鹿加群島：香料貿易的祝福和壓力

古時候，摩鹿加群島的權力中心位於哈馬喜拉 (Halmahera)

---

❹ 儘管如此，亞齊此時已發展成為馬來世界的伊斯蘭研究中心，到麥加的朝聖者都以亞齊作為「通往聖地之門」。此外，它也吸引眾多印度、波斯和阿拉伯學者，以及各印尼群島的宗教學生到來從事研究和學習。

島上。不過，一位殘暴的君主卻迫使其子民大量遷移，他們紛紛逃到該島西邊的德拉底 (Ternate)、帝多利 (Tidore) 和巴坎 (Bacan) 島嶼。日後，這三個島嶼分別發展出三個王國，而德拉底王國成為當中最優越的一員。後來，德拉底王國甚至回過頭來征服了哈馬喜拉，以致其國王贏得 「摩鹿加之王」 (Colano Maloko) 的稱號。在此同時，德拉底也成功控制西伊里安再也部分地方，以及眾多的摩鹿加島嶼。不過，鄰近的帝多利卻仍是德拉底王國的強勁對手，兩者經常處於緊張的競爭狀態。

　　丁香和肉荳蔻樹是摩鹿加群島最特殊，也最珍貴的天然資源。從這兩種赤道雨林常綠植物身上，居民取得世界級重要的香料：丁香 (clove)、肉荳蔻 (nutmeg) 和肉荳蔻乾皮 (mace)（見圖 17）。

　　葡萄牙人佔領馬六甲之後，亞伯奎派遣使節團走訪摩鹿加群島。成行之前，亞伯奎特別小心翼翼地交代使節團領導安東尼歐蒂亞布魯 (Antonio d' Abreu) 和所有隨行人員不得打搶掠奪，以免壞了「佛郎機」(Faranggi) 的名聲❺，竭盡所能要與香料群島建立友好關係，並瞭解當地居民的風俗習慣。葡萄牙人在 1512 年 1 月抵達安汶 (Ambon)。當他們幫助希都 (Hitu) 統治者擊退來自細蘭的侵略者之後，他們順利在當地建立起倉庫和暫時性商館。不久，消息傳到德拉底和帝多利，為了拉攏葡萄牙這個新鮮厲害角色，

---

❺　在十字軍東征時，「佛郎斯」(Franks) 為對歐洲人的通稱。在此之後，這個名詞變異衍生出 "Faranggi"、"Feringi" 和 "Feringhi"，它們專指葡萄牙人，因為葡萄牙人是當時唯一與亞洲地區保持著高度接觸的歐洲人。至今，摩鹿加群島居民依然將葡萄牙人稱作「佛郎機」。

以增加自己的競爭實力，他們競相派出代表邀請葡萄牙人來訪。

最後，德拉底代表拔得頭籌，國王瑪基拉款待葡萄牙人，並答應讓葡萄牙人在當地設立暫時性商館，並且壟斷所有的丁香貿

圖17：（左）丁香樹；（右）肉荳蔻枝幹 (1)、果實 (2)、果實剖面 (3) 和種仁 (4)　在十七世紀以前，丁香樹只生長在哈馬喜拉岸外五個小火山島之上──其中包括德拉底和帝多利。所謂的丁香，其實是由丁香樹未開的花蕾曬乾而成。肉荳蔻和肉荳蔻乾皮則來自肉荳蔻樹，而這種樹只生長在班達群島其中十個小島之上。所謂的肉荳蔻，是肉荳蔻樹果實的種仁，而肉荳蔻乾皮則是由果實種殼上的紅色假種皮曬乾而成。雖然丁香和肉荳蔻樹有很高的經濟價值，不過當時它們卻從未被移植到其他地方。該地的居民小心翼翼地提防著所有的訪客，避免任何的植物或種子被走私出去。而且，這些植物的種子也十分脆弱，不容易種起來。不過，最重要的是，這些植物須要有高超的維護保養技術才能夠順利開花結果，因為它們對生長環境的土地和條件都十分地挑剔。根據當地的說法，這些香料的製造（從果實取出和曬乾）、應用和貿易都是中國人所開創的。之前，這些植物都是連枝取下然後當作藥材賣出。中國明朝建立以後，實施「片板不許下海」的海禁，如此一來，整個香料貿易方才被爪哇商人所宰制。這些香料在當地被收集起來，透過中介貿易商出口到爪哇北部港口，轉而換回所需的稻米和其他用品。

易。1518 年，葡萄牙人購得第一批丁香，順利從德拉底出航。不過，德拉底卻拖延實現讓葡萄牙人壟斷丁香貿易的承諾，而且抗拒讓葡萄牙人建立要塞，覺得那是一種潛在的威脅。遲至 1522 年，葡萄牙人才得以正式在當地建立要塞，而促成因素似乎是西班牙人的出現。1521 年，西班牙人通過菲律賓海域來到摩鹿加群島，並且與帝多利結盟，在該島建立要塞，和獲允壟斷香料貿易。對於這種情勢，葡萄牙人馬上發動攻勢，打擊這個敵對聯盟。結果西班牙屢屢被打敗，而帝多利也落入葡萄牙的控制。1529 年，西班牙與葡萄牙簽訂〈札拉郭薩條約〉(Treaty of Zaragossa)，將他們在香料群島的權利出售予葡萄牙人。

　　葡萄牙人甫站穩腳，跟當地人的關係卻漸漸惡化，原因在於葡萄牙的商人貪得無厭，而所派駐的官員幾乎都極盡所能地斂財。葡萄牙官員之間更出現強烈的明爭暗鬥，而且很快地捲入本土王室的權力鬥爭。本土統治階層的政變、殺頭、流放，以及起義、鎮壓的事件屢見不鮮。最終在 1546 年，葡萄牙人擁立的蘇丹海侖 (Hairun) 為德拉底國王。1564 年，蘇丹海侖被迫割讓德拉底予葡萄牙人，不過六年後，葡萄牙人卻將蘇丹海侖給謀殺了。這次事件引起德拉底人的憤怒，揭竿起義，擁戴蘇丹海侖的兒子巴阿布拉 (Baab Ullah) 為王。他們圍困葡萄牙人的要塞長達五年之久，最終迫使葡萄牙人在 1575 年投降而被全數驅逐出境。自此以後，德拉底王國的勢力再度強化，除了成功抵禦葡萄牙人的反擊，還能夠將勢力擴張，北至棉蘭老 (Mindanao)、桑義賀、萬鴉老 (Manado) 和蘇拉威西北部其他地區，南至小巽他群島。當時，蘇

丹巴阿布拉號稱「七十二島的統治者」，能夠隨時徵召到超過十三萬人的軍力。他也積極從事伊斯蘭的推動，從麥加請來宗教師宣教，並且盡力打擊區域內的基督教和葡萄牙勢力。

1575 年被逐出德拉底以後，葡萄牙在香料群島的美好時光從此一去不返，敗象畢露。葡萄牙勢力被侷限於安汶島的要塞，德拉底持續的敵意，迫使葡萄牙轉向與帝多利貿易。戰爭不斷、建立教會的花費，以及官員行政不彰、貪污腐敗，使得葡萄牙香料貿易的利潤被消耗殆盡。1580 年，西班牙腓立普二世 (Philip II) 入主葡萄牙，兩國合併後，葡萄牙的里斯本和歐博都失去作為香料貿易港口的地位。這種情況讓西班牙的勁敵荷蘭獲得迅速崛起的機會。除此之外，宿敵英國的海上勢力也獲得長足的進展。荷英這兩個國家出現在東方之前，他們的航海和戰鬥能力早已超越葡萄牙人。至十七世紀初，荷蘭人到達香料群島後，輕易就撼倒葡萄牙這個老朽的帝國。

第六章 | *Chapter 6*

荷蘭人商業壟斷的建立和其競爭

第一節　打破葡萄牙人的壟斷地位

一、荷蘭人的東來：堅決和有效率的「商人」

　　十六世紀時，荷蘭人在地中海的通航十分活躍，他們是歐洲地區的東方商品仲介商。自從 1560 年代起，荷蘭為求政治獨立，與西班牙開戰。1594 年，入主葡萄牙的西班牙國王腓力二世下令禁止英國和荷蘭商人使用里斯本港口。這些政治和經濟處境都激化荷蘭人直接到東方貿易的高度渴望。當時，荷蘭人是最有潛力與葡、西競爭的國家。在歐洲國家裡，荷蘭擁有最豐富的貿易中介經驗，也建立最進步的金融制度，因此有充裕的資金作海外探險和貿易。不過，它面對的問題，和英國人一樣，就是缺少相關印度洋航海知識，以及錯誤地投注心力在開拓東北航線之上——通過俄國前往遠東地區。

　　在十六世紀末以前，航向東方的路線被葡萄牙和西班牙視為國家最高的機密，嚴防這些「智慧財產」落入其他國家手中。這種情況下，那些曾在葡萄牙或西班牙船艦工作的荷蘭船員成為取得這些重要「資訊」的來源。不過，最顯著的「知識」突破發生在 1592 年，荷蘭人詹‧荷根‧樊‧林索登 （Jan Huygen van Linschoten，見圖 18），以其豐富的印度洋航海經驗，撰寫並出版《葡萄牙在東方航海的航程紀述》和《林索登到東方和葡屬印度航海誌》，書中記載著荷蘭人許久以來所缺乏的實際航海知識。同時，書中也指出東方人十分厭惡葡萄牙人，以致取而代之是極容易的事。另外，林索登也建議爪哇是建立貿易最佳的中心，因為葡萄牙人鮮少到那裡去。

　　1595 年，荷蘭首支遠征艦隊在郭尼利司霍德曼 (Gornelis de Houtman) 率領下出航，途經好望角到東印度群島去。1596 年，

圖 18：林索登——荷蘭東方貿易最重要的探險家　1583 年，他坐上船隻通過好望角抵達印度的葡屬果亞 (Goa)。在那裡，他共待了六年之久，擔任果亞大主教的簿記員。由於獲得大主教的信任，他得以接觸葡萄牙當局視為最高機密的東方地圖和地理資料。當他回國後，他將這些在東方的資料和個人經歷寫成兩本書，為荷蘭人打開前往東方貿易的方便大門。以後，他積極企圖開拓一條通往東方的北方捷徑。

它成功到達萬丹、雅加達、爪哇其他北岸港口和峇厘島。雖然它帶回的貨物很少，而且人員損失很大❶，不過它卻證明東印度航線已經打開，只要有更好的組織和領導，對「東印度」貿易是絕對可行的。這個消息除撼動荷蘭社會之外，更讓葡萄牙人震驚不已，他們從果亞派出了艦隊企圖阻攔荷蘭人再次東來，同時要脅萬丹國王不得再接待其他歐洲的商人，並懲罰性攻擊萬丹的船隻。但，萬丹作出頑強的抵抗，使葡萄牙艦隊不得不撤退到馬六甲去。

在 1598 年期間，至少有五支遠征隊再度從荷蘭出航。其中，最大者屬由耶谷樊尼克 (Jacob van Neck) 所統領的遠方公司 (Compagnie van Verre) 艦隊。六個月後，這支遠征隊到達萬丹王國。在擊退葡萄牙艦隊後，萬丹相當樂意再跟荷蘭進行貿易。加上，這次荷蘭人學乖了，他們恭敬地晉見萬丹的幼王，並獻上一個有腳的黃金杯子。這種謙卑有禮最後讓樊尼克帶領四艘滿載胡椒的船隻歸航。艦隊的另外四艘船則繼續航行，到達爪哇北岸的惹加達、杜板和錦石，之後也分別走訪了安汶、德拉底，並在班

---

❶ 這次的遠征其實相當的失敗。當艦隊經過馬達加斯加時，船上爆發嚴重的壞血病，死了七十個船員。在萬丹，荷蘭人的貪婪和粗野行為讓當地政府和當地人相當反感，甚至曾經逮捕他們，包括領隊霍德曼等八人。後來，葡萄牙人重金收買萬丹宰相，讓萬丹方面下令禁止荷蘭人貿易，同時要捕拿他們的船隻。荷蘭人馬上反擊，砲轟葡萄牙船，並且掠奪當地人的船隻。被迫離開萬丹向東行後，他們的惡行迅速傳開，爪哇各港口都不歡迎他們，甚至對他們發動攻擊。到峇厘，船員堅持不肯繼續西行到香料群島，使得艦隊不得不開始返航。

達群島的倫鐸 (Lontar) 建立一家商館。這次的成功出航，為其公司帶來了四倍的巨大獲利率。

同年出發的其他艦隊則沒有如此幸運，他們到達蘇門答臘、婆羅洲、暹羅、馬尼拉、廣東和日本，所獲得的成果遜色許多，其中途經麥哲倫海峽的兩個遠征隊甚至遭遇巨大的損失。可是，荷蘭商人對「東印度」貿易的企圖心不減，組織更多的公司，相互競爭，不斷地派遣船隻到東方——史學家將這個時期稱為「航海狂潮」(wilde vaart)。此時，荷蘭船隻紛紛在印尼群島各重要的港口出現，而所到之處都受到當地人的友善接待，並請求他們支援對付葡萄牙人的鬥爭。1600 年，安汶首領與荷蘭人史蒂文樊特海根 (Steven van der Haghen) 締結首個重要的條約，允許後者在安汶建立要塞，並獨攬當地的丁香出產。此一條約成為日後其他條約的範本；藉此，荷蘭人不僅要將葡萄牙人和亞裔商人驅逐，更志在阻隔其他歐洲國家的進入而達致完全的壟斷。

葡萄牙人面對來勢洶洶的對手顯得束手無策。里斯本方面未能提供任何的援助，因為英國在 1599 年已經將它封鎖。西班牙政府的浪費和無效率，讓它成為名副其實的紙老虎。葡萄牙驅逐荷蘭人的攻擊行動，總是落得無功而返。相對的，這種情況給予荷蘭人絕佳的反擊機會。但荷蘭人雜亂無章、各自為政的貿易方式，顯然妨礙他們對這次天賜良機的掌握，加上其勁敵英國在 1600 年成立了東印度公司，讓荷蘭人瞭解到：只有通過民族團結，他們才能鞏固和保有現有的成果。1602 年，聯合東印度公司（Vereenigde Oosstindesche Compagnie，後稱荷屬東印度公司）正

式成立，荷蘭國會賦予它從好望角至麥哲倫海峽之間地域的貿易壟斷權，為期二十一年。除此之外，荷屬東印度公司在特許地區也擁有締結條約、建立堡壘和軍隊，甚至司法權的權力。它接管之前所有荷蘭人在印尼群島——德拉底、班達、萬丹、錦石、亞齊——的商館。

　　荷屬東印度公司在東方奉行「貿易即戰爭」的政策，對控制香料貿易的葡萄牙展開直接的軍事鬥爭。葡萄牙人在馬尼拉的西班牙人支援下，進行了頑強的抵抗。1600年，印度果亞總督派遣一支艦隊到香料群島，以期阻止荷蘭人東來貿易。幾經波折，這支艦隊終於在1602年2月抵達安汶，並且對曾幫助荷蘭人的希都王國展開攻擊。之後，艦隊更北上，連同來自馬尼拉的西班牙艦隊聯合攻擊德拉底，他們攻下馬其安 (Makian) 島，建立要塞並長期圍困德拉底。希都受到攻擊後，其國王遣使向萬丹的荷蘭人求助，後者欣然派出艦隊朝安汶而去。當荷蘭人在1605年年初抵達安汶時，葡萄牙人早已兵疲意阻而馬上拔營離去。如此一來，荷蘭人不費吹灰之力便獲致第一個大勝利。希都酋長與公司簽訂條約向荷蘭宣示效忠，並且給予荷屬東印度公司對丁香的獨佔權。

　　繼安汶之後，荷蘭人北上，一舉攻陷葡萄牙在馬其安的要塞。1606年，西班牙人從馬尼拉發兵反擊，攻下要塞和德拉底王城，並將蘇丹薩依巴卡特 (Sahid Barkat) 和一些王室成員逮捕和押送到馬尼拉 (Manila)。不過一年後，荷蘭人重返，強迫德拉底簽下條約，將該王國置於荷屬東印度公司的保護下，並且獲得丁香的收購壟斷權。以後，荷蘭和西班牙為控制此區域的香料貿易而爭

戰不斷，直至 1609 年雙方簽訂十二年休戰協定以後，明爭方改為暗鬥，不過這也意味著荷屬東印度公司已成功鞏固其在摩鹿加群島的地位。1609 年，荷蘭人也到達南方的班達群島。在這裡，荷蘭人強行壟斷肉荳蔻貿易並提出建立要塞的要求，激起居民群起反抗荷蘭人。另外，當地存在的印尼本土（爪哇和蘇拉威西）和英國商人，他們都處處阻擾荷蘭人對肉荳蔻貿易建立壟斷。荷蘭人最終採取極端暴力手段來達致獨佔香料貿易的目的。例如，在 1621 年的侵略行動中，荷蘭人就展開瘋狂的屠殺，超過一萬五千名班達人被殺戮。此後，肉荳蔻貿易落入荷屬東印度公司手中，班達的土地被收歸公司所有，分派予公司的前士兵和官員。

二、英國人的東來：失先機卻緊追在後

曾有歷史學者形容說，當荷蘭人開拓在印尼群島事業的時候，英國便「像牛蠅一般緊追」。不過事實上，英國人出現在印尼群島的時間卻要比荷蘭人早。1579 年，英國人法蘭西斯德雷克 (Francis Drake) 進行環球航行時，就曾抵達德拉底，並且購得少量的丁香。他同時宣稱，與德拉底蘇丹締結了貿易協定，因為德拉底國王希望英國人能在反葡萄牙鬥爭上提供一臂之力。1586 年，英國人湯瑪士卡文狄斯 (Thomas Cavendish) 出航，通過麥哲倫海峽 (Magellan Straits)，再穿越太平洋和菲律賓，最終到達爪哇西南海岸。據他的報告，摩鹿加群島是可以自由進行貿易的。

1587～1588 年之間，英國與西班牙開戰，並且大敗西班牙的無敵艦隊 (Armada)。如此一來，英國商人開始催促政府開關通過

好望角的海上航線。1591 年，由喬治雷蒙 (George Raymond) 和詹姆士蘭卡斯特 (James Lancaster) 率領的三船遠征隊，從英國的樸利茅斯 (Plymouth) 出發，循好望角航線通往東印度群島。不過，這次的遠征卻多災多難，疾病糾纏和迷航的結果，造成只有蘭卡斯特一行人到達蘇門答臘和檳榔嶼 (Penang)，最後所有的船都丟掉，剩下蘭卡斯特和其他十八人幾經波折才狼狽不堪地回到英國。此時，英國商人開始對這個航線失去興趣，當時貿易低迷不振，而且西北亞貿易的利潤相對是更優厚的。無論如何，1596 年，一支由班哲明伍德 (Benjamin Wood) 所領導的英國遠征隊還是再度出航了。不幸，這次的結果更糟糕，除一個法國船員之外，全部的船隻和船員都一去不返。

但不久之後，荷蘭人霍德曼和樊尼克的成功案例，以及林索登著作的英譯本問世，迅速恢復英國商人對好望角航線和東方貿易的興趣和信心。1600 年，英國樞密院同意設立東印度公司（East India Company，後稱英屬東印度公司），並且發出皇家特許狀 (royal charter) 給該公司，賦予它壟斷從麥哲倫海峽到好望角之間地區的貿易，為期十五年。公司也可以自行武裝艦隊，而且擁有對外宣戰、媾和以及締約的權力。

英屬東印度公司成立後，馬上籌措到六萬八千英鎊的資金，組織起第一支的遠征隊。1602 年，遠征隊在蘭卡斯特領導之下出航。這次的航程相當順利，讓蘭卡斯特得以一雪前恥。同年 6 月，他們一行人抵達亞齊，並且獲得亞齊蘇丹的協助，成功避開馬六甲的葡萄牙人。同樣的，這支艦隊也沒有遭遇荷蘭人的任何

阻擾——儘管後者在當地貿易中已獲得穩固的地位。之後，蘭卡
斯特再轉往爪哇的萬丹王國，並成功在那裡建立第一個商館。這
個商館遂成為英國在印尼群島的貿易總部——一直至 1682 年。

第二節　荷屬東印度公司在印尼群島的崛起 (1600～1684)

一、荷蘭與英國的角力戰：染血的驅逐令

荷蘭人對亞洲地區的擴張，是它向西班牙爭取獨立的重要鬥
爭環節。荷屬東印度公司集中火力全面打擊西班牙和葡萄牙。相
反地，英國人此時卻早已忘記伊利沙白時代與西班牙人的怨仇，
願意在東方與葡萄牙人和平共處。如此一來，荷蘭人自然對英國
人介入香料貿易感到萬分厭惡。更重要的，英國人在摩鹿加群島
的活動，在在地威脅著荷蘭人的商業利益。荷蘭人從豐富的中介
者的經驗中瞭解：競爭的出現，會使得香料的收購價格提高，而
且歐洲的香料市場是有限的，供應增加後，將危及貿易利潤的賺
取。因此，荷蘭人決意建立壟斷，要不擇手段地驅逐所有的競爭
者。

起初，英國人對荷蘭人的作法感到意外萬分，因為在歐洲，
他們是攜手對抗西班牙的盟友。但不久後，訝異轉為憤怒。從英
屬東印度公司第二次出航開始，連串爭端就開始了。1609 年，彼
德波士 (Pieter Both) 被任命為第一任東印度大總督 (Governor-

General)，授權監控「荷屬東印度公司所有的堡壘、領地、商館、人員和業務」，以進一步強化荷屬東印度公司在東方的地位。他定下公司的最終利益：佔有香料群島，並將所有的競爭者驅逐出去。同年，英國商人到班達；可是，荷蘭艦隊卻緊隨而來，強迫當地統治者締約，讓荷蘭人壟斷香料貿易，並且把英國人驅逐。1610年，英國人到班達尼拉（Banda Neira，見圖19），荷蘭總督卻對之下逐客令。從接二連三的事件，英國商人瞭解到：荷蘭人已執意要壟斷印尼群島的貿易。1611年，英屬東印度公司尋求政府的支援，企圖循政治和外交管道解決爭端。在雙方政府的壓力下，兩個公司兩次坐上了談判桌，但始終一無所獲。

　　1613年，英國人在蘇拉威西的錫江建立商館。1615年，又不顧荷蘭人的強烈反對，在蘇門答臘的亞齊和占卑建立商館。1617年，更在爪哇的雅加達、伽巴拉設置商館。如此一來，英國和荷蘭人之間的衝突，終於在班達群島引爆開來。1615年，英國人在衛 (Wai) 島受到荷蘭人阻擾和攻擊，因此向萬丹的商館求援。不過翌年趕來的援軍卻遭遇荷蘭人優勢的武裝艦隊，因此被迫接受協議：不能幫助衛島居民對抗荷蘭人，並且在荷蘭人佔領衛島後撤走，而荷蘭人則應允在入侵時，將不干涉英商的活動。可是，在衛島的英國領袖李查漢特 (Richard Hunt) 卻不願將當地土著棄於危地，他說服當地和鄰近蘭 (Run) 島土著，正式將島嶼讓渡

圖 19：班達群島

予英屬東印度公司,好讓英國有理由可以捍衛他們的家園。不幸,荷蘭並沒有因此退縮,而且很快地攻佔了衛島。英國人派出援助,堅守蘭島。在談判失敗後,荷蘭大總督警告萬丹的英國商館必須將英國人從蘭島撤離,同時聲明任何出現在摩鹿加群島附近的英國船隻,將會受到無情的攻擊。

此時,荷蘭和英國人的敵對加劇,各自執意地鞏固和擴大利益。新任荷蘭大總督燕彼德遜庫恩 (Jan Pieterszoon Coen, r. 1618～1623 & 1627～1629,見圖 20) 主張鐵腕政策,即攻擊葡、西兩國領地,大肆擴張領土和殖民,同時毀滅所有的歐洲競爭者。他認定英國人為最大的敵人,而萬丹王國必須被佔領或殖民。他下令將所有外國人逐出荷蘭貿易地——無論是友或是敵。1618 年底,荷蘭人跟萬丹和雅加達方面衝突的過程中,一併摧毀英國人在雅加達的商館。1619 年,荷蘭人攻佔雅加達,並將它更名為巴達維亞 (Batavia)。1621 年,他們侵佔班達的倫鐸島和蘭島,並將那裡的英國人驅逐。班達人紛紛起而反抗,不幸遭到庫恩無情的鎮壓和屠殺,倖存者被遣送到爪哇當苦役。之後,庫恩轉向安汶和摩鹿加群島。他強迫安汶土酋訂立新條約,承認荷蘭人的權威。

另外,荷蘭人也對萬丹的英國商館進行包圍和封鎖,迫使英國人將商業活動轉移到荷蘭人所直接控制的巴達維亞。1623 年,當英國人準備撤離巴達維亞時,不幸爆發了「安汶屠殺」事件。1623 年 2 月,英國在安汶的商館成員,共十八名英國人、十一名日本士兵和一名葡萄牙人,被荷蘭以陰謀強佔砲臺的罪名逮捕。在嚴刑拷打之下,這些人被迫認罪,結果十名英國人、十名日本

圖 20：大總督燕彼德遜庫恩　燕彼德遜庫恩可說是荷蘭東印度殖民帝國的奠基者。在其執政期間，荷蘭人透過強硬的手段將英國人從摩鹿加群島驅逐出去，其中包括惡名昭彰的安汶屠殺事件。另外，荷蘭人當時也取得巴達維亞，使之成為荷屬東印度公司後來殖民帝國的核心。

人和葡萄牙人被砍頭。從此，英國勢力被逐出安汶。1624 年，英國在巴達維亞的商館也被迫撤走，只剩在萬丹的商館能夠一直維持到 1682 年。至此，荷蘭人已成功排擠英國人，控制整個香料貿易。從宏觀的角度而言，荷蘭人對英國人的勝利，是締造新帝國的關鍵第一步。正如之前的室利佛逝和馬六甲王朝，這個新帝國原先屬於一個商業王朝，但漸漸地，它將轉化為一個領土帝國。儘管如此，它卻不能被視為前兩者的繼承，因為它的權力中心遠在千里之外。

二、巴達維亞：帝國核心的取得

在荷屬東印度公司成立之時，萬丹是荷蘭人最重要的商業活動港口，他們在那裡已有四個商館——公司成立後將它們全數接收。荷屬東印度公司以萬丹為基地，打擊在摩鹿加群島的葡萄牙

人，並積極發展自己對丁香和肉荳蔻的貿易和壟斷。另外，公司也在此收購印尼西部地區所盛產的胡椒。

此時，萬丹王國雖然一片欣欣向榮，但是當地貴族和官吏卻相當腐敗和跋扈。1608 年，萬丹發生宮廷政變，幼主阿布穆法濟爾的王叔拉納孟加拉 (Ranamengala) 出任首相。這位新首相對歐洲人相當提防而且強硬。翌年，拉納孟加拉否決荷蘭人享有獨佔優惠的要求，使得荷蘭人轉向萬丹的屬國雅加達。1610 年，荷蘭人與雅加達方面結盟，大總督彼德波士上任後，更在 1611 年成功地在當地建立起商館和要塞。對於雅加達的競爭，萬丹方面相當不滿而千方百計企圖給予壓制，如此一來，荷蘭人經常得以坐享漁人之利。

1618 年，萬丹盛傳葡萄牙人將從馬六甲出兵來襲，所以在萬丹的大總督庫恩和商館人員都遷往雅加達，使雅加達的重要性更上一層樓。自此以後，荷蘭在雅加達的勢力大增而行事日益跋扈，雅加達方面開始有反客為主的疑慮。在這種情況下，萬丹和雅加達開始摒棄前嫌而暗中聯手，而英國人也乘機展開對荷蘭人的排擠和攻擊。1618 年 12 月，荷蘭和英國人在雅加達爆發衝突，荷蘭人襲擊英國商館，並且猛烈砲轟雅加達市區。數日後，英國艦隊開到雅加達，雙方經過一番戰鬥，勝負未分之際，荷蘭人退守要塞，而荷蘭艦隊則揚帆前往摩鹿加群島求援。此後，英國聯合萬丹與雅加達軍隊包圍荷蘭人要塞。當勝利在望，攻擊的三造卻各起異心，而遲遲未能拿下要塞。1619 年 4 月，荷蘭援軍趕到，一舉攻下並且焚燬雅加達。之後，荷蘭人以武力脅迫萬丹王國讓

他們獨佔萬丹的貿易，其他的外國人一概不准自由貿易，也不許出入萬丹。

　　荷蘭人在雅加達的廢墟中，建立起新的城市，並將之命名巴達維亞❷。這個城市的建立有著重要的意義，它讓荷屬東印度公司的貿易帝國找到一個可靠的軍事和行政總部，以及貨物交換和集散的中心。不過，它同時卻讓公司逐漸涉入，甚至以後深陷在爪哇本土政治的泥淖裡❸。在荷蘭人的鼓勵下，印尼和中國人開始遷入並定居在巴達維亞，使這個城市發展和繁榮起來，可是，這些眾多的人口需要充足的米糧和木材等，這些必需品最近的供應地就是爪哇北岸城市。除此之外，萬丹和馬打藍王國不斷的敵意和攻擊使得公司必須耗費大量預算以防衛這個城市。以上種種因素都讓公司無可避免地捲入爪哇王國的內部政治，並且消耗它鉅量的經費和精力。

---

❷　這個命名是為了紀念荷蘭的古早民族「巴達夫」。

❸　在當時的大總督庫恩的藍圖裡，荷屬東印度公司這個偉大的商業王國應該是以巴達維亞為中心，把東印度航線上的各個海岸貿易據點牽繫起來。每個貿易據點各自擁有堅強的碉堡，而海上安全則由無敵的海軍力量來維持。他沒有預算公司對陸地的擴張，對爪哇內陸的政局更沒有任何興趣。對他而言，唯一值得佔領的領土就只有盛產香料的小島，如安汶或班達群島。可是，後來歷史的發展卻完全不是他所預測的樣子。

三、蘇丹阿貢對荷蘭人的鬥爭：無功而返

當荷蘭人發展巴達維亞的時候，東方的馬打藍王國正處於國力顛峰狀態。在爪哇，除西邊的萬丹王國，和最東隅的巴蘭巴安之外，蘇丹阿貢已經稱霸整個爪哇。馬打藍王國跟荷蘭人的關係逐漸惡化。1614 年，荷蘭人曾遣使恭賀蘇丹阿貢登基，當時，蘇丹阿貢就警告荷蘭人不得侵佔爪哇任何土地，否則雙方的友誼將難以維繫。荷蘭人倚重爪哇北岸港口的米糧的輸出，不過，蘇丹阿貢的連年征戰卻影響了稻米的生產。1618 年，稻米生產嚴重不足，蘇丹阿貢更禁止將稻米出售給荷蘭人。臣屬於馬打藍的伽巴拉也曾與荷蘭人發生嚴重衝突。

1619 年，荷蘭人佔領雅加達，違背蘇丹阿貢先前對他們不得侵佔土地的警告。1622～1624 年間，馬打藍三次要求荷蘭人協同攻擊泗水、萬丹和馬辰，不過均被荷蘭人所拒絕。如此一來，蘇丹阿貢決心將這個侵入者逐出爪哇。1628 年，馬打藍以一次奇襲展開對巴達維亞的攻擊，經過多次的戰役，馬打藍蒙受慘重傷亡，雖然曾有一次嚴重威脅巴達維亞，可是卻始終沒有贏得最後的勝利。1629 年，蘇丹阿貢再次發動攻擊，不過一開始這次戰爭卻注定了失敗。荷蘭人意外發現馬打藍軍隊囤積軍糧的地點，並且將它們全數給燒毀。在缺糧的情況下，馬打藍大軍圍困巴達維亞一個月多，飢餓和疾病迫使征討行動草草結束。

兩次敗仗的衝擊讓蘇丹阿貢的脆弱王朝出現裂痕，因此馬打藍必須回頭平定內部的動亂。1633 年以後，蘇丹阿貢將征討轉向

爪哇東隅僅剩的印度／佛教國家：巴蘭巴安、巴納魯干和勿里達。
1635～1640 年間，馬打藍王國更出兵討伐並一度佔領峇厘島。
1646 年，蘇丹阿貢去世，其子蘇蘇胡南亞莽古納一世 (Susuhunan
Amangkurat I, r. 1646～1677) 繼承王位。蘇丹阿貢所建立的王朝有
著顯著的內向性格，他的王城始終設在馬打藍地區，從未曾想要
遷都到海上貿易發達的北部海岸地區。他的長期征討戰爭讓北岸
城市遭受大規模的破壞，以致嚴重阻擾稻米的輸出。他曾向荷蘭
首位到訪使者表示，他鄙視貿易和商人。在這個王朝內部，內陸
農業和海岸貿易地域之間有著不容易協調的張力。

亞莽古納一世登基後，與荷蘭人媾和，同意讓荷蘭人在其國
境內自由貿易。相對的，荷蘭人也開始每年固定向馬打藍遣使，
並同意讓馬打藍王國臣民得以在摩鹿加群島安全貿易。如此一來，
馬打藍王國對荷蘭人的長久敵意大大降低。在 1640 年代，荷屬東
印度公司可說進入了順境：1641 年他們拿下葡屬馬六甲，1648
年，八十年戰爭也結束，荷蘭和西班牙的衝突終止。不過，荷蘭
人並沒有因此停歇下來，反而進入更具侵略性的擴張階段，從一
個由要塞、條約和海上霸權組成的商業帝國，漸漸朝佔有廣大土
地的領土性帝國轉型。

四、香料貿易的最終壟斷：貨源和競爭者的血腥摧毀

在十七世紀上半葉，東印尼群島一個反荷聯盟漸漸成形，以
安汶希都的卡奇亞里 (Kakiali) 為核心，而駐紮在何雅摩奧
（Hoamoal，位於細蘭島西部半島）的德拉底軍隊，以及蘇拉威

西錫江人的戈阿 (Gowa) 王國則是盟友。卡奇亞里來自一個親荷的希都部落,並繼承父親成為該部落的領袖「甲必丹」(Kapitein Hitoe)。不久,卡奇亞里揭竿起義,但很快被鎮壓下來,而自己也被荷蘭人利用陰謀逮捕。

1637 年,荷蘭人與何雅摩奧的德拉底軍隊開戰,為了討好希都社群,卡奇亞里獲得釋放並恢復領導權。不過,卡奇亞里反荷的決心沒有改變。他對荷蘭人陽奉陰違,暗中拉攏何雅摩奧的德拉底軍隊和戈阿王國,並且鼓勵香料的「走私」活動。1641 年,卡奇亞里連同戈阿王國再度公開反荷,開始攻擊基督教社群和荷蘭要塞。1643 年,荷蘭人收買敵方的西班牙叛徒將卡奇亞里刺殺。儘管如此,這場反荷戰爭卻延續著,直至 1646 年,荷蘭軍隊才成功將反抗根除。從此,希都有效的反抗運動不再存在。

1650 年,臣服於荷蘭的德拉底王國發生宮廷政變,國王敏達沙 (Mandar Shah) 出奔荷蘭要塞並乞求荷蘭人的支援。荷蘭軍隊介入後,政變迅速瓦解,少數反抗分子轉往何雅摩奧,並且對荷屬東印度公司發動大規模攻擊。在沒有防備的情況下,荷蘭人遭受慘重的人命和財產損失。之後,敏達沙被押往雅加達,被迫締約同意讓公司在其國境內任意砍伐丁香樹,而他自己則獲得復位和年金津貼作為補償。

這項條約凸顯荷屬東印度公司政策的重要轉變。1650 年,公司董事部發出指示,強調公司是個商業團體,所有事務都必須依循兩大原則:消除競爭者和賤買貴賣。當時,安汶所生產的丁香已足以應付全世界的需求,所以公司制訂新的行動指南,決心將

生產限制在安汶和受其直接控制的地方，並一律摧毀其他地區的生產，以期有效杜絕「走私」活動和維持丁香的高價。此後，荷蘭的「快艇巡邏隊」(hongitocht) 巡行於摩鹿加群島，有系統的砍伐所有「非法種植」和野生的丁香。這個區域的興盛繁榮也隨著一去不返。在此同時，荷屬東印度公司也積極消除競爭者或其所謂的「走私」。經過六年的血腥戰鬥，荷蘭軍隊最終粉碎何雅摩奧的反抗勢力，將剩下的人口驅逐到安汶，並且摧毀所有丁香樹。解決香料群島的問題後，荷蘭人轉向對付反荷聯盟僅剩的戈阿王國。

　　1511 年，馬六甲被葡萄牙人攻佔後，蘇拉威西錫江人的戈阿王國隨著繁榮起來，部分爪哇和馬來商人開始將錫江作為向香料群島貿易的中繼站。以後在 1530 年代，戈阿勢力開始擴張，通過武力征服鄰近的地區。至 1550 年代，它成功建立起一個鬆散的王朝並且崛起成為東印尼群島的貿易大國。十七世紀初，戈阿國王皈依伊斯蘭教，並且要求坡尼 (Bone) 和其他王國跟進❹。不過，這個命令最終只有通過一連串的軍事行動方被落實，並且讓戈阿王國成為南蘇拉威西最強大的王國。

　　1609 年，荷屬東印度公司在南蘇拉威西設立第一個商館，不過馬上察覺戈阿是一個強大的對手。作為東印尼群島的貿易重心，

---

❹　在南蘇拉威西，除錫江人之外，另一主要種族就數武吉斯人 (Bugis)，他們重要的國家是坡尼王國。這兩個種族向來以慓悍善戰和精通航海著稱。

戈阿吸引了大量被荷蘭人從香料群島驅逐出來的商人，他們包括葡萄牙、西班牙、英國、法國、丹麥人，以及亞裔貿易商。這些商人與戈阿國王合作，積極從事香料「走私」貿易。1615 年，荷蘭將商館撤離，並且陸續與戈阿發生小規模的軍事衝突。儘管在 1637、1655 和 1660 年，戈阿三次被迫簽訂和平協定。被迫簽訂 1660 年協定之前，戈阿的蘇丹哈山努丁 (Sultan Hassanuddin) 針對禁止所有錫江和外國人航行到香料群島的條件，向荷蘭人提出質疑：

> 這樣的禁令是違反上帝旨意的，祂創造這個世界是為了讓所有人都能享有之，難道你們相信上帝會將這些離你們國家如此遙遠的島嶼保留起來，僅供你們進行貿易嗎？

無論如何，這些協定並沒有帶來荷蘭人希望的壟斷局面。戈阿王國仍然維持其國際貿易中心的地位，對荷屬東印度公司的抵抗也始終沒有停止。

　　1660 年，坡尼的阿榮帕拉卡 (Arung Palakka) 等人發動反戈阿鬥爭，不過卻被戈阿軍隊所打敗。阿榮帕拉卡和其他一些武吉斯人最終投效荷屬東印度公司的軍隊。1666 年，公司再度發兵攻擊戈阿（見圖 21），阿榮帕拉卡則被指派潛回故鄉，策動武吉斯人聯手攻擊戈阿❺。經過數個月的激戰，蘇丹哈山努丁被迫議和，

---

❺　阿榮帕拉卡與戈阿有不共戴天的仇恨，因為其祖父和父親都是被錫江人用舂米的粗棒在牢裡舂死。在戰勝戈阿之後，他繼續征討不願服從

圖 21：荷蘭艦隊在 1666 年攻擊戈阿王國人的繪圖　當時，戈阿王國一直是荷蘭壟斷貿易的最大缺口，許多歐洲人到南蘇拉威西來進行「非法」貿易——尤其丟掉馬六甲的葡萄牙人。戈阿的蘇丹哈山努丁透過這些歐洲人獲得許多精良的武器。另外，他更擁有葡萄牙和西班牙書籍的圖書館，而且傳說能夠講流利的葡萄牙和西班牙語。

的其他小王國，為南蘇拉威西帶來眾多的苦難和破壞。這樣的痛苦，加上阿榮帕拉卡專制的統治，眾多的錫江和武吉斯人紛紛逃離故鄉，揚帆到馬來群島各地重新尋找新出路、財富和家園。這一波「移民」浪潮帶給島嶼東南亞各地連鎖性的影響。這些人很多成為「海盜」，以優越的航海技術和快速小艇橫行爪哇海和印度洋，他們甚至無懼於攻擊荷蘭船艦，並且掠奪貨物。另外，各地的政治生態受到不同程度的衝擊，因為這些慓悍善戰的外來者很快就介入到龍目、松巴瓦(Sumbawa)、加里曼丹、爪哇、蘇門答臘、馬來半島，甚至暹羅等國家內部的權力運作裡。

並在翌年簽訂〈邦伽雅條約〉(*Treaty of Bungaya*)，當中承認荷蘭的宗主權，同意拆除要塞、賠償鉅款、驅逐所有其他歐洲人，給予荷蘭貿易壟斷權，而且讓荷蘭人佔據其最重要的碉堡。四個月後，哈山努丁再度發動反抗，荷蘭人毅然將他監禁起來，佔據其城市，並且將南蘇拉威西置於荷蘭總督統治之下。

五、荷蘭對西印尼群島領土擴張

到 1670 年代，荷蘭人在東印尼群島的優越地位已獲得鞏固，所有重要的本土軍事對手已經完全被根除。雖然反抗情事依然存在，但是他們全不足以搖撼荷蘭人的霸權。不過，弔詭的是，當荷屬東印度公司取得牢靠的宰制時，本區域香料貿易卻漸漸失去作為公司最大利潤來源的地位，西印尼群島的胡椒貿易在十七世紀已取而代之❻。自從 1636 年蘇丹伊斯干達慕達去世後，亞齊的勢力已大不如前。通過荷蘭人的調停，亞齊與柔佛達致和平，不過卻失去蘇門答臘東岸的阿魯、甘巴、錫國和英德臘其利，以及馬來半島吉打的屬地。如此一來，荷蘭人的商業利益得以進入中、南蘇門答臘沿海。

十七世紀初，荷蘭人在巨港設立商館，並在 1640 年代與巨港蘇丹簽約，獲得胡椒的壟斷收購權。1667 年，巨港蘇丹掠劫荷蘭船舶，公司出兵攻下巨港王城，迫使蘇丹同意讓荷蘭人建立要塞，

---

❻ 至 1700 年，紡織品成為最重要的商品，而咖啡和茶則是十八世紀最重要的貿易品。

以及強化荷蘭人對胡椒出產的獨佔權。另外，麥祖西克 (Johan Maetsuycker, r. 1653～1678) 也對付了亞齊。經過四年後，當亞齊企圖間接在西岸引發騷亂時，荷蘭人出兵一舉將亞齊在當地的勢力完全剷除。十七世紀末，荷蘭人有效地控制蘇門答臘各個胡椒港口。在中蘇門答臘的米南加保地區，荷蘭人在 1656 年左右與仍然是該區域宗主的亞齊簽訂條約，獲得西海岸胡椒的壟斷權，和在巴東設立商館。以後，荷蘭積極利用米南加保小王國與亞齊的矛盾，煽動這些小王國脫離亞齊。1662 年，荷蘭人透過〈白南條約〉 (*Painan Treaty*) 將兩個重要的米南加保王國納入公司的保護傘底下。以後，荷屬東印度公司勢力更漸向北蠶食，亞齊王國的勢力被壓縮到亞齊本土之內。

在爪哇方面，荷屬東印度公司的擴張更多是為了安全和確保必須物資的緣故——不像在東印尼群島是為了貿易品的壟斷。巴達維亞賴以生存的兩大命脈：米糧和木材，都掌握在馬打藍王國手裡，而這個龐然的鄰居也始終是它的潛在安全威脅。在十七世紀中以前，公司一直避免佔據其他的領土，而維持商業帝國的型態。不過，到了大總督朱翰麥祖西克上任後，公司政策悄然轉向——儘管這個變化並非刻意之作。荷屬東印度公司原本不願涉入印尼本土統治菁英之間的權力糾紛，它樂意承認任何既成事實的統治者——只要他能夠實現其王國對公司的承諾。但這種前提卻反過來使這項原則根本不可行。這段期間內，馬打藍和萬丹王國發生連串事件，而儼然已是爪哇島強權之一的荷屬東印度公司無可避免地被捲入，隨後的權力和軍事操弄便逐步讓公司登上爪

哇霸主的寶座。

　　繼承蘇丹阿貢霸業的亞莽古納一世是個任性殘暴和好色的君主。他慣用血腥的手段對付政治對手，以及那些他看不順眼的人。他一心想要鞏固父親遺留的霸業，把馬打藍從鬆散的聯盟型態轉化為中央集權式的帝國。這種決心驅使他企圖將海上貿易的利潤收歸己有，所以他設立新機構來監控北海岸港口，並且在 1650 年代兩次下達程度不一的海禁，要求巴達維亞遣使直接跟他洽商輸入稻米和木材事宜。亞莽古納一世的作為，使得王公貴族和藩屬都怨恨不已，但卻又不敢吭聲。當時，王太子也同樣跟亞莽古納一世發生摩擦，1668～1670 年間，父子倆為了爭奪一個女子最終公然決裂。

　　後來，王太子竟跟心存不滿的馬都拉王子特魯納查雅 (Trunajaya) 勾結，支持後者發動叛亂，以期父親倒臺後自己坐上王位，並答應事成後以馬都拉和東爪哇部分封地，或甚至宰相的職位作為酬勞。特魯納查雅在故鄉揭竿而起，迅速在 1671 年佔領整個馬都拉。不久，流離在馬打藍王國的錫江人也跟特魯納查雅聯合起來，開始攻擊沿海城市。以後，特魯納查雅更西取爪哇中、東部地區，並拿下諫義里作為基地，聲勢日益浩蕩。反觀馬打藍王國，民怨累積而且受古老的傳說和連連的天災糾纏，使得人心徬徨和軍心潰散 ❼。1676 年，特魯納查雅自立為王，並宣稱自己

---

❼ 這個傳說是關於馬打藍王朝的開創者：仙納巴狄。在發跡之前，他曾有一次在聖石上不意地睡著。當時，一顆星星降落到他的頭上，並且

是滿者伯夷後裔，擁有馬打藍王位的繼承權。顯然，他已經遺棄盟友馬打藍王太子。

1677 年初，亞莽古納一世向荷蘭人求援，答應支付所有軍費，並且給予荷蘭人各種的經濟優惠。雖然荷蘭軍隊成功取回泗水，不過這樣的介入卻讓特魯納查雅的事業戴上反荷的光環，叛亂的烈火更猛烈地燃燒起來。年中，特魯納查雅攻陷王城，象徵正統的國寶易手，而亞莽古納一世與王太子被迫出亡。不久，年老的亞莽古納一世不堪勞累而駕崩，王太子登基，稱號蘇蘇胡南亞莽古納二世 (Susuhunan Amangkurat II, r. 1677～1703)，繼承馬打藍這個空殼王國。如今，唯有荷蘭人才能恢復他對爪哇的統治權，但是其代價也非常高昂。亞莽古納二世給予荷屬東印度公司大量商業特權，並同意割讓巴達維亞、三寶壟 (Semarang) 地區和巴達維亞以南的大片土地。另外，他也同意支付所有的軍事費用，並以一些海岸城鎮的收入作為抵押。

至此，新上任的大總督李哥洛夫樊苟恩士 (Rijklof van Goens, r. 1678～1681) 改變公司以往謹慎保守的作風，開始派遣軍隊深入內陸，積極介入本土王國的權力鬥爭。1678 年 9 月，荷蘭軍隊幾經艱苦終於拿下諫義里。從荷蘭領軍的手中，亞莽古納二世取回

預言馬打藍王國會崛起成為偉大的王朝，不過在一個世紀輪迴後，這個王朝卻會敗在仙納巴狄的孫子手上。當時，這個預言似乎要實現了，亞莽古納一世是仙納巴狄的孫子，而且在 1677 年 3 月，回曆將進入 1600 年。在 1670 年代上半葉，這個王國也發生瘟疫、火山爆發、月蝕和地震的異象，它們使得人們相信這個預言即將成真。

「滿者伯夷的皇冠」。此後，特魯納查雅的叛亂氣數已盡；一年後，他被捕而且遭亞莽古納二世親刃。在武吉斯兵士的援助下，荷蘭軍隊也成功將錫江人擊垮。至 1681 年，這場叛亂終於平息下來。

在爪哇西隅，荷蘭人也因為類似的情況，獲得介入和最終操控萬丹王國的機會。萬丹在 1618 年侵略雅加達的荷蘭要塞失敗後，一直受到荷蘭艦隊的海上封鎖。不過，自從 1641 年荷蘭取得馬六甲，並且分散注意力到馬六甲海峽的封鎖後，這個王國才得以喘息並再度繁榮起來。

1651 年，蘇丹阿布法達 (Sultan Abulfatah) 登基，並以蘇丹阿庚 (Sultan Ageng) 著稱。這個稱號凸顯這個強勢君主對荷蘭人的敵視，以及企圖恢復萬丹輝煌商業地位的決心❽。為了專心於擴大國勢，蘇丹阿庚在 1671 年任命長子蘇丹阿都卡哈 (Sultan Abdulkahar) 為攝政王。當馬打藍發生特魯納查雅叛亂時，蘇丹阿庚援助這些叛軍，並且趁機騷擾荷蘭船隻和巴達維亞郊區。1677 年，馬打藍王城淪陷時，蘇丹阿庚也伺機取下井里汶和勃良安內地，如此一來，構成從東、西、南方包圍巴達維亞之勢。

1680 年，正當蘇丹阿庚準備發兵巴達維亞時，其長子竟然背叛他，發動政變並將他禁閉在宮中。這場背叛起因於 1676 年，當時蘇丹阿都卡哈從麥加朝聖歸來，卻發現弟弟竟被冊封為王太子，

---

❽　蘇丹阿庚其實就等於蘇丹阿貢 (Sultan Agung)，它們只有微小的音節差異。

因此心生怨恨，並開始暗中勾結荷蘭人。蘇丹阿都卡哈僭位後，馬上跟荷屬東印度公司訂立友好條約；這種作法馬上激起廣大的反荷情緒，若干地區發動叛亂，而蘇丹阿庚也企圖重奪政權——一場父子相殘的內戰因此爆發。脆弱的蘇丹阿都卡哈，在荷軍的大力援助下成功擊敗父親。1683 年，蘇丹阿庚投降，最終淪落到荷蘭人的牢房裡，直至 1692 年去世為止。

蘇丹阿都卡哈能夠坐上王位全賴荷蘭人，因此在 1684 年簽訂的條約中，他幾乎將萬丹王國的獨立性都拱手讓給荷蘭人。除放棄對井里汶的索求，他也同意賠償鉅額的戰爭費用，給予荷蘭人進出口的獨佔權，沒有公司同意不得與其他國家訂約，並且驅逐所有其他國家的歐洲人❾。而荷蘭人則同意，只要他尊重荷蘭的獨佔權，他便不需要償還賠款。另外，荷蘭人也在萬丹建立一座強大的要塞，確保蘇丹阿都卡哈和萬丹的臣服。

行至十七世紀末，荷屬東印度公司已是印尼群島當中的強大軍事力量，其軍隊有更好的紀律訓練和武器裝備。不過，它仍然有相當多的弱點：不熟悉地形、後續力不足、疾病的糾纏、將領和官員相互鬥爭。每次的軍事行動總帶來巨大的人員損失和軍費消耗。當遭遇大規模敵軍時，荷軍也仍然須要借助數量相當的本土軍力才能夠旗開得勝。一般來說，荷屬東印度公司的軍力僅足以在平地作戰鬥和防衛，山區是他們鞭長莫及的。除了偶爾派出

---

❾　至此，繼錫江商館後，英國人又失去萬丹商館，所以唯有撤退到蘇門答臘西岸的明古倫 (Bencoolen)。

突襲縱隊之外，山區一直都是「叛亂分子」最佳的藏身之地。雖然荷軍能夠弭平叛亂和防衛戰略要地，但是他們絕沒有能力承擔整個爪哇島的治安。如此一來，公司整體基本戰略屬於「防禦性」，其模式是：出兵捍衛某個本土統治者，然後向他收取軍費，同時通過條約獲取更多的利益——包括經濟特權、政治優勢和土地等。

荷屬東印度公司的擴張與衰亡

在爪哇島上，荷屬東印度公司無疑是最重要的政治力量了。馬打藍和萬丹王國的君主都是荷蘭軍隊一手扶持起來的，而且他們積欠公司大筆的軍事費用，使得他們成為荷蘭人的囊中之物。另外，荷屬東印度公司如今已擁有一帶狀的領土，從巴達維亞北岸一直延伸到南岸，把馬打藍和萬丹王國隔開。可是，對公司董事而言，情況並不令人滿意，因為它造成花費攀升，卻沒有相對的稅收增加足以作為補償。公司政策似乎失去方向，變得極為被動：唯有在情勢所逼時，才會有正面的行動。無論公司上下如何限制公司對內陸事務的介入，但權力擴張和貿易壟斷所帶來的結果，卻不可避免的一再將公司捲入鬥爭的漩渦裡。

第一節　蘇拉巴狄反荷鬥爭和第一次爪哇繼承戰爭

荷蘭人在制服萬丹蘇丹阿庚的過程裡，出現一個日後他們最痛恨的敵人——蘇拉巴狄 (Surapati)。蘇拉巴狄本名翁東

(Untung)，原是峇厘人，被掠至蘇拉威西淪為奴隸和囚犯 ❶。在牢裡，他將一些囚犯組織起來成功越獄而出，並且帶領他們潛逃到巴達維亞南部山區。1683 年，他接受荷蘭人的招安，連同其「奴隸軍」一起被收編入荷蘭軍隊。不久之後，蘇拉巴狄參與荷軍對萬丹蘇丹阿庚的征討，但過程中卻跟荷軍指揮官發生摩擦而倒戈。以後，荷軍發動報復性攻擊，蘇拉巴狄的部隊蒙受慘重損失，因此被迫向東逃逸。

　　途經井里汶時，翁東受到當地蘇丹的接待，並且賜予「蘇拉巴狄」的封號──此即日後人們對他的俗稱。當蘇拉巴狄抵達馬打藍王國時，國王亞莽古納二世接受反荷派系遊說，決定給予蘇拉巴狄和其隨從八十餘人庇護。巴達維亞知道此事後，強烈要求引渡蘇拉巴狄。1685 年，荷屬東印度公司派遣使者協同少數武裝部隊出發到王城卡達蘇拉 (Kartasura)，與亞莽古納二世談判 1677 年合約的軍費賠償等事項的細節和落實，並且暗中準備要將蘇拉巴狄逮捕歸案。

　　1686 年 2 月，荷蘭使者行將抵達，亞莽古納二世陷入兩難，他既不願意交出蘇拉巴狄，但又不想與荷蘭人公開衝突。如此一來，傾向反荷的馬打藍首相安郎庫蘇瑪 (Anrangkusuma)、王太子蘇南瑪斯 (Sunan Mas) 和蘇拉巴狄決定施展一項詭計。首先，馬打藍軍隊假裝包圍和進攻蘇拉巴狄住所。當荷蘭大使到達見狀，馬上親自率領部分軍隊追逐宣稱已突圍向東逃逸的蘇拉巴狄。荷

❶　據說，蘇拉巴狄被販售予一名荷蘭商人為奴，但他後來卻跟主人的女兒蘇珊妮 (Suzane) 發生戀情，因此鋃鐺入獄。

蘭大軍東行未幾，蘇拉巴狄馬上向留下的荷蘭使節團和少數軍力發動攻擊。荷蘭主力軍聞訊折返，也同樣遭受蘇拉巴狄以及偽裝成峇厘人的馬打藍軍隊的埋伏攻擊。最後，包括大使在內的七十四名荷蘭人戰死，其餘二百八十四人則退守王城內的荷蘭要塞才得以保命。

亞莽古納二世寫信向荷蘭人道歉和撇清關係，而公司對此事也無可如何，因為當時整個爪哇瀰漫著高度的反荷情緒——反擊可能會引爆全面的衝突，而且公司受內憂牽絆：財務出現困難、大總督與公司總裁意見不合和軍力嚴重不足。在此戰役後，蘇拉巴狄轉往東爪哇的巴蘇魯安，並且以該處為基地，在東爪哇發展本身勢力而逐漸割據一方。亞莽古納二世對這種發展產生疑慮，為免養虎為患，他於 1690 年發兵征討蘇拉巴狄，但卻無功而返。不過在此同時，馬打藍的首相和王太子卻背地裡跟蘇拉巴狄保持著相當的聯繫。

蘇拉巴狄跟爪哇最東隅的印度／佛教王國巴納魯干結盟，勢力繼續擴張，向西蠶食馬打藍的領土，其影響力在 1699 年甚至抵達茉莉芬。此時，亞莽古納二世的王國也有分崩離析之勢，海岸小王國開始自行其事，而宮廷內部，王太子則與叔父布戈親王 (Pangéran Puger) 日益水火不容。1702 年，這位馬打藍國王祕密遣使向荷屬東印度公司示好，並且罷免首相安郎庫蘇瑪，另委任一名親荷派人士接任。不過，荷蘭人卻不為所動。

1703 年 7 月，亞莽古納二世猝死，王太子繼位，號稱亞莽古納三世 (Amangkurat III)。但是，這位新國王的地位並不穩固，他

與布戈親王的衝突加劇，而且他與蘇拉巴狄聯繫的關係也引起其他貴族的不滿——因為蘇拉巴狄是奴隸出身且跟印度／佛教王國巴納魯干結盟。翌年 3 月，布戈親王出奔到三寶壟，尋求荷蘭人的保護，並指控亞莽古納三世勾結蘇拉巴狄。亞莽古納三世登基後，發給荷屬東印度公司的公文中完全沒有提到願意履行過往條約的義務。這些事件使荷蘭人相信亞莽古納三世是反荷的，因此決定支持布戈親王取而代之。荷蘭大總督祖樊荷恩 (Joan van Hoorn) 承認布戈為蘇蘇胡南 (Susuhunan)，並借給他一支軍隊。如此一來，布戈輕易地反攻王城卡達蘇拉，正式登基為巴古布武諾一世 (Pakubuwono I, r. 1704～1719)。歐洲史學家稱這次的戰爭為「第一次爪哇繼承戰爭」❷。

荷蘭人再次成功擁立馬打藍王國君主，當然免不了要向事主勒索更多的好處。通過 1705 年簽訂的條約，荷屬東印度公司領土進一步向西擴大，以南海岸芝拉札 (Cilacap) 到北海岸丹絨羅沙里 (Tanjong Losari) 一線為界。馬打藍明確割讓三寶壟，放棄井里汶的主權，以及對馬都拉東部的宣稱主權。另外，這個王國也被迫禁止所有的外國人入境，在未來二十五年每年固定供應巴達維亞大約一萬三千公噸的稻米，並允許公司於王城內駐紮強大的軍力。

亞莽古納三世失國後，帶著國寶投奔蘇拉巴狄，後者將他安置在諫義里，以繼續反荷和復國鬥爭。1706 年 9 月，荷蘭人招降

❷ 所謂的「爪哇繼承戰爭」總共有三次。不過，這個通稱有某種程度的誤導性，我們必須瞭解，這些戰爭涉及的不僅止於王位繼承的問題，它們也同時是印尼人反荷的鬥爭。

亞莽古納三世失敗，毅然發兵分兩路東侵。在龐引 (Bangil) 戰役裡，蘇拉巴狄親自指揮抗敵，造成荷軍死傷五百人以上，但要塞仍然淪陷了，而且蘇拉巴狄也身負重傷，被迫撤回巴蘇魯安。不久，蘇拉巴狄傷重身亡，他的三個兒子立誓繼續反荷鬥爭。在另一邊廂，亞莽古納三世也成功據守諫義里。翌年，荷軍再度侵略，經過連續的激戰才攻下巴蘇魯安❸。至此，整體反荷起義力量被消滅，亞莽古納三世和蘇拉巴狄的兒子無奈地撤退到瑪琅地區。1708 年，亞莽古納三世向荷蘭人投降，被流放到錫蘭，至死 (1734) 不得返鄉。蘇拉巴狄的兒子和後裔則在東爪哇堅持反荷的游擊和騷擾活動。

第二節　第二次爪哇繼承戰爭

雖然蘇拉巴狄這大患消亡，但是馬打藍國王和荷蘭人的好日子並沒有隨著降臨。為了削弱外藩的勢力以及供給條約規定的物資，整個王國被劃分為四十三州，各州關係一律平等，每州攤派呈繳一定的土產和貨物。勢力最大的泗水外藩反對攤派，因此在王宮宴會上被暗殺身亡。此一事件引起各地外藩的疑慮和不滿。沉重的上繳義務更在地方官員和人民之間造成怨恨不已。1713 年，維南功 (Winangun) 外藩的反叛啟動連鎖反應，泗水和馬都拉

---

❸　荷蘭人對蘇拉巴狄十分痛恨。有資料顯示，他們攻下巴蘇魯安後，甚至挖掘蘇拉巴狄的墳墓，焚燒其遺體，並將骨灰拋到大海中以洩心頭之恨。

也先後起來反抗巴古布武諾一世。1718 年，峇厘人和巴蘭巴安人肆虐馬都拉，而王城附近也爆發反叛。巴古布武諾一世派遣兒子狄帕那哥拉親王 (Pangéran Dipanagara) 領軍平亂，但後者卻加入了反叛的行列。

　　在各地叛亂不斷延燒之時，巴古布武諾一世突然去世，王位由其子亞莽古納四世 (Amangkurat IV, r. 1719～1726) 繼承。這位嗣君馬上面臨四面皆敵、眾叛親離的局面。他的兄弟勿里達 (Blitar) 和普爾巴亞 (Purbaya) 親王，以及叔父阿里亞馬打藍 (Aria Mataram) 親王對王宮發動攻擊，迫使馬打藍新君到荷蘭要塞內避難。至此，所謂的第二次爪哇繼承戰爭掀開了序幕。荷蘭——亞莽古納四世的唯一救星——獲得來自母國的補充軍力，開始強力介入。經過艱苦的戰鬥和巨大的軍費消耗，荷蘭軍隊最後在 1723 年才大抵平定所有的叛亂。不過在東爪哇，蘇拉巴狄後裔和峇厘人的抵抗力量卻殘存不去。

第三節　荷屬東印度公司的沉淪：財政糜壞和高壓政策

　　十八世紀初，荷屬東印度公司正值其權力的高峰。可是，在貿易蓬勃和高額利潤背後，其實際財務狀況卻是十分糟糕的，冗長和昂貴的戰爭、領土的擴張和人員的增長都讓公司成本急速高攀，可是不幸地，貿易卻正在萎縮當中。「賤買貴賣」政策造成爪哇社會貧窮化，對荷蘭商品的市場急速萎縮，走私活動猖獗氾濫起來，就連許多公司官員也涉入其中。這些官員薪水十分微薄，

因此瀆職貪污的現象極為普遍。為了維持金融信用，董事部將公司糜壞的財務狀況列為最高機密，並堅持發出 20%～40% 的年紅利——即使公司必須為此進一步借貸而債臺高築。為了應付戰事，它甚至還必須向國家請求金錢和船隻的援助。

為了解決財務困境，大總督札華戴克隆 (Henricus Zwaardekroon, r. 1718～1725) 企圖在爪哇引入新的生產。他改進靛藍 (indigo) ❹ 的生產方式，改良棉花種植技術，鼓勵蘇木 (sappan wood) ❺ 的種植，更重要的是引進咖啡的種植。在高收購價的引誘下，咖啡種植面積急速擴大。當生產超過需求，公司則馬上大幅降低收購價，使生產者被迫砍掉自己的咖啡樹。因為荷蘭人操縱整個咖啡貿易，所以他們隨心所欲地變更政策，以維持咖啡在歐洲市場的高價位。生產者完全受制於公司外，更飽受土酋的居中剝削，他們的處境比奴隸更悲慘。

另外，公司也實行 「實物定額納稅制」 和 「強迫供應制」 (contingencies and forced deliveries)。前者在公司的直轄地區實施，它規定各地向公司呈繳貢品的品種和數量。而「強迫供應制」，則是荷屬東印度公司強迫各土邦種植並每年向公司提供定量定(低)價的農產品。所以，在公司直轄的地區，各地都有一定的貢品配額，由各地官員將它分攤到各個村莊，再由村長強令農民種植和交納。而各個藩屬土邦，則須要種植和繳納公司指定的農產品，

---

❹ 靛藍是重要的布染料。在十八世紀以前，它完全是從植物煉製而成的。

❺ 蘇木屬於落葉小喬木，全株有刺，花呈黃色，結莢果。原產地在印度和馬來群島，可作染料和藥用。

例如：馬打藍要提供廉價的稻米、萬丹提供胡椒、井里汶提供靛藍，而其他地區則提供蔗糖、咖啡和茶葉等。這些供應品定額同樣被分攤到各個村莊，由村長負責徵集。所有貢品和供應品被收集起來後，各地官員則負責將它們運送到巴達維亞。

除了野蠻的經濟剝削外，荷屬東印度公司也在其領地實施高壓統治。舉例來說，1721 年，巴達維亞就爆發彼德埃爾伯弗 (Peter Erberfeld) 冤案。該案主角是一名擁有良好聲譽的巴達維亞自由市民。他因為公司處理其父遺產不當而對公司產生不滿。之後，政府逮捕並控告他。其罪名是勾結蘇拉巴狄的殘黨，企圖在巴達維亞策動暴亂，並殺害城內所有的歐洲人。在屈打成招下，他和眾多被牽連者全數被砍頭。其房子被摧毀，頭顱則放在廢墟中示眾，並立起告示下令該處得永遠保持荒廢。

第四節　華／土聯合反荷鬥爭：曇花一現

1740 年，這種高壓政策的魔掌更伸向了巴達維亞的華人，結果釀成惡名昭彰的「紅溪事件」。當時，為了解決華人不斷湧入所造成的嚴重乞丐和治安問題，大總督俄甘里爾 (Adriaan Valckenier, r. 1737～1741) 下令逮捕境內所有「形跡可疑」的華人，同時凡沒有足夠資財和正當職業者，一律流放到錫蘭的肉桂種植園去當苦工。這項政令無疑提供公司官員向華人敲詐勒索的大好良機。

同年 9 月底，巴達維亞郊區的華人準備起來反抗。10 月 7

日，他們同荷軍發生衝突。為防止城內華人加入起義，公司在 8
日上午命令城內華人交出所有的武器，並實施宵禁。當日晚上，
郊區的華人開始攻擊巴達維亞，可是在 9 日早上即被擊退。巴達
維亞當局又下令將被捕的華人用船隻運往錫蘭。當時，華人社群
內流傳說：荷蘭人虐待被捕者，並且在船隻出海不久便將他們拋
入海中活活淹死。這項命令引起華人的高度恐慌，不少華人逃往
城外。下午，華人社區發生火警，俄甘里爾認為這是城裡外華人
共同行動的信號，因此當晚下令對城內的華人進行大屠殺。根據
《開吧歷代史記》的記載，荷蘭人在巴達維亞城內：

> 挨門逐戶，拘執唐人，不論男女老幼，擒出便殺。悲號之
> 聲，耳不忍聞。有俠義者，情知不免，急拔劍躍出招呼眾
> 人，齊出禦敵，以洗一時之憤。荷兵亦被殺數人，但勢孤
> 無援，終是死亡而已。凡獄中煉間口，美色甘唇之唐人，
> 俱各遇害，屍橫門戶，血漲河流。

這段期間，約有一萬名華人慘遭殺害，他們的鮮血染紅巴達維亞
溪流，史稱「紅溪事件」（見圖 22）。

　　在城外的華人反抗軍繼續向巴達維亞進攻，但都未能成功。
翌年 7 月間，在荷蘭軍隊大力掃蕩之下，以黃班觀❻為首的華人
反抗軍被迫向東撤退。在此同時，受到巴達維亞事件的影響，三
寶壟和錦石等地同樣發生逮捕和屠殺華人事件，以致各地華人紛
紛起事或投入反抗軍的行列，使華人反荷聲勢大張。其後，反抗

圖 22：歐洲人所創作的紅溪事件銅版畫　圖中所示的情況與真實有所
距離。

軍肅清南旺 (Rembang) 地區的荷蘭軍，並開始圍攻三寶壟。此時，
馬打藍國王巴古布武諾二世 (Pakubuwono II, r. 1726～1749) 認為
可以藉勢擺脫荷蘭人的束縛，便與華人反抗軍站在一起，他與華
人反抗軍一起攻陷王城的荷蘭要塞，殺死荷蘭軍官，並俘虜四百
名荷蘭士兵。馬打藍國王此舉馬上引發北海岸各州外藩也都揭竿
而起。如此一來，荷屬東印度公司只能龜縮和堅守三寶壟、泗水
和巴蘇魯安的要塞。

---

❻　這位反抗軍領袖名字不確定，根據中國學者周南京的說法，應該是黃
　　班或黃班觀。在荷蘭資料方面，他被稱為希潘章 (Si Panjang)，此為印
　　尼語，希 (Si) 接近中文的「阿」，潘章 (Panjang) 意即長，合起來即「阿
　　長」或「高個兒」之意。這名領袖身材可能較高，故得此稱。

　　不過，反荷情勢不久卻急轉直下。經過四個月苦戰，華人和爪哇反抗軍仍未能拿下三寶壟，反被荷軍擊退。馬都拉的外藩也在此刻公開站到公司那一邊，發兵攻擊馬打藍和反抗軍。一時之間，整體戰局優劣翻轉，巴古布武諾二世開始動搖，向荷蘭人謝罪乞和。這個消息傳出後，以首相為領袖的馬打藍反荷派，連同反荷的華人和外藩，發動政變，擁戴反荷著稱的亞莽古納三世孫子瑪斯卡仁迪 (Mas Garendi) 為王。失去王位的巴古布武諾二世逃離王城，乞求荷蘭人幫助復位。當時，公司雖軍力不足而毫無可為，但親荷的馬都拉軍隊卻能夠迅速向馬打藍核心推進，並攻下卡達蘇拉。瑪斯卡仁迪向荷蘭投降以期保全性命。至此，整體反荷大勢已去，各地反抗力量一個接一個被擊破。

　　在荷屬東印度公司的扶持下，巴古布武諾二世重新登上王位。當然，他必須付出相當的代價予他的恩主。1743 年 11 月，他與公司簽訂割地喪權的新條約：公司往後對首相任命有最後的批准權、馬打藍國境內和海岸地區的外藩一律須要對公司宣誓效忠才得以上任、公司在馬打藍境內擁有鑄造貨幣的權力、三寶壟完全割讓予公司、馬打藍領土的沿海岸寬 3/4 英里的地帶全數割讓給公司，以及公司領有整個馬都拉和從巴蘇魯安到峇厘海峽的整個東部地區等等。通過這個條約，馬打藍失去所有北部海岸領土，而且完全被置於公司的牢靠控制之下。復位後，巴古布武諾二世將王城遷離「法力已逝」的卡達蘇拉，改在梭羅 (Solo) 村莊建立新王城：蘇拉卡達 (Surakarta)。

第五節　第三次爪哇繼承戰爭

雖然荷蘭人讓馬打藍舊君主復辟，但動亂卻沒有完全平息下來。僅剩的少數華人反抗軍撤退到瑪琅，並且跟蘇拉巴狄的後裔聯合起來。蘇拉巴狄後裔連同峇厘軍隊騷擾錦石、齊龐、西達尤等地。曾經幫助荷蘭人平亂的馬都拉藩侯因為沒有得到希望的回報，也憤而與蘇拉巴狄後裔同仇敵愾，開始對抗荷蘭人。另外，揭竿反荷的馬打藍王族瑪斯賽德 (Mas Said) 也同樣堅持著戰鬥。

不料，剛走馬上任的大總督樊英侯夫 (Gustaaf W. van Imhoff, r. 1743～1750) 使情況更加惡化。他笨拙地介入馬打藍親王之間的糾紛，以太上王自居，公開斥責芒古布米 (Mangkubumi) 親王。芒古布米不甘屈辱，離開王城並與瑪斯賽德結盟，引爆曠日持久的所謂「第三次爪哇繼承戰爭」。1749～1757 年之間，公司再度被捲入一連串艱苦和昂貴的軍事行動裡。1749 年，巴古布武諾二世去世，臨終時被迫簽署遺囑將王國拱手讓渡予荷屬東印度公司，之後公司冊封王太子巴古布武諾三世 (Pakubuwono III) 為王。不過，芒古布米卻在日惹 (Jogjakarta) 自立為蘇蘇胡南。如此一來，荷蘭人展開一場歷來最為激烈和毀滅性的征戰。不幸，此時萬丹王國又爆發了一連串的叛亂，使荷蘭人窮於應付，軍事消耗沉重且損失巨大。

1751 年，荷蘭遭遇重大的軍事挫敗。芒古布米利用誘敵深入的戰略，一舉打垮荷軍並殺害荷蘭指揮官，進而佔領大部分的北

部海岸省，並且有深入荷蘭領土的可能。以後，公司大費周章才成功將芒古布米從海岸屬州驅離。荷蘭人眼見軍事失利，而軍費更如無底深淵，因此分別聯絡敵對兩造，準備必要時將馬打藍割裂讓他們其中一人稱王以茲分裂反荷鬥爭。此時，芒古布米和瑪斯賽德之間開始出現領導權之爭，後者甚至在 1753 年公開自立為蘇蘇胡南。1755 年，荷蘭人與芒古布米和談成功，雙方締結〈基安底條約〉(Treaty of Giyanti)，芒古布米承認巴古布武諾三世為馬打藍東半部的統治者，而自己則瓜分西半部分❼，稱號蘇丹亞莽古布武諾 (Amangku Buwono)，並建都日惹。馬打藍王國從此名存實亡，分裂為兩個奉荷屬東印度公司為最高主權者的王國：日惹和梭羅（見圖 23）。以後，荷蘭和芒古布米聯手對付瑪斯賽德，迫使後者在兩年後棄械歸順。通過締結和約，瑪斯賽德承認荷屬東印度公司的宗主權，並獲得公司賜予一塊領地。

圖 23：荷蘭在爪哇的勢力擴張 (1619～1830)

---

❼　東西之分其實是十分概括性的說明。這兩個王國的領地界線其實相當的混淆不清且犬牙相錯，以致日後兩國經常發生土地歸屬權的糾紛。

第六節　宰制萬丹王國

　　自從蘇丹哈芝登基以後，萬丹王國所有的出產品均歸荷屬東
印度公司所壟斷。胡椒種植日益發達，尤其在對岸的南蘇門答臘
楠榜 (Lampung) 地區。這個地區也出產大量的棉花、蔗糖和靛藍。
由於萬丹不比馬打藍強大，且非常接近巴達維亞，所以公司往往
對它實施較堅決的介入和宰制。

　　1733 年，蘇丹再努阿里分 (Zainul Arifin, r. 1733～1748) 繼
位。這位君主頗受阿拉伯籍法蒂瑪皇后 (Ratu Fatima) 的左右和控
制。法蒂瑪皇后善於交際，穿梭於國內和荷屬東印度公司高官之
間。1748 年，蘇丹再努阿里分出現發瘋的跡象，法蒂瑪皇后將之
廢黜，扶持姪子（兼女婿）登基，並且以公司的名義出任攝政。
庫斯狄王子提出抗議，企圖維護自己的權利。但，荷蘭人馬上將
他流放到錫蘭，而蘇丹則被送到安汶並死在那裡。這種情況引爆
一場廣泛的反荷戰爭，其首領是宗教師卡伽希達巴 (Kjahi Tapa)，
以及巴庫斯女王 (Ratu Bagus)。他們擊敗法蒂瑪皇后和荷蘭的軍
隊，佔領萬丹大部分地方，騷擾巴達維亞邊境，迫使荷蘭人放棄
在楠榜的要塞。

　　此時，荷軍在東爪哇正面對第三次繼承戰爭的糾纏，兵力十
分吃緊，因此希望通過非軍事手段解決萬丹的動亂。1750 年，大
總督摩蕭 (Jacob Mossel) 上任後，做出 180 度的政策轉向，他驅
逐法蒂瑪皇后和其姪兒，擁立老蘇丹的兄弟為「蘇丹一代政官」，

直至原本的王太子歸來繼位。荷蘭人也在 1752 年催生新的條約，讓萬丹王國承認荷屬東印度公司的宗主權，同時割讓楠榜地區。不過，反抗並沒有因此停止。巴庫斯女王僭稱蘇丹，而卡伽希達巴侵佔荷蘭領土，並攻擊巴達維亞。荷蘭人經過多番的苦戰，才讓動亂大抵平定。1753 年，庫斯狄王子回國，登基成為蘇丹再努阿席金 (Zainul Asyikin, r. 1753～1777)，一切才恢復平靜。

第七節　徘徊在現代化的門口：十八世紀下半葉的政經變遷和消長

在十八世紀，荷屬東印度公司通過締約的方式，幾乎僅專門跟本土統治者和宮廷進行接觸，這意味在爪哇以外，荷蘭跟印尼大部分地方都沒有很深的涉入。相對於他們的影響力，荷蘭人（甚至其他歐洲人）的人數可說是偏低的。在公司職員裡，很多是當地出生的，並且吸納本土統治的符號以強化自己的地位，使用象徵皇家的遮傘、檳榔盒和環鐲等。荷蘭大總督經常以「父親」自居，而將當地統治者稱作「兒」或「孫」輩。在交換禮物時，公司也常以傳統宗主的姿態來行事。

不過，荷屬東印度公司卻不能因而被視為是另一個單純的本土政權。他們達致目標的意志力和制訂政策的邏輯思考都是當地土著所不能匹比和理解的。為了確保自身的利益，公司往往干擾和改變了傳統的權力結構，例如在東印尼群島，荷蘭人經常抑制宗教領袖，而強化統治者或代政官的權威，因為後者似乎比較「世

俗化」，也容易進行政治控制。如此一來，荷蘭人常會扶持一些階位較低的王子登上王位。

　　荷蘭人成功讓亞莽古納二世復位的事例，說明它的力量已足以支撐一個不受普遍歡迎的本土君主。在付出巨大的代價之後，即行政和軍事經常開銷暴漲和整體財政狀況持續糜壞的情況下，荷屬東印度公司囊獲大量的領土。公司通過威逼利誘，企圖將本土菁英吸納為殖民統治和政策的貫徹者。但是，這種願望遇到相當的阻力，因為這些傳統政治菁英只扮演著一種象徵性的領導角色——他們本身也認為應該如此。在中、東爪哇，荷蘭人與本土宮廷締約所規定下來的供給和賠款，大都攤派到地方菁英和人民的身上，致使大量的張力不斷產生，丁點的衝突往往迅速蔓延開來。只有在第三次爪哇繼承戰爭，以及萬丹動亂平息後，情況才出現些許好轉。從此公司盡力與蘇拉卡達和日惹維持友好關係，同時拒絕捲入後兩者的領土糾紛裡。

　　在領土擴張的背後，公司在十八世紀的貿易型態卻變得保守。在該世紀末，荷蘭人在爪哇以外的衰敗更是明顯，其印度的貿易已經被英國人所超越，在蘇門答臘、婆羅洲和香料群島的商業則是慘淡經營。公司面對債臺高築和金融枯竭的困境❽，加上荷蘭國內的政爭，嚴重阻礙全面和深刻的革新。以後，與英國的戰爭，更給予老朽的荷屬東印度公司沉重的打擊。1780 年，荷蘭政府準

---

❽　在 1780 年，公司負債已達二千六百萬盾；1787 年，負債更飆升到七千四百萬盾。

備承認美國的獨立，英國方面知情後，馬上向荷蘭宣戰。公司在印度和孟加拉的商館紛紛淪陷。在蘇門答臘，明古倫的英國人拿下公司在巴東的基地。至於，錫蘭和好望角幸得法國海軍的援助，才得以免去淪陷的命運。在荷蘭本國，跟英國人的戰爭耗損了大部分的兵力，它的船隻皆不敢離開港口出航，使得貿易停滯。如此一來，巴達維亞的貨物無法出口，而遭遇慘重的經濟損失。

　　另外，荷屬東印度公司的壟斷貿易品已沒有十七世紀時來得賺錢❾，其他農業生產品——如蔗糖、咖啡和茶等——漸漸成為公司經濟的支柱。在十八世紀上半葉，華人開始在萬丹和巴達維亞種植甘蔗，進而製成蔗糖以供輸出。在此同時，荷蘭人也鼓勵他們到北海岸地區開闢甘蔗園。甘蔗的收集和提煉幾乎被華人所掌控，但最後產品蔗糖則由公司輸出到日本、中國和歐洲。另外，咖啡也是公司的主要成就之一。十八世紀，喝咖啡的風潮席捲歐洲。公司在將咖啡移植到井里汶和勃良安地區以後，短短二十年內，爪哇就成了世界領先的咖啡生產地。這個農產品則主要由爪哇和巽他貴族負責生產，並且以議定的價格交付給公司。不過，1725 年間，由於過度生產造成歐洲市場的咖啡價格大跌，迫使公司限制收購數量，並且大幅壓低收購價格，使得獨立的生產者放棄種植，所以唯有利用強迫手段來滿足收購定額。

---

❾　荷屬東印度公司在安汶的丁香壟斷甚至已被打破。在十七世紀中葉，法國擄獲丁香樹，並成功將之移植到毛里求斯 (Mauritius)，以後更擴散到其他的法國殖民地。

　　荷屬東印度公司所壟斷的產業之外，武吉斯商人和華裔移民在印尼群島扮演重要的角色。他們能夠在公司認為無利可圖的行業生存並且茁壯起來。1666 年，荷蘭攻陷錫江之後，許多武吉斯商人轉移到西印尼群島各港口——多屬爪哇、蘇門答臘和婆羅洲北部仍獨立於荷蘭人影響力者，靈巧地逃避公司的港口稅並把握島嶼間的小額貿易，其中他們以販售廉價的南蘇拉威西棉布著稱。另一方面，華人的貿易活動則比較集中在公司港口，因為公司的國際貿易港提供許多便利和財富，而且擁有相對穩定的環境。在 1731 年，62% 進入巴達維亞港口的船舶皆屬華裔商人所有。

　　除了入口消費品之外，華人在荷屬東印度公司的殖民經濟架構也扮演著其他重要的角色。在十七世紀初，荷蘭人方抵達印尼群島之時，華裔貿易商已經深入萬丹、占卑和巨港內地收購胡椒，並且運到港口出售給出得起好價錢的買家。荷蘭很快地接納華人這種中介人角色，通過他們以布匹換取胡椒。在城市裡，華人也是具有價值的工藝匠，包括機械工、木匠、金匠和畫家等。華人對巴達維亞開發扮演舉足輕重的角色，對於這種「依賴」，荷蘭人縱有疑慮但也安逸於此。紅溪事件之後，巴達維亞商業幾乎停頓下來，商品缺乏而價格飛漲，使公司蒙受巨大的損失。大總督俄甘里爾也因為不當處理華人問題而被撤職。不久，巴達維亞政府宣佈大赦，但只允許歸來的華人住在城外特定的地方，將他們置於軍隊的砲火射程內，方便作嚴密的控制。

　　除此之外，華人也是荷蘭人包稅制實施的關鍵角色。荷蘭人將歐洲這套熟悉的包稅制引入巴達維亞，它既可置華人商業事務

不顧，又可獲得豐厚的稅收。巴達維亞建立後的二十年內，這個城市已經建立一套完整制度，每年將關卡、市場、過磅處、賭館、劇院、客棧等的收稅權拍賣給華人領袖。以後，這種包稅制也擴散到公司控制的其他港口，甚至本土統治者的領地。十八世紀左右，華人不僅擔任港務官 (syahbandar)，同時也開始包稅：通過拍賣的方式，他們預先給付本土統治者固定的金錢，買下港稅、過磅稅、酒稅、賭博稅的徵收權❿。以後為了增加收入，本土統治者甚至在內地設立收稅關口，然後提供華人進行包稅。由於統治機制效率不佳，所以本土統治者都受益於包稅制，但是它卻帶來深遠的不良副作用。包稅制讓本土人口進一步疏離國際商業或鉅額貿易，注定這些人口走上貧困、封閉和落後的不歸路。如今，印尼人口中能夠維持高度企業精神的，如米南加保人、亞齊人、武吉斯人和巴塔人 (Batak) 等，都處於那些較沒有華人包稅制度存在的地方。

　　儘管西元十八世紀末，這個區域的貿易更加蓬勃地發展起來，但從本世紀開始，大都會的聚合、私人財產的集中、工藝的專門化、對科學的探索等現代化現象卻早已逐漸遠離本土王國──不似一個世紀以前。荷蘭人對貿易的壟斷，加上沿海港口的喪失──如馬打藍王國的例子，以及包稅制度等因素，致使本土性王國跟

---

❿　港務官與包稅制度看來類似，不過卻是不同的。港務官是統治者的官員，雖然他可以保留某些禮物和好處，但一般上，他須要將所有的稅收交給統治者。

世界貿易脫節，轉而極力捍衛那些被視之為珍貴的價值觀、安逸的生活方式和熟悉的社會階層。伴隨國際貿易的科技和思維方式從此漸漸消逝。這些本土性王國再也沒有能力抵擋來自西方的新一波襲擊，因為它們如今已極度缺乏科技、資本、官僚體系和國族意志。這種我消人長的情況，必定造成巨大而慘痛的結果。

第八節　荷屬東印度公司的末日

1784 年，荷蘭與英國議和簽訂〈巴黎條約〉(*Treaty of Paris*)，從此其壟斷系統被突破。在該條約之下，英國船隻得以在印度洋任何地方從事貿易。如此一來，英國得以再次挑戰荷蘭人在印尼貿易的絕對優勢。兩年後，英國人法蘭西斯萊特 (Francis Light) 很快地就在馬來半島的檳榔嶼建立了殖民地。1780 年代，荷蘭政府漸漸發現荷屬東印度公司的東方帝國岌岌可危，而對公司業務進行干預，並派遣艦隊暫時恢復公司在東方的海上軍力。另外，政府也察覺公司的財務赤字、入不敷出和信用破產問題已病入膏肓。國家企圖採取立即的搶救行動，可是又陷入了兩難——改革之，或者將它解散並由國家來接管。1787 年，威廉五世 (William V)復辟為聯合州總督 (Stadhouder) 後，企圖保住荷屬東印度公司，抑制任何改革的要求。

可是，不久之後，西歐的整體政治情勢出現重大的變化。1789 年，法國大革命爆發。英國和其他一些歐洲國家派軍入侵法國，企圖撲滅這場革命。1793 年 2 月，英國向法國宣戰，同時糾

合了荷蘭、普魯士、西班牙、奧地利等國家組成反法同盟。1795
年，荷蘭國內共和派發動政變，法國軍隊也進駐荷蘭，推翻威廉
五世，建立巴達維亞共和國。威廉五世出亡到英國。翌年 3 月，
巴達維亞共和國政府設立專門機構，接管荷屬東印度公司所有的
業務；兩年後，再接收公司所有財產，並概括承受公司總額一萬
三千四百萬盾的債務。1800 年，荷屬東印度殖民政府成立，而荷
屬東印度公司正式被解散。不過，在這個新世紀來臨的時候，荷
蘭在國際上的影響力已大不如前，它所以能夠保有在印尼的政經
影響力，可說是殖民統治的遺緒。英、法兩國在歐洲的商業競爭
日益尖銳化。英國——荷蘭昔日的手下敗將，如今捲土重來，對
殖民地物產的經營愈來愈多，而工業愈來愈發達，海軍日益強大，
商船日益增加，終於把荷蘭的艦隊和商船打垮。

第八章 | *Chapter 8*

英治時期和荷蘭人的重返：打造新統治機器 (1795～1899)

第一節　荷蘭的殖民捍衛戰 (1795～1811)

　　荷蘭聯合州總督威廉五世被推翻流亡到英國後，發佈《皇家函件》(*Kew Letters*)，下令荷屬東印度公司的官員將公司所有產業轉交英國人，以杜絕法國人的染指。他相信在戰爭結束後，英國會依約將公司產業交還。於是，英國在 1796 年接管了好望角和錫蘭。另外，在蘇門答臘西岸和馬六甲的荷蘭商館也都落入英國人手中。在摩鹿加群島，英國人則佔領安汶和班達，但卻未能成功奪取德拉底。至於巴達維亞政府方面，它既反對《皇家函件》的政策，也同時反對在地民主化的呼聲，因此它一邊壓制民主運動，也一邊準備對抗英國的攻擊。 當公司結束以後 ， 樊奧維史特甸 (Pieter van Overstranten, r. 1796～1801) 被委任為大總督。1800 年，一支英國海軍部隊封鎖巴達維亞，但未能成功登陸。1806 年，英

國殲滅一支前來支援的荷蘭部隊。雖然受到英國人的攻擊，但巴達維亞當局在這個期間卻小心翼翼地回拒了法國的支援，以避免激怒英國而對爪哇發動攻擊。

1806 年，拿破崙扶持路易波拿巴 (Louis Bonaparte) 為荷蘭國王，巴達維亞共和國因此轉變成為一個王國。1808 年，國王委派鄧戴爾斯 (Herman Willem Daendels, r. 1808～1811) 為荷屬東印度殖民政府總督，給予他獨裁的權力，以加強爪哇防衛，預防爪哇島落入英國人手裡。在抵達爪哇後，鄧戴爾斯大力擴充和整頓軍隊，設立軍營和醫院，在三寶壟和泗水建造兵工廠，更在戰略地點修築砲臺和碉堡。為了加速軍力的調動，他還徵調勞役，興建一千多公里的公路。另外，他也重建一支艦隊，以加強巴達維亞的防衛。

在行政改革方面，鄧戴爾斯強化中央政府對地方的控制。他撤銷東北海岸省，將它瓜分為五個區和三十八個管轄區。整個爪哇被劃分成九個區，置於中央政府直接控制之下。管轄區長原由土著出任，處於半自治的狀態。鄧戴爾斯將他們轉為政府官吏，給予他們職銜，並發放薪俸，如此造成他們收入和地位的下降。另外，鄧戴爾斯受命研究廢除咖啡強迫種植和供應制的可能性，並改善當地人民的生活條件，但是他顯然沒有下過任何功夫。咖啡強迫種植不但沒有被廢除，其種植面積還被擴大，並且收購價格更進一步被壓低。

鄧戴爾斯希望擴大咖啡出口來解決財政困難，但由於英國所實施的海上封鎖而使之失算。加上軍費開支龐大，鄧戴爾斯還通

過提高官吏薪俸以壓抑腐敗現象，使得財政困難日益嚴重。為了消除財政赤字，他大量發行紙幣，並將大量土地出售予私人，但它們都無濟於事。最後，他強制發行公債，實行稻米專賣和鴉片館包租，強制居民用硬幣兌換紙幣。這些措施都無疑加重了對爪哇人民的剝削。鄧戴爾斯也企圖改革司法制度，他在巴達維亞、泗水、三寶壟等地設立司法會議，而各個區鄉則設立法院。可是，在英軍侵略的危機之下，爪哇卻不得不實施軍事管制，因此所做的司法改革並不長久，也從未獲得認真的實施。

　　鄧戴爾斯最大的弱點在於他對當地王公貴族的關係和態度。獨裁和僵硬的手腕，使這些人在英國人入侵時競相投靠了英國人。對勞役的苛求，使鄧戴爾斯與萬丹蘇丹發生了摩擦。當蘇丹的荷蘭護衛和司令官被殺後，他親自率領軍隊突擊並掠奪萬丹城都。他槍斃了萬丹首相，將蘇丹流放到安汶，並將萬丹宣佈為荷蘭國王的皇家領地。另外，他也規定官員不得遵行對土著王公的傳統禮節。他專橫的態度，驅使日惹蘇丹亞莽古布武諾二世(Amangku Buwono II)投向英國人。當時，日惹蘇丹與蘇拉卡達的蘇蘇胡南發生衝突，因此開始擴充軍隊，以致超過鄧戴爾斯認為合理的範圍。鄧戴爾斯就找了個藉口，入侵日惹，罷免蘇丹，扶持了其法定繼承人。可是，舊蘇丹仍舊有許多祕密支持者，所以當鄧戴爾斯被召回歐洲後，他馬上發動復辟，並開始與英國人暗中來往。

第二節　英國統治與改革 (1811～1816)

　　為了捍衛爪哇，鄧戴爾斯顯然準備犧牲掉其他地區的控制。在爪哇以外的荷蘭商館，若太難防禦或不賺錢者即被放棄——如婆羅洲的馬辰。蘇門答臘的巨港、蘇拉威西的馬加撒等地的駐軍都被壓縮到最低的程度。在摩鹿加群島，留守的軍力更是薄弱。所以，當英國軍隊發動攻擊時，這些爪哇以外的據點立即就淪陷了。1810 年，拿破崙將荷蘭納入法蘭西第一帝國，英國遂向荷蘭殖民地發動攻勢。英國進攻摩鹿加群島時，島上的荷蘭駐軍缺糧斷炊，土著軍隊譁變，守衛安汶的統領被迫投降，英軍因此順利佔領德拉底。

　　1811 年，鄧戴爾斯被調回歐洲，並由詹森斯 (Jan William Janssen, r. 1811) 接替之，繼續守衛爪哇島。同年 8 月 4 日，英國印度總督明都勳爵 (Lord Minto) 率領六十艘軍艦，一萬兩千名官兵進攻巴達維亞。8 月 26 日，巴達維亞淪陷。詹森斯拒絕投降，並出亡到中爪哇。9 月 1 日，他到達三寶壟，準備再作戰鬥，可是土著統治者拒絕增援他，因此無法組織有效的抵抗。9 月 18 日，詹森斯被迫投降，並交出爪哇和其所屬的據點，包括巨港、帝汶 (Timor) 和錫江。在投降書中，英國人保證任何願意轉到它旗下服務的官員將獲得留任原職。

　　隨同明都勳爵參加這次軍事行動的萊佛士（Thomas Stamford Raffles, r. 1811～1816，見圖 24）被委任為爪哇及其所屬的馬都

圖24：萊佛士　萊佛士原本是英國東印度公司的一名基層職員，1805年曾在檳榔嶼擔任過書記官的職務。1810年，明都勳爵派遣他到馬六甲去擬訂進攻爪哇的計畫。1811年，英國攻擊爪哇時，他年方三十歲。在統治爪哇期間，萊佛士對荷蘭殖民系統作出了許多的改革。不過，這些改革往往不符合經濟效益，而成為過眼雲煙。

拉、巨港、馬辰和錫江地區的副總督 (Lieutenant-Governor)。荷蘭史家一般認為，他才是該次軍事行動的主要倡議者。10月，當明都勳爵回去孟加拉後，萊佛士成為真正掌握實權的人。

萊佛士上任後，首要面對的問題，就是與當地土著王公的關係。在1811年底，萊佛士也曾親自到三寶壟，向蘇拉卡達的蘇蘇胡南施加壓力。結果，雙方達致協議。蘇蘇胡南承認了英國的統治權，認可中央政府對其領土內非爪哇居民的司法裁判權，並且准許英國人對其來往的書信進行監視，而英國人則讓蘇蘇胡南收回其之前被鄧戴爾斯所奪取的土地。英國人也迫使日惹簽下同樣的協定。在萬丹方面，蘇丹瑪罕默德 (Sultan Mahommed) 是過去荷蘭總督鄧戴爾斯所扶植起來的傀儡。1813年，萊佛士逼迫他交出權力，只給他保留了蘇丹的名銜和一大筆的年金。井里汶蘇丹也遭遇相同的命運。

　　不久後，萊佛士發現日惹蘇丹擴充軍隊，有意圖不軌之嫌，因此在 1812 年 6 月，他出兵入侵日惹，罷黜並流放了其蘇丹，另立亞莽古布武諾三世 (Amangku Buwono III) 為王，並且沒收前蘇丹價值二百萬荷蘭盾的寶藏。在此同時，萊佛士也在日惹王宮發現蘇拉卡達的蘇蘇胡南反英的證據。他馬上向蘇拉卡達進軍，最終迫使蘇蘇胡南簽訂新約，交回已歸還的土地，大幅裁減軍隊，甚至放棄首相委任權。在蘇門答臘，巨港蘇丹拒絕承認英國的統治權，堅持自己的獨立性。1812 年 4 月，英國軍隊入侵巨港，其蘇丹因此出逃。英國人另立蘇丹——舊蘇丹的兄弟，並與之締約，而獲得了蘊含錫礦的邦加 (Banka) 和勿里洞 (Billiton) 島。

　　萊佛士將孟加拉的管理體制移植過來，將爪哇分為十六個管轄區 (Residencies)，其中包括了日惹和蘇拉卡達兩個王國。其內，英國駐紮官 (Resident) 行使行政和司法權，而且充當國家的稅收官。萊佛士也廢除鄧戴爾斯所設立的最高和地方法院，簡化訴訟程序，並在巴達維亞、三寶壟和泗水三個港口建立高級法院、小額債權法庭和警察法庭。法院在審理民事案件時，依據的是荷蘭殖民地法，不過在審理刑事案件時，則採用有陪審團的英國訴訟程序。嚴刑拷問一律被禁止。每個管轄區各設一個地方法院，處理土著的糾紛。另外，萊佛士也設立巡迴法院，在案發地直接審理涉及死刑的刑事案件。

　　為了發展商品生產，增加貨幣流通，萊佛士廢除了荷蘭在爪哇實行的徭役制度、實物定額納稅制和強迫供應制。萊佛士推行普遍以村為單位的土地稅制，他宣佈殖民政府是爪哇的土地所有

者，耕作者需要向政府繳納地稅。稅額則根據土地的實際生產能
力而定，產量高的土地需要交出收成的一半，低產地也要交出收
成的 1/4，平均地租率約為收成的 2/5。佃戶的租金，得易作實
物，並有權支配自己的剩餘農產品。由於時間緊迫，加上實際情
況複雜，這些措施短時間內實現並不容易。在勃良安，就保留了
咖啡的強迫種植和強迫供應制，同時也向居民徵收戶口稅。在一
些地區，強迫勞役制還是被維持下來。實施普遍的土地稅，未能
使爪哇的財政收入迅速增加。萊佛士也發現，以村為單位的稅制
使得村長權力過度膨脹，所以他希望改行向個人徵稅的方式，但
最終還是因為沒有詳細的地籍資料而無法認真地落實。廢除強迫
勞役，也未能全面貫徹，徵調人民修路建橋這類勞役繼續存在。

　　萊佛士極反對奴隸制度，但礙於根深蒂固的建制，使他只得
採取一些步驟減輕奴隸的痛苦和增加他們解放的機會。為了限制
奴隸的增加，萊佛士在 1812 年開始對所有奴隸主徵稅。他也下令
從 1813 年 1 月開始，禁止向爪哇和其屬地輸入新的奴隸。之後，
萊佛士更簽署一項法令，禁止整個印尼群島地區的販奴活動。
1815 年，他取消了警察有應奴隸主的要求而拘留不願為奴者的權
力。萊佛士也廢止流行的「妻孥無償制」(Pandelingshap)：如果債
務人不能償還債務，債主便捉拿他的妻子兒女為自己無償地勞動。
1816 年，萊佛士成立新的機構，專事反對奴隸制的宣傳。在這段
英國統治的期間，爪哇雖未能完全廢除奴隸制，但奴隸的人數卻
大大地被減少。

　　拿破崙帝國崩潰後，荷蘭重新獲得獨立。英國為了利用荷蘭

牽制法國，防止法國東山再起，因此在殖民地問題上對荷蘭做出了讓步。根據 1814 年 8 月 13 日的〈倫敦協定〉(*Convention of London*)，英國同意將爪哇交還荷蘭，只保留了在蘇門答臘明古連 (Bengkulu) 的據點。拿破崙在滑鐵盧 (Waterloo) 戰敗後，英國在 1816 年 8 月 19 日舉行移交儀式，正式將爪哇交還荷蘭。萊佛士失望地離開爪哇，返回英國。他一直希望將巴達維亞變成英殖民帝國的經營中心，但卻未能獲得英國方面的認同。萊佛士在爪哇期間，曾支持一些歐美學者到爪哇進行調查研究，研究爪哇的社會、歷史和文化。他自己也在 1817 年撰寫和出版《爪哇史》。萊佛士在爪哇所推行的政策日後產生深遠的影響，因為他的許多土地稅和行政改革措施都被荷蘭人維持下來。

1819 年，萊佛士與柔佛天猛公，以及其所一手扶植的蘇丹胡申 (Sultan Hussein) 簽訂條約❶，取得新加坡。這個發展引起荷蘭人的震驚，深怕他們在東印度群島的貿易壟斷將毀於一旦，於是荷蘭政府以新加坡屬於荷蘭勢力範圍為由，向英國政府提出嚴重抗議，並且恫言訴諸武力。雙方經過多次談判後，終於在 1824 年

---

❶ 新加坡原屬於柔佛王國，由天猛公阿都拉曼 (Abdul Rahman) 管理。當時柔佛蘇丹定居於廖內群島，而且受到荷蘭人的控制。所以，雖然萊佛士獲得天猛公同意，准許英國人在新加坡設立貿易站，可是卻無法取得蘇丹的正式協定。後來，萊佛士得知柔佛王國的太子東姑隆 (Tengku Long) 因為受排擠而流亡在外。於是，萊佛士將東姑隆接到新加坡，並且在 1819 年 2 月 6 日宣佈其繼位為柔佛蘇丹，稱號為蘇丹胡申。當天，萊佛士馬上同蘇丹和天猛公簽訂條約，正式取得了新加坡。

簽訂〈英荷條約〉(*Anglo-Dutch Treaty*)。在這個條約下，英、荷以馬六甲海峽和新加坡海峽為界劃清各自的勢力範圍，英國人放棄蘇門答臘島的明古倫和其他的領地，專注於馬來半島，而荷蘭人則放棄馬來半島的馬六甲，獲得蘇門答臘和新加坡海峽以南的島嶼作為其勢力範圍❷。

第三節　荷蘭的重返與統治 (1816～1942)

一、財政枯竭和經濟壓榨

　　為了接管荷屬東印度的領地，國王威廉六世 (William VI) 派遣三位特派員前往爪哇負責交接業務。伊羅特 (Cornelis Theodorus Elout)、樊德卡比侖 (Baron van der Capellen) 以及白史哲 (A. A. Buyskes) 作為荷蘭政府的特派員到達爪哇後，面對了重

---

❷　這個在倫敦簽訂的〈英荷條約〉主要內容有：
　　⑴荷蘭將其在印度的所有商站割讓，同時放棄對英國佔領新加坡的異議。
　　⑵荷蘭放棄馬六甲，並且保證永遠不在馬來半島設立機構，也不與當地統治者締結任何條約。
　　⑶荷蘭放棄摩鹿加群島以外的東印度群島專利權。
　　⑷英國放棄在蘇門答臘的明古倫以及英屬東印度公司所有的領地，並且保證永遠不與蘇門答臘和新加坡海峽以南島嶼（包括廖內）的統治者締約或者建立殖民地。

重的困難。荷蘭的國力確實已今非昔比。殖民當局財政困難，在爪哇兵力不足，無法應付各地人民的反抗。商業資本敵不過工業資本，爪哇的對外貿易已操縱在英國人手中。出口的經濟作物數量下降，使殖民政府收入減少，1820 年財政赤字就達一百多萬荷蘭盾。

　　為了重建荷蘭對爪哇的統治，伊羅特決定保留萊佛士的土地稅制，也保持縣、區、村的管理機構，只是加強駐紮官對當地王公的監督。在司法上，特派員廢除陪審團，但恢復萊佛士對歐洲人和土著執行不同法律和設置不同法院的舊制度。他們還禁止奴隸的買賣。另外，他們也規定土著官員只能領取固定的薪金，不能用農奴來耕種自己的土地，不能經營工商業。可是，實際上這些規定很少認真被執行。伊羅特想讓歐洲的種植園主和企業家到爪哇來尋求發展，但最終未能實現。為了加強對爪哇的控制，荷蘭保守派主張恢復荷屬東印度公司時期的舊政策，以挽救殖民統治的危機。而自由派為了維護殖民統治，也附和保守派的主張。

　　1819 年，伊羅特和白史哲返國，留下的樊德卡比崙出任大總督 (r. 1818～1825)。樊德卡比崙採取一系列措施，恢復荷屬東印度公司時期的舊政策。首先，他實施保護關稅，以維持貿易壟斷。1824 年，荷蘭貿易公司創立，並注入三千七百萬荷蘭盾資金，專營殖民政府農產品的運輸和銷售。可是，最後這些努力還是無法應付英國的競爭。荷蘭只得實施鐵腕政策，拒絕其他歐洲人在勃良安居住，阻擾他們取得土地，並強迫土著農民低價把咖啡交售給政府，實行變相的強迫供應制。其次，在對土著王公貴族的關

係上，樊德卡比侖進一步削弱他們的權力，使他們變成領取政府薪俸的世襲官員，通過駐紮官監督他們，並且縮小日惹、蘇拉卡達的領土。第三，大徵關卡稅，以增加收入。除了向農民徵收土地稅外，荷蘭政府更在各地橋樑、市場等處遍設關卡，凡人員、貨物經過均要納稅。不過，這連串的措施卻不能解決財政困難，行政開支和軍事費用日增，可是收入卻日益減少。樊德卡比侖在1825年被調離爪哇，理由是他在財政管理上表現無能。

威廉國王另外委派了特派員——戴基賽里士 (Viscount Du Bus de Gisignies, r. 1825～1830)，接替樊德卡比侖。就在這當兒，中爪哇發生了嚴重的起義事件——1825～1830年間的爪哇戰爭。其所以爆發的原因眾多。其中一個是，之前樊德卡比侖廢除所有土著對歐人的土地租約，造成土著貴族普遍不滿，他們必須退還租金而承受嚴重的打擊。他們也對邊境所設下的高關卡稅，和承包稅務華人的任意勒索，感到十分厭惡。這些不滿最終聚集到狄波尼哥羅（Diponegoro，見圖25）的領導之下。

二、爪哇戰爭

狄波尼哥羅是日惹蘇丹亞莽古布武諾三世的長子，由其祖母阿庚皇后 (Ratu Ageng) 一手扶養長大。1805年，年方二十的狄波尼哥羅開始走訪日惹地區的各個宗教學校和聖地。作為一個遊學和苦修的宗教學生，他親身接觸了許多宗教社群，也體驗爪哇平民所面對的種種社會和經濟疾苦。狄波尼哥羅有著複雜的人格。他是個有魅力的領袖，熟讀伊斯蘭教的各個經典。可是，伊斯蘭

圖25：狄波尼哥羅　根據傳說，狄波尼哥羅在起義反荷之前，曾派遣一名僕人到蘇丹阿貢的墳墓祈求神啟。該僕人經過一整晚的祈禱後，在墳場入口處的布幕上發現一塊像碟子般大小的血漬，他因此請教看守人它的意義。看守人解釋：「上蒼的意旨是爪哇將發生流血事件，是戰爭將要爆發的象徵。」狄波尼哥羅聽到這樣的說法後，仍然繼續坐禪沉思。有一天，他在夢中聽到天上傳來南海女神的聲音，祂告訴狄波尼哥羅說，他將成為一個有作為的人，恢復爪哇舊日的輝煌。另外，該聲音也通知他，他將得到一支神箭。當狄波尼哥羅一醒來，看見一道閃光掠過，再抬頭一看，驚然發現一支神箭射插在石頭上。

教觀念只不過是其部分的思想，他也深受爪哇傳統和印度／佛教思想的影響。在求學期間，他閱讀了舊爪哇印度文學的各種編年史和經典。因此狄波尼哥羅接受的並非正統伊斯蘭教，他對伊斯蘭教有著自己獨特的　（爪哇式）　詮釋，認為先知默罕末德(Muhammad) 並不是最後的阿拉使者，他在爪哇有著兩個繼承者：蘇南吉里（爪哇九位傳奇性的伊斯蘭最原初佈道者之一）和蘇丹阿貢。他也宣稱受到拉都阿德佑（Ratu Adil，即公正之王）和南海女神(Goddess of the Southern Ocean) 的感召，前者並且訓示他征服爪哇，遵從《可蘭經》中的天命，開創一個公正的時代。狄波尼哥羅相信自己被上帝挑選，作為征服的帝王和神化的統治者。

總得而言，他的靈感和力量來自一種緬懷式——半伊斯蘭教－彌賽亞式的爪哇傳統。其目的不在創造一個新的世界，而是掃除現世的墮落和罪惡，以恢復一個有道德、公正和和平的舊時代。

1825 年 5 月，荷蘭人在建築公路時，不顧狄波尼哥羅的強烈抗議，強行穿越其領地內的王室墓地。7 月 30 日，荷蘭當局企圖拘捕狄波尼哥羅。因此狄波尼哥羅和他的叔父莽古埔米 (Mangku Bumi) 一起逃到了塞拉隆 (Selarong)，聚眾開始揭竿起義。一時間，不滿的農民、王公貴族和伊斯蘭教領袖紛紛前來投效。當他以強大的軍力出現在日惹時，人們更紛湧起而支持。荷蘭人將年幼的蘇丹帶走，而爆發當地人對歐洲和華裔包稅商展開殺戮。荷蘭人此時被殺得措手不及，因為他們大部分的軍隊正在外征討巨港和邦尼 (Boni)。荷蘭的戴郭克 (de Kock) 將軍率領一支非常小的部隊趕赴中爪哇，可是根本無法撲滅這場燎原大火。不過，他還是成功勸阻蘇拉卡達的蘇蘇胡南加入起義。狄波尼哥羅和其將領，放棄陣地戰，轉而善用游擊戰，使荷蘭軍隊一直處於劣勢。不久，荷蘭人復立被萊佛士所廢黜的蘇丹西布 (Sultan Sepuh)，但終究還是落得徒勞無功，因為後者根本不能獲得任何的支持。

不過，戴郭克卻漸漸學會如何對付這場起義，他開始在收復地區建立起一個優堡系統 (bentengstelsel)，即各個強化防衛的據點以良好的公路所連接，使快速部隊能夠在其間移動。這個系統十分昂貴，但確實產生了決定性的成效。雖然狄波尼哥羅在 1828 年自立為蘇丹，不過在戰場上，他卻遭遇連連敗仗，丟失許多佔領地，而且更碰上可怕的霍亂疫情。1829 年，狄波尼哥羅兩個主

要的副手——莽古埔米和申鐸 (Sentot) 在失望之餘，向荷蘭人投降了。翌年，狄波尼哥羅提出和談的建議。在談判時，他拒絕放棄蘇丹和爪哇伊斯蘭教護法的頭銜。經過了許久的僵持和延宕，戴郭克最後發難，將他拘捕。後來，狄波尼哥羅被放逐到蘇拉威西的萬鴉老，而後錫江，他最終在 1855 年去世。

三、強迫種植制度

　　這場爪哇戰爭，讓新任特派員所有解決財務困難的努力付諸東流。它耗費大量的金錢——它們都是借貸而來的。不過，他卻能夠成功降低行政費用和駐紮官的人數，而且成立爪哇銀行，並成功地發行一種新的貨幣。另外，他也廢除引起動亂的土地租借禁令。正當財務狀況有好轉的跡象，荷蘭母國方面卻遭遇比利時的獨立反抗，而政府正瀕臨破產的危機。為了拯救荷蘭的財政困境，威廉國王另外委任戴波釋 (Johannes van de Bosch, r. 1830～1833) 繼任為大總督。戴波釋是荷蘭保守派，他在考察了荷屬東印度群島後，向國王獻議在爪哇實行類似蘇利南 (Surinam) 的奴隸種植制度。他認為如此一來，荷蘭可以不用投入資本，而在不到四年時間就可以達致收支平衡。

　　1830 年初，戴波釋到達爪哇，頒佈法令，推行強迫種植制度 (Culture System)。從許多角度而言，它不過是舊有的實物定額納稅和強迫供應制度的新包裝罷了。強迫種植制度的主要內容，包括以下幾個方面：

　　1.殖民當局與農民訂約，劃出部分的稻田，以種植適合歐洲

市場出售的農產品；

2. 劃出的部分稻田，其總額應佔各村耕地面積的 1/5；

3. 種植適合歐洲市場的農產品，所需的勞動力不得超過種植
　水稻所需要的勞動力；

4. 劃出的土地免繳土地稅；

5. 收穫物要交納給管理區，若定價高於豁免的土地稅時，其
　差額部分應歸還給農民；

6. 若農作物並非由於農民懶惰而歉收時，其責任要由政府來
　承擔；

7. 農民在村長的指導下進行工作。歐籍官員的監督，只限於
　管理田地的經營、農作物的及時收割和運輸，以及適當地
　點的選擇；

8. 勞動力必須按下列方式進行分工。一部分人負責培植農作
　物直至成熟，另外一部分人則從事收割，第三部分人從事
　農產品的運輸，第四部分人則在商館進行工作，但最後一
　部分人只有在自由工人數量不足時才需要；

9. 在仍難實行這一制度的地方，應堅決免除土地稅，而當農
　民種植的農作物成熟時，農民就應被認為已經履行他們的
　義務，而收割和最後的加工應由單獨合同另外規定。

　　表面上，這些規定似乎保障農民的利益，同時刺激他們的生
產意願。但是，實際運作的結果，卻給農民帶來一場空前的浩劫。

　　在實施的過程中，那些保護農民利益的條款完全被置之不理，
殖民官員根本不是同農民訂約，而是利用暴力脅迫的方式。被劃

出來種植經濟作物的水稻田，不僅佔總耕地面積的 1/5，它經常到達 1/3，有時甚至多達 1/2，同時經常是佔用最肥沃的耕地。種植經濟作物所花的勞動力，往往超過種植水稻所需的勞動力。有的農民還必須到遠離自己村莊的地方做工。殖民當局還利用自己的權力，隨意壓低經濟作物的收購價格，使農民不能得到扣除土地稅之後的餘款。有的農民甚至還要出賣口糧，或者擴大種植面積來彌補土地稅的不足額。1833 年，殖民當局甚至還規定，所有的咖啡都要按官價交售，使農民喪失對自己農產品的支配權。

在土地國有的旗號下，荷蘭殖民政府將爪哇的廣大農民變成它的佃農。農民種植經濟作物，卻不能把收成拿到市場作為商品出售，而只能作為實物稅繳給殖民政府。由於殖民者的殘酷掠奪，農民生產者處境十分悲慘。農民被迫劃出種植經濟作物的耕地不斷擴大，所投入的時間和精力越來越多。除此之外，農民還須要用貨幣交納其他的捐稅，並且無償地提供勞役服務，使他們的處境雪上加霜。農村破產和絕對貧窮化，農民只能維持生存的最低生活水準，導致生產逐年下降。不擇手段擴大經濟作物的種植，也破壞農業生產的自然條件，嚴重阻礙生產進一步的發展，甚至造成嚴重的饑荒。相反地，強迫種植制度卻為荷蘭帶來巨大的財富——估計共九萬萬荷蘭盾，讓荷蘭政府得以將所有債務都還清，並得以發展國內的輕工業、重工業、交通、海運等事業。

四、自由開放政策

爪哇生產下降和人民的反抗，說明殖民政府已不能按老樣子

繼續下去了。在荷蘭國內，保守和自由主義派系針對殖民政策的問題，展開激烈的爭論和鬥爭。1848 年，荷蘭憲法修正案通過，賦予荷蘭議會兩院對殖民地的貨幣、財政擁有特別的立法權，而國王每年必須就殖民地問題向國會提出報告。如此一來，荷蘭國王對殖民地的獨攬權力形同被撤銷，讓國會有權介入殖民地統治的事務。

在第二議會 (Second Chamber) 裡 ， 由樊何威爾爵士 (Baron van Hoëvell) 所領導的反對派顯然已佔據上風。這些自由主義派系認為強迫種植制度已經在 1840 年過時了。此時，距離這個制度完全被廢除，雖還有一段遙遠的路途，但要求政府重視土著人民利益的呼聲卻持續高漲。儘管保守派仍舊掌控著政府，不過「反殖民」派已開始擬出一個建設性的「開放政策」(Liberal policy)。它在未來的發展中，將剷除「深植著不公義」的強迫種植制度。

1856 年實施的荷蘭憲法，進一步將荷屬東印度的主要權力委託給大總督和當地議會。憲法同時明確規定：荷蘭政府將不再扶持國家種植業，而強迫種植制度將逐步被廢除。大總督也被指示不得讓強迫種植制度干預生存物資的生產。如此一來，爪哇私人種植園獲得極大的發展空間。1863 年，自由派代表人物——樊德布狄 (van der Putte) 擔任荷蘭政府的殖民部長。他主張以直接課稅來代替強迫種植制度，同時允許私人企業自由取得土地和雇用勞工。在任內，他開始積極廢除強迫種植制度。1862 年，荷蘭殖民當局宣佈放棄對經濟作物的貿易壟斷，一些不再有利可圖的經濟作物的強迫種植開始被取消，陸續有胡椒、丁香、肉荳蔻、茶葉、

肉桂、靛藍、胭脂紅和煙草。不過，其他帶來大量利潤的強迫種植制度——如甘蔗和咖啡，卻仍然被維持。

　　1864 年，新通過的會計法案規定從 1867 年開始，荷屬東印度的每年預算都要通過荷蘭議會的批准，這使議會能夠更嚴密地監督荷屬東印度殖民政府，為自由派改變荷蘭在印尼群島的統治政策創造有利的條件。另外，蘇伊士運河在 1867 年通航，大大地拉近荷蘭和印尼地區的關係，私人資本垂涎後者廣大的市場潛力。1870 年，荷蘭議會通過糖業法和土地法，為荷蘭私人資本家在印尼地區投資設廠、開闢種植園敞開方便之門。從 1878 年起，開放種植——歐洲人的私人大種植園——已經取代殖民政府的強迫種植（見圖 26）。不過，咖啡的強迫種植卻要延至 1917 年才被取消。另外，包稅制也還被長期保留，尤其鴉片和當舖的承包一直被保留到 1927 年。

五、荷蘭推進運動

　　相對於爪哇在 1830～1870 年之間的發展，外島領土可說是完

圖 26：十九世紀爪哇咖啡農園　歐洲人手插腰監視著赤腳工人進行曬乾豆子的工作。

全被忽略的。1837 年，荷蘭軍隊花了九牛二虎之力，終於平定蘇門答臘米南加保人的帕德里 (Padri) 戰爭❸，荷蘭母國政府因而下達訓令，要求以後盡量避免干擾爪哇以外地區的土酋勢力。不過很快的，英國人布洛克 (James Brooke) 在北婆羅洲的活動❹，引起荷蘭當局的疑慮，擔心英國人這種活動將為其他列強打開佔領印尼群島的大門。荷蘭因此改弦易轍，採取更積極的推進政策 (forward movement)，因為它相信唯有如此才得以維持其在印尼群島的主宰地位。

此時，荷蘭人首要的目標就是亞齊。亞齊位於蘇門答臘的西北端，是印度洋通向太平洋的門戶。亞齊長期對抗著荷蘭人，加

---

❸ 帕德里首領端姑伊麻朋佐爾 (Tuanku Imam Bonjol)　帕德里戰爭是蘇門答臘米南加保區在 1821～1837 年發生的戰爭。當時，一群被稱為帕德里的瓦哈比派（Wahabi，或稱清淨派）穆斯林，因為堅決反對和打擊「歪離」伊斯蘭教義的本土風俗 (adat) 和文化，因此與本土酋長發生嚴重武裝衝突。帕德里派以朋佐爾為基地，對保守的酋長們展開游擊戰爭。當時，由於害怕帕德里的改革力量，荷蘭殖民當局選擇與酋長們站在同一陣線。不過，爪哇戰爭延燒不斷，使得荷蘭未能增派軍隊支援。1830 年，隨著爪哇戰爭結束後，荷蘭增派軍隊鎮壓，迫使帕德里首領端姑伊麻朋佐爾在 1832 年向荷軍投降。但未幾，他又重新起事。直至 1837 年，荷軍才成功拿下朋佐爾。至此，在付出慘重代價後，荷蘭終於使他們的勢力深入蘇門答臘的內陸地區。

❹ 1839 年，英國人詹姆士布洛克幫助汶萊土酋平定了伊班人的叛亂，因此獲得砂勞越河地區作為酬勞。1842 年，汶萊蘇丹承認他為統治砂勞越的拉惹 (Raja)。從此開始，英國人的勢力開始進入到婆羅洲北部。

上英國勢力的干預，使它一直能夠保持獨立，不被荷蘭人所征服。
自從蘇伊士運河開通後，馬六甲海峽成為重要的國際航道，亞齊
的戰略位置也因此水漲船高。相對的，亞齊蘇丹也為了預防荷蘭
的侵略野心，而積極與土耳其、法國、義大利和美國建立友好關
係。1873 年 3 月，荷蘭先發制人 ❺，將艦隊開到亞齊首都古打拉
闍 (Kutaraja)，逼迫亞齊蘇丹承認荷蘭的殖民統治。在蘇丹嚴加拒
絕後，戰爭爆發，亞齊首都淪陷，蘇丹不久也去世（見圖 27）。
可是，各地的酋目紛紛起而反抗，起義事件此起彼落，戰爭在起
義、鎮壓和談判之間延續近四十年之久 (1873～1913)。這是一場
荷蘭人殖民史上最長和最艱苦的戰爭。

除了蘇門答臘之外，荷蘭還向其他小島擴張勢力。1895 年，
龍目 (Lombok) 島被置於荷蘭的直接統治。1888 年，萬丹完全被
荷蘭所控制。當峇厘島發生戰亂時，荷蘭趁機介入，並派軍在
1906 年登陸佔領和建立直接統治。1905 年，荷蘭侵略蘇拉威西，
攻佔邦尼首都，接著陸續佔領各個地區。同一年，荷蘭人對馬辰
的戰爭也結束，因此控制了婆羅洲南部。1904 年，荷蘭攻擊占
卑，將之置於直接統治。荷蘭人也介入廖內群島的宮廷糾紛，更
強迫蘇丹下臺，廢除蘇丹制。因此，至二十世紀初，所有印尼群

---

❺ 為了安撫和避免英國人的干預，荷蘭人在正式侵略亞齊之前 (1871 年)
和英國簽訂〈蘇門答臘條約〉。條約當中，荷蘭將非洲西部黃金海岸
(Gold Coast) 的殖民地轉讓給英國，同時，允諾英國在東印度群島經商
時，可以享有與荷蘭人同等的待遇。這些條件換回英國方面同意荷蘭
佔領蘇門答臘島。

圖27：參與侵略亞齊的荷蘭兵士　1873年，荷軍侵略亞齊王國。但往後，亞齊人的反抗始終沒有停止，荷蘭軍隊陷入一場又一場的戰役，直至1913年才大致將亞齊控制下來。

島地區幾乎都成為荷蘭的殖民地。只有北婆羅洲屬於英國，伊里安再也島北部和東部由英、德兩國瓜分，帝汶島則被葡萄牙所佔有。

　　蘇伊士運河通航後，加速東西方的經濟聯繫。從1870年起，荷屬印尼的經濟發展讓人驚訝。由於國際市場的需要，印尼的甘蔗、咖啡、煙草的種植業有了較大的發展。外資投資也不僅止於種植業和農產品加工業，它們還進入採礦業和交通運輸業。它們在印尼辦工廠，開礦山，修鐵路，築碼頭。1873年，印尼第一條鐵路和港口竣工。1856年，內陸電報服務出現，而郵政服務則在1866年開始。1870～1900年間，出口總值增長超過一倍，而進口總值則增長四倍之多。印尼地區的出口貨物以經過加工的農產品

為主，而進口貨物則多屬工業品，顯示它是一個工業原料生產地和商品銷售市場。

六、道德政策與地方分權

> 不過，我們所追求的目標是多麼的光耀啊！荷蘭的繁榮、高尚文化都建基於，而且虧欠於那個位在遙遠東方的社會，她必須感恩並承認這個事實。
>
> 樊狄萬特

　　至二十世紀之交，自由主義在處理殖民事務上已暴露其弱點。私人企業和它們的政客顯然絲毫不關心印尼地區人民的福祉。他們形成數個龐大的集團，集體地搾取利潤並維護自己的利益。1899 年，樊狄萬特 (C. T. van Deventer)——曾在印尼從事十七年律師工作，在荷蘭期刊上發表其著名的〈榮譽債務〉(A Debt of Honour)，強調荷蘭對殖民地是有所虧欠的，因為它今日的繁榮是以損害殖民地利益為前提，所以這個國家必須推行能夠增進印尼人民福祉的殖民政策以回報後者的犧牲。直至 1915 年去世為止，樊狄萬特一直都是「道德政策」(Ethical Policy) 最積極的倡議者。

　　1901 年，荷蘭韋阿彌娜女王 (Queen Wilhelmina) 宣佈調查爪哇的福利狀況，並且正式表態支持道德政策。翌年，愛登堡 (Alexander W. F. Idenburg) 就任殖民部部長，並且積極推行「促進土著人口進步」的道德政策。這項政策包括了許多面向的革新，

主要有灌溉、墾殖計畫、教育、通訊、信用借貸、衛生計畫、工業化和地方分權等。

雖然立意良好，但這些政策的成效往往受制歐洲人的利益所在。那些能夠同時迎合歐洲人的道德政策總會有比較好的施展，如灌溉系統、墾殖計畫、醫療、通訊和交通，它們對歐洲種植商都十分有利，所以推行起來總是相當順利。相反地，其他只有益於土著的政策，如工業化，或提供下層階級的信用借貸體系，卻始終沒有多大的成效。就本土工業化來說，除了少數手工藝品和農村工業之外，印尼地區的工業始終沒有發展起來。

在地方分權方面，其政策主要是希望把權力從海牙 (Hague) 轉移到巴達維亞，從大總督手中下放到各部門和地方官吏，從歐洲官員手裡轉交予印尼裔官員。而且，它也意味著建立自治機構，以便跟殖民政府合作共同管理他們自己的事務。為此目的，殖民政府在 1918 年設立「國民議會」(Volksraad)。不過，這個部分選舉和部分指派的議會實際運作的情況卻和原計畫完全兩樣。除了批評之外，它並沒有任何的實質權力。直至一次大戰時，荷蘭母國政府仍舊牢牢地駕馭著大總督，而後者則控制著國民議會。至於印尼人替代歐洲官員的問題，方案一次又一次地提出來，卻一次又一次地被擱置下來。

在地方的層次，道德政策的開展非但沒有實現「地方分權」理想的鄉村自治，反而更深化殖民政府的中央控制力。各種衛生運動、通訊化、農業革新行動等都進一步加強殖民官員與村民的聯繫。但這種聯繫並非合作，而是權威式、由上而下的命令和指

揮。絕大部分的官員都認為他們有能力和權力決定一般人民的福
祉所在。在精細的鄉村行政體系之下，中央殖民政府帶來過度的
干預，以致完全窒息了地方的自主性。

在眾多的道德政策中，產生影響最深遠和帶來意想不到效果
的，就非教育莫屬（見圖28）。對道德政策的倡議者來說，他們
要將自己的「高尚文化」傳播開來，而西式教育是啟動現代化和
社會發展最有效的工具。雖然在十九世紀末，住在印尼的荷蘭裔
兒童已經可以獲得優秀的小學教育，但是當地人的孩子卻鮮少能
夠進入這些小學就讀——除極少數高級階層或者基督教徒。

隨著經濟和社會發展，殖民政府和工商界都相當支持教育的
推展，以便吸納本地人以應付日益增加的工作。在經濟效益上，
培養和聘用本土人才，如官僚、醫生、律師、文書或技術工人等，
也可以少付點薪資而減少支出。而且殖民當局相信，西式教育可
以避免舊本土菁英被「伊斯蘭狂熱」所席捲。如此一來，這些教
育都指向「菁英制」，即讓原有的本土菁英子弟（主要是帕里亞伊

圖28：在荷蘭殖民
政府推行的道德政
策下，少數印尼土著
學生獲得接受西式
教育的機會。這些學
生成為印尼第一批
國族主義的重要成
員。

或貴族階層）接受西式教育，填補所須要的專業人才。1900 年，
三間酋長學校被改組成為專門培訓公務人員的本土官員訓練學校
（Training Schools for Native Officials，簡稱 OSVIA）。在 1900～
1902 年之間，原本培訓看護人員的爪哇醫藥學校 (Dokter-Jawa
School) 也被改編為六年制的本土醫師訓練學校 （School for the
Training of Native Doctor，簡稱 STOVIA）。雖然這些學校只要求
初級學校畢業，但由於學費昂貴，所以往往只有富裕家庭的子弟
才有機會進入就讀。

　　不過，荷蘭沒有預料到的是，教育的推展最終並沒有造就一
群心向殖民母國、合作和馴服的本土菁英。相反地，許多接受西
式教育的本土青年日後投入了反殖民、國族主義和獨立建國的鬥
爭裡，最後終結荷蘭人對印尼的統治。

第 III 篇
印尼國族意識的確立

追尋自己的國家：國族主義的興起 (1900～1942)

第一節　早期的思想革新和政治運動 (1900～1926)

> 即使在小時候，「解放」一詞就吸引了我……並且喚醒我心
> 裡日益對自由和獨立的渴望——希望能夠自力更生。我個
> 人，以及其他周遭人所處的環境，無不讓我心碎，使我在
> 一股莫名的哀傷中渴望自己國家的醒覺。
>
> 雅珍卡蒂妮

一、國族主義的萌芽：卡蒂妮和至善社

在二十世紀初，印尼出現國族意識，以及追尋我族和革新的思潮。隨著印尼各地被荷蘭統治機器集中起來，印尼人——尤其那些少數能夠接受教育的上層階層——越來越感覺到彼此之間的相同性。中國的義和團之亂、菲律賓人反西班牙的革命，以及日

本的崛起，都對這些最早的印尼知識分子造成巨大的衝擊。他們開始為我族在西方宰制下的低劣處境感到憂心。

當時的知識分子都屬於帕里亞伊，即本土貴族階層，而且經常成為殖民政府高級公務人員。在道德政策下，荷蘭殖民當局推行西式教育，許多本土傳統統治菁英的子弟通過這種管道被吸納到殖民統治機器之內。無論如何，高層的傳統貴族對西化教育仍然存在著相當的抗拒。但在他們當中卻出現一個異數，即淡目攝政 (bupati)，他早在 1860 年代便聘請了一位荷蘭教師來教導自己的兒子，而這些孩子之一，便是雅珍卡蒂妮（Ajeng Kartini，見圖 29）的父親──伽巴拉攝政。這位伽巴拉攝政除了提供兒子西式教育之外，更破天荒地，同樣送女兒進入西式小學就讀。在保守的貴族眼裡，此舉無疑是傷風敗俗的事情。

才華洋溢的卡蒂妮無疑是印尼第一代現代知識分子的傑出代

圖 29：雅珍卡蒂妮　1904 年，卡蒂妮生產後四天去世，當時她只有二十五歲。她的書信後來被阿本達農收集成書，並在 1911 年出版，題為《從黑暗到光明：一個爪哇公主的書信集》。當時的知識分子深深受到卡蒂妮思想的感動，並且設立卡蒂妮女子學校紀念她。1922 年，她的書信集被翻譯成印尼文。在獨立後，印尼政府宣佈以其生日 4 月 21 日作為公共假期，以茲紀念卡蒂妮作為印尼女性意識和國族主義的先驅。

表。1879 年出生的她，小學畢業後，爭取繼續升學不果，因此在家自修，閱讀大量的荷蘭文學和社會科學著作，深受自由、民主和男女平等的新觀念所吸引。1895 年，經過強力爭取之後，她在友人，也是當代著名的道德政策領導人阿本達農 (J. H. Abendanon) 的陪同下走訪巴達維亞。作為一個爪哇未婚少女，她破天荒地走入社會，並觀察到下層人民的悲慘生活。她成為一個人道和國族主義者，主張通過運用西方思想和文化來提高印尼國族地位，突破舊傳統封建思想。她認為通過普及西方式教育將可以達致印尼國族的解放。她也是一位女性教育的倡導者，重視婦女的解放。

在二十世紀初，新進或底層的、也多屬於阿邦安的帕里亞伊，才是真正的國族主義革新力量。在這些人裡，瓦希丁 （Waidin Sudira Usada，見圖 30） 是最突出的代表。他畢業於爪哇醫藥學校 (Dokter-Jawa School)，曾經服務於日惹的政府醫院。瓦希丁認為伊斯蘭是爪哇積弱的原因之一，而西方教育是這片土地復興之道，因此他當時希望設立獎學金幫助爪哇裔帕里亞伊接受西方教育。不過，老一輩土著官員或高層帕里亞伊卻對此十分不積極，因為擔心底層帕里亞伊因此可能帶來的威脅。

圖 30：創立至善社的瓦希丁

1908 年，瓦希丁成立了至善社 (Budi Utomo)。初期，這個組織的會員都以醫學院、公務人員學校、師範學校等學生為主，但後來隨著知識分子和爪哇裔官員等的加入，至善社逐漸發展為一個爪哇裔底層帕里亞伊的組織。至善社基本活動範圍在於爪哇和馬都拉，而且領導以爪哇人為主，巽他人為輔。這個組織活動力不強，主要以文化和教育課題作為關注焦點，並且呼籲殖民政府設立更多的西式教育院校。當時，殖民政府對至善社相當友善，對於它來說，這樣一個由開明官員所領導的溫和進步的土著組織，正是道德政策成功的最佳樣板。

二、伊斯蘭組織和現代化復興運動

在文化國族主義路線之外，爪哇的閃特里也啟動了不同的社會運動。這些閃特里嚴格遵從伊斯蘭教義，而那些居住在城市的，大部分都從事著商業活動。他們相當能夠接受改革和進步的概念。隨著二十世紀的來臨，他們與華裔商人的商業競爭日益激烈。

1909 年，一位來自土著官員訓練學校 (OSVIA) 的畢業生特里多阿底蘇佐 (Tritoadisurjo) 在巴達維亞創立伊斯蘭商業聯盟 (Sarekat Dagang Islamiyah)。當時，他主要利用伊斯蘭為號召，團結當地的印尼中、小商人，以擴大集體的利益。以後，他在茂物、梭羅等地也紛紛成立了分會。1912 年，這個組織更名為伊斯蘭聯盟 (Sarekat Islam)，此時其商會色彩逐漸褪去，進而轉向政治領域。此時，伊斯蘭聯盟的領導是個人魅力十足，並勇於對抗權威的托克羅雅敏挪多（Omar Said Tjokroaminoto，見圖 31）。

圖 31：托克羅雅敏挪多　伊斯蘭聯盟在他的領導下，漸漸轉型為一個強大的政治勢力。他的強烈性格和魅力，使他受到許多農民的歡迎。1918 年，他成為國民議會的議員。不過，在 1921 年被荷蘭當局逮捕之後，他的政治勢力漸漸走下坡。無論如何，他深深鼓舞少數的印尼國族主義青年。這些青年之中，最著名者就是後來印尼共和國的第一任總統——蘇卡諾。

　　從 1912 年開始，這個組織快速膨脹，到 1916 年，它已擁有大約八十個分會，會員人數達到八十萬之眾，至 1919 年，它甚至宣稱擁有二百萬名會員。伊斯蘭聯盟成功擴張到外島去。鄉下某些會員甚至開始相信托克羅雅敏挪多就是傳說中的「公正之王」，而且把該組織的會員證當作是護身符。不過，該組織擴張的同時，鄉區針對帕里亞伊官員、荷蘭人，尤其反華的暴力事件便頻頻發生。雖然伊斯蘭聯盟以伊斯蘭為自我標榜，但是它距離一個純正的伊斯蘭組織還有相當遠的距離。不過，在伊斯蘭聯盟背後，伊斯蘭現代化改革思潮已開始席捲印尼地區。

　　十九世紀末，伊斯蘭教現代派的思想開始在阿拉伯地區的知識分子中廣泛傳播。這個教派主張對《可蘭經》進行合理解釋，改革傳統習慣，順應現代科學的發展。不久，它又與擺脫歐洲殖

民統治的反殖民鬥爭結合，從而促進民族覺醒，具有鮮明的宗教國族主義色彩。二十世紀初，印尼穆斯林社會中越來越多的學者和教士，開始對傳統、保守的伊斯蘭教現況日益不滿，開始對傳統教義解釋和四大學派的觀點產生質疑。中東的現代派思想正符合批判和改革的需求。

　　到麥加和開羅學習的印尼穆斯林接受現代派的觀點，並將之引介回來。他們開始辦刊物致力於宣傳宗教改革。現代派的伊斯蘭教改革運動，對印尼國族主義的興起無疑有著重要的影響。首先，現代派反對伊斯蘭傳統學派的束縛，為學習西方科學和以自由、民主、平等為特徵的西方思想提供可能。其次，它反對崇拜精神偶像，反對靈魂學說，反對社會不平等和婦女的低下地位，主張運用《可蘭經》突破傳統四大學派的約束，進行獨立思考。最後，現代派也利用伊斯蘭辦教育的傳統，大力改造舊伊斯蘭學校並推廣新式學校，為造就印尼地區新一代知識分子發揮重要作用。

　　1912 年，印尼第一個重要的伊斯蘭現代派組織在日惹成立。之前，阿末達蘭 (Kyai Haji Ahmad Dahlan) 曾加入至善社企圖推銷現代派的伊斯蘭理念，但他的支持者都建議他自立門戶，因此他創立了默哈末狄雅 (Muhammadiyah) ❶。這個組織致力於教育和福利工作， 並大力推動傳教工作以抗衡基督教和消除本土迷信。1917 年，阿末達蘭也創立婦女部門，成為印尼婦女現代化的重要

---

❶　默哈末狄雅意即先知默罕末德的追隨者。

角色之一。

　　原先，默哈末狄雅的成長相當緩慢，遭遇官員、舊派和官派宗教司等人的敵視、抗拒和阻擾。不過，當它在 1925 年被引進米南加保地區後，卻成功地跟當地活躍的伊斯蘭世界結合起來，並且獲得快速的成長。至 1935 年，它的勢力已經遍佈在印尼所有的主要島嶼。1938 年，其會員人數到達二十五萬之眾，比八年前倍增了十倍以上。若誇張來說，從 1925 年開始，印尼現代派伊斯蘭的歷史，就是默哈末狄雅的歷史。

三、左翼力量的誕生

　　在國族主義和現代派伊斯蘭思潮之外，激進的社會主義思想也同樣在印尼這片土地上萌芽發展起來。1911 年，歐亞混血的道維司德克 （E. F. E. Douwes Dekker， 見圖 32） 創立東印度政黨 (Indische Partij)。這個政黨提倡所謂的「東印度」國族主義，並要求獨立。如此一來，殖民政府敵視它，並且在 1913 年將道維司德克驅逐出境。

　　不過，在同一年，另一個重要人物史里偉勒 (Hendrik Sneevliet) 來到印尼。1914 年，他在泗水成立東印度社會民主協會 （Indische Sociaal-Democratische Vereeniging， 簡稱 ISDV)。這個組織的會員幾乎都是荷蘭

圖 32：1911 年創立東印度政黨的道維司德克

人，不過，它卻希望能夠找到一個印度尼西亞群眾的基礎。之後，它看上了伊斯蘭聯盟——唯一擁有廣大土著群眾基礎的組織。在東印度社會民主協會的滲透影響下，伊斯蘭聯盟逐漸左傾。

在三寶壟分會，這種情況尤其明顯，而司瑪溫 (Semaun) 就是典型的例子。他是爪哇裔的鐵路工人，原是伊斯蘭聯盟的會員，後來受到左翼思想的洗禮，而同時加入了東印度社會民主協會。在司瑪溫的影響下，三寶壟的伊斯蘭聯盟走上強烈反資本主義的路線，並攻擊伊斯蘭聯盟中央，反對參與國民議會。另外，1917年，中央伊斯蘭聯盟的領袖索斯羅卡多諾 (Sosrokardono) 甚至在組織內成立一個祕密的革命派系：B 派系。

四、政治高壓和政治鬥爭的低潮

1914～1918 年間，第一次世界大戰在歐洲燃燒著。當時，組織民兵「捍衛東印度」(Indie weerbaar) 的倡議被提出，而印尼民間也藉此向殖民政府施壓要求設立「國民議會」。在壓力和商討之後，荷蘭母國在 1916 年通過設立國民議會的議案。1918 年初，選舉結果出爐，大部分當選的土著都是攝政貴族和政府官員，而在荷蘭人方面，因為反道德政策的人士抵制這項選舉，所以當選的大多是親道德政策人士。但，由於國民議會大部分議員都是大總督所委派，而且沒有任何實質的權力，所以引起印尼本土政治菁英相當的不滿。

至 1919 年，印尼政治氣候開始轉變，原有的丁點自由度開始萎縮。自從 1917 年俄羅斯十月革命成功以後，東印度社會民主協

會的共產主義色彩日益濃厚，並且在泗水召集了三千名士兵和水手組成所謂的蘇維埃 (Soviet)。1918～1919 年間，殖民政府發動打擊，將史里偉勒和大部分的領袖流放。1919 年 5 月，伊斯蘭聯盟領袖在北蘇拉威西進行巡迴演講之後，當地就爆發了暴動起義，引起殖民政府的不滿。6 月，西爪哇發生槍擊事件，殖民政府發現 B 派系的存在，索斯羅卡多諾和其他東印度社會民主協會的成員被逮捕。

在高壓的氣氛下，伊斯蘭聯盟溫和派成員開始擔心起來，而底層群眾更紛紛脫離組織以避禍。本土帕里亞伊官員開始對群眾運動產生戒心，而殖民政府則強化其情治和警察機關，以期壓制這種「危險」的發展。在東印度社會民主協會方面，政府的打壓卻帶來意想不到的結果，當大部分的荷蘭裔領導人被流放之後，組織領導權遂落入爪哇裔領袖司瑪溫和達索諾 (Darsono) 的手中。至 1920 年，該組織擁有二百六十九名會員，而且主要都是印尼當地人。5 月，這個組織更名為東印度共產黨協會 (Perserikatan Kommunist di India)。1924 年，它再度易名為印度尼西亞共產黨（Partai Komunis Indonesia，後簡稱共產黨）。

在 1920 年左右開始，印尼共產黨和伊斯蘭聯盟的矛盾加深。宗教問題是他們主要的爭議。共產黨第二次大會決議，共產主義在反對西方宰制時，也同時必須反對泛伊斯蘭主義。不過，共產主義並不是一個群眾運動；共產主義分子縱有十足的知識和活力，但他們卻僅限於一小撮的人。所以，他們的運動策略必須是拉攏伊斯蘭聯盟領袖，同時爭取工會的支持。共產黨人丹馬六甲親赴

莫斯科，企圖說服共產國際 (Comintern) ❷ 接受泛伊斯蘭主義，但毫無成果。共產黨與伊斯蘭聯盟的合作岌岌可危。

1921 年，正值伊斯蘭聯盟召開第六次全國大會的時節，荷蘭當局以涉及地下活動的罪名將托克羅雅敏挪多逮捕。作為現代派和泛伊斯蘭運動積極推動者的穆毅士 (Abdul Muis) 和阿古斯沙林（Hadji Agus Salim，見圖 33）取得伊斯蘭聯盟的領導權，而且大會通過決議，禁止聯盟成員參加其他的政黨。這項議決等於是在清共，迫使共產黨員退出。之後的五年裡，人數相當少的共產黨人唯有獨力在中、西爪哇組織自己的聯盟，支持罷工，並且積極準備革命行動。在伊斯蘭聯盟方面，它的活動力因此大為遜色。其後，在阿古斯沙林的影響下，伊斯蘭聯盟在 1922 年與印度國大黨 (Indian National Congress) 建立關係，並且採納不合作 (non-

---

❷ 1915 年，列寧提出創立新的國際組織，向軍人和工人宣傳「要內戰，不要國內和平」的概念。兩年後，十月革命成功，列寧取得俄國政權。1919 年以後，列寧召開兩次會議，最終在 1920 年創立共產國際。共產國際規定，所有加入的會員黨都必須將黨結構依照蘇維埃的模式整頓起來，並且驅逐黨內的社會主義和反戰主義分子。儘管它的明文宗旨是推廣世界革命，但實際操作上，它卻有著讓蘇聯控制國際共產運動的功能。第一次世界大戰造成第二國際的分裂。大部分社會主義政黨都各別選擇了支持自己國家的政府以對抗外敵，當時，第二國際的「中央派系」抨擊右派的國族主義，並且企圖以世界和平的口號再度將大家團結起來。不過，列寧所領導的「左派」卻同時抨擊了國族主義和所謂的反戰主義，並呼籲社會主義分子必須努力將國家之間的戰爭轉化為超越民族的階級戰爭。

cooperation) 政策，同時宣佈退出國民議會。

　　1923～1936 年間，出現一連串的革命鬥爭。第一次大戰後，經濟蕭條和工業鬥爭，使歐洲瀰漫革命高潮將至的氛圍。當時，莫斯科以爪哇為亞洲革命的重要戰略中心之一。共產黨成為印尼政治運動中主導的力量。社會陷入一片無序和混亂當中。伊斯蘭聯盟則越趨敵對，並以宗教作為對抗共產主義的武器。1923 年，共產黨發動鐵路罷工

圖 33：阿古斯沙林　他是伊斯蘭聯盟重要的領袖，於 1921 年曾推動該組織的清共行動。

後，殖民政府修法強化對付擾亂經濟分子。1925 年，共產黨舉行緊急會議，決議要在中爪哇發動罷工，製造革命氣氛，然後分別在蘇門答臘和爪哇展開暴動。可是，殖民政府隨即發動突襲，並逮捕許多共產黨領導。1926～1927 年之交，共產黨先後在爪哇的雅加達和萬丹，以及蘇門答臘的巴東 (Padang) 發動起義。不過，它們還是輕易地被荷蘭當局所撲滅，整個革命運動因此崩潰，而共產黨也被宣佈為非法組織。共產主義雖能苟且殘存，但它卻從此失去其對印尼政治運動的主導。

　　在伊斯蘭聯盟方面，組織團結並沒有隨著清共行動而來，相反地，正統和現代派伊斯蘭派系的鬥爭又浮出檯面。正統伊斯蘭的蘇飛教派長老發現自己越來越不能夠忍受組織內的現代派作

風，因此在 1926 年，東爪哇的正統教派領袖哈斯金 (Hasjim Asjari) 出走，宣佈成立宗教司聯合會（Nahdlatul Ulama，簡稱 NU 宗聯會）。當時，它主要專注於提升正統宗教學校，照顧有需要的人們，以及從事經濟活動。而東爪哇，則是這個組織的勢力中心。另一方面，伊斯蘭聯盟所採取的不合作政策，讓它跟迅速擴張卻不太參與政治活動的默哈末狄雅發生利益衝突，因為後者所設立的學校都接受了殖民政府的津貼。1929 年，伊斯蘭聯盟對默哈末狄雅採取紀律行動，將它的會員一律逐出。幾次的分裂，使得伊斯蘭聯盟的元氣大傷。總體而言，曾經活躍一時的群眾政治運動，因為共產黨和伊斯蘭聯盟的挫折而陷入了低潮。

第二節　國族主義中軸時期 (1927～1941)

經過短命的革命高潮，共產黨被禁，伊斯蘭聯盟一蹶不振，而其他組織紛紛專注於文化、教育或宗教議題，造成印尼國族主義運動失去整體方向。在接下來的日子裡，熱情浪漫的群眾大動員不復存在，剩下的是本土社會和政治菁英跟殖民政府的政治角力戰。不過，在這段期間裡，本土菁英不再夢想能夠通過與殖民政府合作以達致希望的進步，而國族主義脫穎而出，成為反殖民和爭取獨立的中軸意識型態。就在此刻，兩個重要人物，以及他們所代表的世俗國族主義開始登上印尼政治舞臺，而他們就是蘇卡諾 (Kusno Sosro Sukarno) 和哈達 (Mohammad Hatta)。

一、耀眼的第二代領袖：蘇卡諾和哈達

1901 年，蘇卡諾在爪哇勿里達的一個低級貴族家庭出生。其父親是個阿邦安穆斯林，在官辦學校擔任教職。1916 年，蘇卡諾初中畢業，轉往泗水一所歐式高中就讀。在這段期間，他寄住在伊斯蘭聯盟領袖托克羅雅敏挪多的家裡，因此結識許多政治家，同時也閱覽了歐美和亞洲各種的哲學、政治著作，視野得以大開，而且深受國族主義的影響。1918 年，蘇卡諾加入爪哇青年 (Jong Java)，開始為伊斯蘭聯盟的報章寫稿，並且在該聯盟會議中嶄露頭角。

1920 年，蘇卡諾以懸婚 (kawin gantung) 的方式❸，迎娶托克羅雅敏挪多的十五歲女兒。如此一來，他被一般人視為托克羅雅敏挪多忠實的門徒。1921 年，蘇卡諾中學畢業，隨即進入萬隆工學院繼續深造，但不久後，他的岳父卻不幸因為「B 派系事件」而鋃鐺入獄，當時他只有中止唸書，找了一份鐵路局書記的工作以負擔家裡的生計。1922 年，托克羅雅敏挪多獲釋，蘇卡諾得以恢復學業。

在此段大學時代，蘇卡諾愛上房東太太英吉卡娜熙 (Inggit Garnasih)，因此迅速地跟托克羅雅敏挪多的女兒離婚，並在 1923 年迎娶了卡娜熙。除了姻親關係的斷絕，蘇卡諾也在思想上漸漸

---

❸ 懸婚是一種特殊婚姻形式，通常是因為婚嫁的一方年紀尚小，所以將正式婚禮展延到未來的日子。

跟托克羅雅敏挪多漸行漸遠。蘇卡諾形成自己的思想體系,他以孫中山的三民主義、甘地的不合作主義和西方的民主思想,融合形塑自己所謂的「貧民主義」。蘇卡諾反對殖民統治,倡議國家獨立,認為各種反對勢力應該團結起來,以國族主義為主軸,藉由不合作路線的鬥爭途徑以達到最終目的。雖然他信仰宗教,卻鮮明地主張政教分離。另外,蘇卡諾也相信,國家獨立運動的主力不在於無產階級,卻是在貧民/馬爾哈恩 (Marhaen) 身上❹。

1925 年,蘇卡諾在萬隆創立總學習俱樂部 (Algemeene Studieclub)。在此同時,蘇卡諾也發表一系列文章,強調伊斯蘭、馬克思主義和國族主義應該統一起來,以達致國族的獨立。但在現實運作上,蘇卡諾認為前面兩者必須附從在國族主義之下。如此,蘇卡諾巧妙地迴避伊斯蘭和馬克思主義的尖銳矛盾,使得總學習俱樂部能夠跟這兩派系人馬維持著友好關係。1927 年 7 月,蘇卡諾協同總學習俱樂部創立印尼國民協會 (Perserikatan National Indonesia),由蘇卡諾本身出任主席。1928 年 5 月,該協會更名為印尼國民黨 (Partai National Indonesia,簡稱 PNI 國民黨)。該黨宗旨為爭取獨立,建立一個由荷屬東印度領土所組成的新國家,並以「世俗」國族主義作為意識型態。

國民黨的誕生跟另一位印尼重要領袖哈達有著密切的關係。他出生於 1902 年,家鄉是西蘇門答臘武吉丁宜 (Bukittinggi)。哈

---

❹ 其實,馬爾哈恩是蘇卡諾在萬隆郊區認識的一個貧苦自耕農的名字。後來,蘇卡諾以之泛指大多數過著貧苦生活的印度尼西亞人。

達的父親達謬 (Muhammad Djamil) 來自一個相當著名的伊斯蘭宗教司家族，但因為志趣不同而轉從商。哈達在武吉丁宜和巴東接受小學教育，當時他便已參加蘇門答臘青年聯盟 (Jong Sumatranen Bond) 的活動，並且出任該組織的財政。

小學畢業後，哈達遠赴雅加達就讀商業高級中學 (Hanel Middlebare School)。雖然如此，哈達還是繼續參與蘇門答臘青年聯盟在巴達維亞分會的活動。這期間，哈達曾獲得機會與伊斯蘭聯盟領導人穆毅士和阿古斯沙林見面。這次的經驗深深鼓舞了哈達，讓他更加積極地投入政治運動。

1922 年，哈達獲得機會到荷蘭的鹿特丹經濟學院深造。在留學期間，哈達仍然將課餘時間都花在學生運動之上，總離不開寫作和組織活動。1923 年，他加入當地的印尼學生聯盟 （Indische Vereeniging，次年更名為印尼協會 Perhimpunan Indonesia），並且在 1926 年當選為該協會主席。在哈達的領導下，印尼協會創辦《獨立印尼》的雜誌，並舉行各種集會，致力揭露殖民者的罪惡，鼓吹立即的獨立。另外，它與國內和國外的國族主義和反殖民運動團體，保持密切的聯繫。

哈達的主要政治信念有：第一、必須撇開分歧，組成一個統一戰線，以爭取國族國家的獨立；其次、加強團結，認清主要的衝突是，被殖民者反對殖民者，以及棕色人反對白種人；第三、不與殖民者合作，通過建立「國中之國」的途徑——即另行發展合法的民族、政治、社會、經濟和法律機構，以達致最終的獨立。

1926～1927 年共產黨起義失敗，哈達認為這是組織新黨並掌

握運動領導權的良機,因此他向印尼協會提出建黨綱領。1927 年
年中,協會召開代表大會通過提案,正式創立印尼國族主義人民
黨。在此同時,哈達也企圖拉攏司瑪溫,讓共產黨附屬到印尼協
會底下。不過,這項計畫受到共產國際反對而失敗。另外,哈達
的建黨綱領更在印尼國內受到萬隆和其他學習俱樂部(他們的會
員也多數是印尼協會成員)的反對,他們認為該綱領迴避了最關
鍵的議題:爭取獨立和不合作運動。如此一來,這些國內人士便
連同蘇卡諾另行組織了印尼國民協會。1927 年 9 月,哈達因為一
系列的反殖民和獨立言行而被荷蘭當局逮捕和囚禁,至翌年 3 月
才獲得法院釋放。完成學業以後,哈達在 1932 年返回印尼。

二、荷蘭鎮壓和不合作路線的瓦解

　　1927 年年底,蘇卡諾成功組成一個聯合陣線:印尼國民政治
組織同盟 (Permufakatan Perhimpunan-perhimpunan Politik
Kebangsaan Indonesia)。開始時,這個組織包含國民黨、伊斯蘭聯
盟黨❺、至善社、泗水學習俱樂部,以及其他主要的地域性和基
督教組織。不過,如此的聯合陣線卻是脆弱的,伊斯蘭聯盟黨在
三年後退出,因為它始終不能接受伊斯蘭被排擠到次要的位置。
　　不久之後,印尼政治氣候惡化。從 1929 年開始,世界性經濟

---

❺ 1921 年,伊斯蘭聯盟中央通過清共議案,使得該組織各分會發生嚴重
　衝突和鬥爭。托克羅雅敏挪多為了一勞永逸排擠掉共產黨人,因此在
　1923 年 2 月的組織大會裡,毅然宣佈成立擁有黨紀的伊斯蘭聯盟黨
　(Partai Sarekat Islam)。

蕭條嚴重地打擊依賴出口貿易的荷屬東印度，它的出口萎縮、原產品價格狂瀉、工廠紛紛倒閉，失業人口大增。印尼社會也因此陷入一片的動盪不安。為了壓制可能藉此爆發的政治顛覆活動，殖民政府加緊對國族主義運動的鎮壓。蘇卡諾和其他國民黨領袖在 1929 年被當局逮捕，並且在翌年被法院以危害公共安全的罪名判處入獄四年（見圖 34）。

圖 34：1930 年，荷蘭殖民當局以危害公共安全的罪名提控國民黨黨要，圖為他們當時在法庭外的情形。蘇卡諾在接受審訊時，一連兩天發表了其長篇的辯護稿，即為著名的《印度尼西亞的控訴》。在辯護稿中，他極力批判殖民主義罪惡，並且強調印度尼西亞人民對獨立自主的渴望。之後，蘇卡諾在「危害公共秩序」的罪名下，被判處四年有期徒刑。不過，他在 1931 年 12 月獲得提前釋放。

蘇卡諾繫獄後，整個國民黨癱瘓下來；至 1931 年 4 月，剩下的領導們更在政府壓力下宣佈解散這個政黨。取而代之的，是印度尼西亞黨（Partai Indonesia，簡稱 Partindo 印尼黨），它的宗旨跟國民黨一樣：藉由不合作路線和群眾動員爭取獨立。1931 年 12 月，印尼黨的競爭對手出現。從荷蘭返國的沙里爾 (Sutan Sjahrir) 創立印尼國民教育黨 (Pendidikan Nasional Indonesia)，簡稱新國民黨 (PNI-Baru)。這種作法顯然企圖與蘇卡諾等人爭奪國族主義運動的領導權。但這個政黨並不同於國民黨，它不相信群眾運動，或者依賴特定的領袖，相反地，它注重培養幹部領袖群，避免首領被逮捕後組織馬上瓦解的危險。

1931 年 12 月，蘇卡諾獲得提前釋放。翌年 8 月，他加入印尼黨。在此同時，哈達也從荷蘭歸國並接掌新國民黨。當時，他們倆政治理念雖相近，但蘇卡諾和哈達卻標誌著「世俗」國族主義的二元分歧，前者是浪漫和擁有群眾魅力的爪哇阿邦安，而後者則是學識高深和高度菁英化的米南加保人和虔誠穆斯林。1932 年底，爆發「七省號軍艦起義」❻和「反學校管理條例」運動❼，

---

❻ 1932 年底，荷蘭殖民當局強硬削減工資的舉動，引起印尼籍甚至是荷蘭籍海員的不滿。因此，印尼海員在泗水召開大會抗議，並且決定抵制戰艦開航的命令。這些抵制行動當中，以「七省號」軍艦的水手最為活躍和積極。荷蘭當局為了破壞抵制行動，下令「七省號」軍艦在 1933 年 1 月 2 日開往蘇門答臘，並且在泗水大肆鎮壓，逮捕數百名的海員。「七省號」軍艦的印尼海員獲悉後，在 2 月 4 日開會並決定起義，他們聯合一些荷蘭水手奪取軍艦控制權，並且將軍艦開回泗水，

殖民政府因此更強力地打擊反對運動。1933 年 8 月，蘇卡諾再次被捕並流放到佛羅勒斯島 ，而後蘇門答臘的明古倫。 1934 年 2 月，哈達、沙里爾和其他新民族黨領袖也遭遇相同的命運。

在白色恐怖底下，印尼黨、新國民黨和所有採取反殖民、不合作路線的政治組織，皆受到限制活動和打擊，因此陷入低潮和沉寂。隨之而來的，是國族主義組織的內部分裂；有的主張繼續不合作途徑，堅決不參加國民議會，另一些則主張有限度的合作。

1935 年，蘇多摩 (Sutomo) 所領導的印尼人民聯盟 (Persatuan Bangsa Indonesia) 與至善社合併，成為大印尼黨（Partai Indonesia Raja，簡稱 Parindra），並由蘇多摩出任黨主席。大印尼黨的主要工作重心是在國民議會，以及社會經濟課題。1936 年 7 月，爪哇裔議員索塔佐 (Soetardjo) 仿效菲律賓自治的經驗，向國民議會提出議案，要求政府召開荷蘭和印尼兩方代表大會，討論使印尼在十年內取得自治的安排。儘管議案通過，可是殖民政府卻對之強加拒絕。而另一廂的國族主義者，有的認為自治的要求太低，另

希望迫使殖民當局釋放被捕的海員。 這宗起義事件撼動荷蘭殖民和母國政府。2 月 10 日，當起義的海員拒絕無條件投降後，殖民當局出動軍機對「七省號」軍艦實施低空轟炸，並且派遣水兵登船突襲奪回軍艦。

❼ 1932 年 9 月，殖民政府頒佈《學校管理條例》，規定所有不受政府津貼的私立學校在開辦之前，必須獲得殖民當局的同意。此舉顯然旨在控制各個民族主義教育機構，所以它馬上遭受各界的強力反對。1933 年 2 月，此條例被迫宣佈暫緩實施。

一些——如大印尼黨——則質疑其中的政治動機。

在此同時,國際形勢已起了重大變化。法西斯德國和日本的擴張野心已盡露。日本在 1931 年佔領中國東北後,軍國主義勢力大漲,「南進論」更甚囂塵上。1939 年 5 月,經過多方努力,一個新的統一戰線組織——印尼政治聯盟 (Gabungan Politiek Indonesia,簡稱 GAPI) 成立。參加聯盟的計有:印尼人民運動黨 (Gerakan Rakyat Indonesia,簡稱 Gerindo)、大印尼黨、印尼伊斯蘭黨 (Partai Islam Indonesia,簡稱 PII)、印尼阿拉伯黨、印尼基督教黨等主要的國族主義政黨❽。只有新民族黨因為被禁,而未能參加聯盟。

該聯盟主要綱領為: 1.爭取自治; 2.國家統一; 3.民主選舉印尼國會; 4.與荷蘭團結起來,建立反法西斯陣線。同年 12 月,印尼政治聯盟在巴達維亞召開 「印尼人民代表大會」 (Kongres Rakyat Indonesia),決議採用印尼語為國語,紅白旗為國旗,大印尼歌為國歌。在政治議決上,它認為印、荷雙方應合作,以對付日益增長的戰爭威脅。此外,它也要求荷蘭當局,給予印尼人民

---

❽ 印尼人民運動黨為印尼黨被解散後成立的政黨, 它的宗旨是通過與荷蘭政府合作抗拒法西斯主義的途徑,爭取一個屬於印尼人的實質國會。其著名的黨員包括亞明 (Muhammad Yamin) 和未來的總理阿敏沙里福丁 (Amir Sjarifuddin)。 印尼伊斯蘭黨則為印尼伊斯蘭聯盟黨 (Partai Sarekat Islam Indonesia, 簡稱 PSII) 分裂的產物。 伊斯蘭聯盟黨在 1929 年更名為印尼伊斯蘭聯盟黨。1933 年,一些被開除出印尼伊斯蘭聯盟黨的領袖設立了印尼伊斯蘭黨。

更多的民主權利，擴大國民議會的名額，使之變為政府必須對之負責的「一個印度尼西亞的國會」，並且給予印尼在荷蘭憲法範圍內的自治。荷蘭政府沒有回應大會的決議。

　　1940 年 5 月 10 日，德國入侵荷蘭本土。荷蘭政府和韋阿彌娜女王流亡倫敦後，才含糊地允諾在戰後召開自治會議。荷蘭淪陷後，印尼這個殖民地就暴露在日本軍國主義的直接威脅之下。1941 年 9 月，第二屆「印尼人民代表大會」在日惹召開，並再次要求建立一個代議制的印尼國會。可是，殖民政府卻頑固抵制。印、荷聯合的統一抗日戰線也因此始終無法成立。1941 年底，太平洋戰爭爆發，印尼也隨之進入新的歷史階段。

日治和新國家的誕生 (1942～1945)

　　長久以來，印尼民間流傳這樣的預言：總有一天，來自東北方的黃孔雀，將驅逐藍眼的白水牛；隨著黃孔雀之後，公正之王最終將降臨人間。在攻打印尼地區時所空投的文宣品中，日本人就宣稱他們就是那趕跑荷蘭人（白水牛）「解放印尼人民」的黃孔雀。無論如何，日本統治確實無意中提供了獨立運動某些重要的「貢獻」。首先，在爪哇，甚至小部分的蘇門答臘，日本將許多年輕世代教導、訓練並武裝起來，使他們成為未來獨立戰爭的中堅力量。其次，老一輩的領袖也獲得機會深入到群眾之間，並且建立起重要的聯繫。最後，也最重要的就是，日本的戰敗使得印尼獨立獲得實現的機會。

　　1941 年 12 月 8 日，日本突襲美國珍珠港，使美國海空軍蒙受慘重損失。八小時後，日本天皇向美、英宣戰，美、英、荷等國也相應對日宣戰，歷時三年九個月的太平洋戰爭由是展開。1942 年 1 月，日本兵分兩路，分別從蘇門答臘和加里曼丹，以兩面鉗形包抄爪哇。日軍順利且迅速地推進，在 3 月 1 日登陸爪

哇，5 日佔領巴達維亞。 在 3 月 9 日， 荷軍總司令特波登 (Ter Poorten) 宣佈投降。

日本佔領印尼地區後，將它劃分為三個佔領區：蘇門答臘——置於陸軍二十五軍管轄；爪哇和馬都拉——歸屬陸軍十六軍管轄；加里曼丹、蘇拉威西和印尼東部各島嶼——由南方艦隊管轄。其中，前兩個區域的司令部都設在新加坡。在人口最多的爪哇地區，人口似乎是最大的資源，所以日軍小心地鼓吹本土國族主義，以資安撫甚至動員這些人口。相反地，在其他兩個天然資源較豐富的佔領區，日軍則採取了較堅決的鎮壓手段。

日本佔領後，第一項任務就是壓制各地的起義、抵抗或動亂以鞏固其統治。1942 年 3 月，日本佔領軍政府頒佈禁令，禁止一切政治活動，解散所有政黨。另外，它也下令改用日本天皇皇紀，將日語列為各級學校必修科目，將時間撥快一小時成為東京時間，甚至強迫人們每天清晨向東京方向「遙拜」。日本佔領當局也對共產黨和華人進行慘酷的搜捕和殘害。

第一節　拉攏國族主義和伊斯蘭力量

1942 年 4 月 ， 當局在爪哇推行 「三亞運動」 (Gerakan Tiga A)，鼓吹「日本為亞洲的領導、亞洲的保護者，和亞洲的光明」（見圖 35）。這項由日本人自己所主導的運動，卻沒有獲得人們的認同而失敗。這項失敗使日本佔領當局瞭解到，若要動員爪哇人，他們必須借助於當地戰前即有影響力的領袖們。如此一來，

圖35：日治時期宣傳三亞 (3 A) 運動的看板　日本人所主導的三亞運動並沒有獲得預期的成效，使得蘇卡諾等戰前國族主義領袖獲得與日本人合作的機會，進而利用行政機器的便利加強推動國族主義。

哈達和蘇卡諾獲得與日本人合作的機會，以期達致獨立的大目標。蘇卡諾相信以合作為代價，可以從日本人那裡獲得更多的權利，並利用合法機會從事國族主義宣傳❶。

　　為了拉攏國族主義分子，日本佔領當局在 1943 年 3 月同意成立「人民力量中心」（Pusat Tenaga Rakjat，簡稱 Putera）。它由蘇卡諾、哈達、邁蘇爾 (Mansur) 和德萬托羅 (Dewantoro) 所領導，並廣泛地收納國族主義分子。當時，一般相信這個團體是朝向組織自治政府的踏腳石。對日本人而言，它不過是籠絡民心以支援戰爭的工具。而國族主義分子，卻希望利用它，作為向民眾宣傳國族主義思想的管道。

　　另外，值得一提的，是「人民力量中心」的附屬組織——捍衛鄉土志願軍 （Sukarela Tentara Pembela Tanah Air，簡稱衛鄉軍

---

❶　蘇卡諾後來回憶說：「當我請求准許『去寫作和旅行，以便到他（佔領軍總司令今村將軍）無法去的地區去緩和那裡的複雜情況』時，他就把飛機交給我使用，並且讓我得以利用報紙。他允許我召集群眾大會。不僅蘇卡諾的名字，就是蘇卡諾的面容也為整個群島所熟悉。」

PETA）。它是由日軍訓練的本土軍事組織，由當地人組成和擔任指揮官。它為日本佔領當局提供勞役和分擔一般防務，並未參與真正的軍事行動。無論如何，它卻培養了第一批印尼國族的軍事幹部。這些軍事幹部日後將領導對抗荷蘭人的印尼共和國部隊，成為印尼獨立運動強大的後盾。由於未能有效控制和利用「人民力量中心」，日本佔領當局在 1943 年底將它解散，而在翌年 3 月另外組織爪哇奉公會 (Djawa Hokokai)，更強化其服務日本的宗旨。

　　日本佔領當局也十分重視拉攏和控制伊斯蘭教的潛在勢力。它在 1942 年 3 月成立宗教事務部，9 月，重設戰前的印尼最高伊斯蘭理事會 （Majlis Islam A'laa Indonesia，簡稱 MIAI），並以它作為各伊斯蘭組織的中央領導機構❷。可是，長久存在的教派分歧和對立，使得這個理事會並沒能真正發揮統一爪哇各個伊斯蘭組織的功能。理事會背後的支柱──印尼伊斯蘭聯盟黨，在伊斯蘭界也缺乏基礎和號召力。日本人實施對日皇崇拜的政策，也造成與穆斯林社會的緊張關係。1943 年 10 月，日本佔領當局下令取消最高伊斯蘭理事會，並代之以瑪斯友美 （Madjlis Sjuro Muslimin Indonesia，簡稱 Masyumi）。如此，日本人放棄城市的伊斯蘭改革派，轉而將主導權交予擁有更大影響力的默哈末狄雅和宗聯會。

---

❷ 1937 年 9 月，印尼最高伊斯蘭理事會在默哈末狄雅和宗聯會積極推動下創立。不久後，它幾乎收納了印尼地區所有的伊斯蘭組織。無論如何，它的屬性並不是政治團體，而是一個提供協商和討論的論壇。當然，其內部種種糾紛也一直懸而未決。

在日治時期，一般的百姓承受巨大的痛苦。日本人的經濟掠奪是恐怖且恣意的，它將印尼地區作為服務戰爭的「現地自給」和「以戰養戰」的軍需生產和補給基地。印尼的三個佔領區是相互隔絕的，它們之間（甚至島嶼之間）的物資流通都一概被禁止。日本佔領當局濫發「軍用票」，強行將當地的物資掠奪一空，其中包括石油、穀物、牲畜、糖、冬青、煙草等。另外，日本佔領當局也摧毀原有經濟作物種植，強迫人們改種其所需要的棉花、穀物和麻等作物。印尼地區的工、農業生產力受到嚴重創傷。許多工廠因為缺乏資金和原料而關閉。工人的實際工資日益下降，名義工資也被佔領當局硬性減少，加班也不給付工資。日本對物資的掠奪，以及盟國的經濟封鎖，造成原先依賴進口的物資嚴重缺乏，尤其是稻米和布料。此時，人們不但生活用品極為匱乏，甚至賴以生存的糧食也嚴重不足，以致民不聊生和饑荒迭起。另外，日本佔領當局也推行強迫勞役制度，按照人民的職業身分分為「勤勞奉仕」或「勞務差」，強迫百姓無償地修築公路、堡壘等軍事設施。其中，更有不少人被押解到馬來半島從事泰緬鐵路工程，而極度惡劣的工作條件，造成多達二十三萬人死亡。佔領當局也對華人進行搜括，以外僑登記之名，進行金錢勒索，或者強迫華人捐獻金錢或貴重物品。

第二節　獨立準備和實現

1944 年夏，太平洋戰場局勢急轉直下。塞班島 (Saipan)、特

尼安島 (Tinian) 和關島 (Guam) 相繼被美軍佔領，使日本的馬利亞納 (Marianas) 防線崩潰。從 7 月開始，日本本土受到美軍的轟炸。為了保住戰局，爭取印尼人最大的支持，日本一改過去對印尼「獨立」不予考慮的立場。1944 年 9 月 7 日，日本新任首相小磯 (Koiso) 在帝國議會上宣佈，不久的將來，「東印度」(To-Indo) 將會獲得給予獨立。1945 年 3 月，日本佔領當局宣佈成立「印尼獨立準備調查委員會」(Badan Penyelidik Usaha Persiapan Kemerdekaan Indonesia)。這個委員會幾乎網羅所有印尼國族主義集團、伊斯蘭界，以及傳統王公貴族的重要人物❸。

在調查委員會議上，蘇卡諾強力並成功地推銷其袪宗教色彩的國族主義，因為它是唯一獲得所有人認同的基礎。1945 年 6 月 1 日，蘇卡諾發表著名的「建國五項原則」演說，提出未來印尼共和國的指導思想——潘加希拉（Pancasila，建國五項原則）：信仰上帝、國族主義、人道主義、社會正義，以及民主。這些原則含糊且無容質疑，所以獲得普遍的接受和支持。可是，伊斯蘭教

---

❸ 其中的代表包括：民族主義者——蘇卡諾、哈達、德萬托羅、薩托諾 (Sartono)、迪納塔 (Oto Iskandar Dinata)、亞明、維爾普拉諾托 (Sukarjo Wipranoto)、桑蘇丁、蘇巴佐；伊斯蘭人物——阿古斯沙林、阿比庫斯諾 (Abikusno)、蘇基曼 (Sukiman)、哈迪庫蘇莫 (Bagus Hadikusumo)、哈林 (Abdul Halim)、穆扎基爾 (A. Kahar Muzakkir)、薩努西 (Sanusi)、哈斯金 (Wachid Hasjing)；教育界人士——蘇波莫 (Supomo)、賈賈迪寧格拉特 (Hussein Djajadiningrat)；王公和官僚——庫蘇馬 (Wirnata Kusuma)、蘇塔爾佐 (Sutarjo)。

領袖卻感到不滿，因為伊斯蘭教在其中並沒有獲得特殊的角色。最後，經過激烈的爭論和協商，他們達致一項憲法外的協議——《雅加達憲章》(*Jakarta Charter*)，其中明示這個未來的國家是基於「對上帝的信仰」，所有伊斯蘭教信徒都必須遵從伊斯蘭法。

此外，委員會也草擬出印尼第一部憲法（後稱 1945 年憲法），勾勒出一個由強勢總統所領導的共和國❹。該憲法下，總統掌握政府權力，他只須向人民協商議會（Majelis Perwakilan Rakyat，簡稱 MPR）負責，而後者每五年召開一次會議，任務為制訂憲法、決定國家基本方針和選舉正、副總統。至於日常立法工作則由人民代表大會（Dewan Perwakilan Rakyat，簡稱 DPR）行使，不過所有法律草案必須經由總統批准。

1945 年 7 月底，印尼地區的三個軍區的佔領軍首腦在新加坡舉行會議，決定給予有條件的「獨立」，而適用的區域僅限舊荷屬東印度的範圍，不包括馬來亞、東新幾內亞、舊葡屬帝汶和英屬婆羅洲。而獨立日期設在 9 月 7 日。另外，會議也決定設立「印

---

❹ 在國土疆界問題上，也出現激烈的爭辯，基本上分成三派。首先，以亞明為首的「泛印度尼西亞」派，主張所有位於亞洲和歐洲之間、太平洋與印度洋之間的島嶼來組成一個單一的政治實體，即印尼共和國的疆域不僅包括原荷屬東印度，還要包括整個新幾內亞、葡屬帝汶、英屬婆羅洲和馬來亞。其次，以哈達為首的一派，則認為未來共和國的疆界應該僅限於荷屬東印度，但不包括新幾內亞（不過，他原則上不反對包含馬來亞，只要馬來人希望加入）。第三，多數前荷蘭殖民官僚則主張，印尼共和國疆界僅限於荷屬東印度。

尼獨立籌備委員會」(Panitia Persiapan Kemerdekdan Indonesia，簡稱 PPKI) 以處理權力移交事宜。8 月 7 日，印尼獨立籌備委員會成立。隨即，蘇卡諾和哈達等人前往西貢會見日本南部軍司令部司令寺內壽一，進行彙報和舉行成立儀式。

不過，就在此時，戰爭情勢已生巨變。8 月 6 日，美國在日本廣島投擲原子彈；9 日，再於日本長崎投擲原子彈。1945 年 8 月 10 日，日本天皇宣佈無條件投降。

儘管日本佔領當局封鎖消息，但這消息還是悄悄地流傳開來。此時，印尼領袖獲得一個絕佳的機會。日本已投降，但仍舊掌控大局，而勝利的盟軍，卻未能即時到來接收。蘇卡諾和哈達回到印尼後，受到地下組織的青年領袖的催促：丟棄日本人的恩賜，馬上宣佈獨立。蘇卡諾、哈達和其他的年長領導，卻傾向繼續原先與日本人的安排，而拒絕該項要求。他們的考量首先是，不能確定日本投降的消息；其次，如此做法可能觸怒日本而招致反擊和阻擾。哈達和蘇卡諾的回拒，造成青年領袖們十分不滿。

8 月 15 日晚上，他們將蘇卡諾和哈達帶往郊區寧牙斯各洛 (Rengasdenklnk) 鎮，繼續進行遊說，同時與衛鄉軍代表密謀，準備發動起義。16 日晚上，衛鄉軍臨時退出，造成起義流產。此時，日本佔領當局已收到投降和維持地方治安的正式命令。當晚，經過日本軍官前田精 (Tadashi Maeda) 的努力調解，蘇卡諾獲釋返回雅加達。隨即，日本人向蘇卡諾表示將默許印尼獨立❺，因此，

❺　8 月 16 日晚，蘇卡諾返回雅加達。當晚，在前田陪同下，蘇卡諾與日

在 17 日凌晨，蘇卡諾召集「獨立籌備委員會」、青年代表和幾個日本軍官，討論獨立宣言草案。經過激烈的爭論後，最後通過宣言草案。1945 年 8 月 17 日 10 時，在自己住宅前，蘇卡諾正式宣佈印度尼西亞的誕生：

> 我們——印度尼西亞的人民，現在宣佈印度尼西亞的獨立。
> 相關的權力轉移等等事務將有秩序和盡速地完成。
>
> 1945 年 8 月 17 日，雅加達
> 以印度尼西亞人民之名：蘇卡諾／哈達

本軍政監總務部長西村會談，面臨印尼人民的強大壓力，西村口頭上雖然拒絕同意印尼獨立，但暗示可在「他不知道」的情況下，由印尼方面發表獨立宣言。

革命時期：反殖民的獨立鬥爭 (1945～1949)

　　印度尼西亞誕生以後，最艱鉅的反殖民獨立鬥爭方才開始。日本突然宣佈投降，使得印尼政治勢力出現嚴重的裂隙。除了提供印尼國族主義者獲得獨立的機會外，這種局勢也開放同等的機會予其他的個人和社會力量：伊斯蘭勢力、共產黨、傳統王公貴族、前殖民官吏、其他國族主義分子等等。這些脫韁的社會力量，加上重返的荷蘭殖民勢力，最終引爆了大量的個人和社會衝突：武裝和外交鬥爭、新與舊世代鬥爭、左右派角力、伊斯蘭與世俗力量的拉扯……等。

第一節　獨立初期的內憂外患

　　日本投降和獨立的消息傳開後，爪哇各地陷入狂喜當中，不過混亂和失序也跟隨而來。各城市的民眾，尤其年輕人，紛紛搶佔電臺、車站、機場、政府建築等公共設施，並搶奪日本佔領軍的武器以成立武裝組織，企圖佔領各地城市。一片混亂中，民眾

曾與日本軍隊或前荷蘭戰俘發生流血衝突。

　　1945 年 8 月底，共和國中央政府在雅加達成立。蘇卡諾出任總統，而哈達則為副總統。因為無法進行大選，所以成立了一個過渡性質的「印尼中央國民委員會」（Komite National Indonesia Pusut，簡稱 KNIP 中委會），以協助總統行使全部的國家權力。隨即，蘇卡諾任命一百三十五位中委會委員，其中包括原本的「獨立籌備委員會」所有成員。9 月初，蘇卡諾在哈達協助下，建立總統制內閣，內閣成員共十五人。另外，蘇卡諾也宣佈成立「人民保安隊」以替補被解散的「衛鄉軍」和「兵補」(Heiho)。可是實際上，共和國政府對凌亂組織起來的各色各派武裝組織的掌控能力十分的薄弱。另外，它更無力有效統馭任何的領土。在獨立消息傳出後，只有中爪哇的四個小管轄區，以及南蘇拉威西省宣佈支持共和國。在蘇門答臘，共和國也僅能控制巨港地區。

　　1945 年 9 月 29 日，盟國派出的英國部隊登陸❶，準備受降並回復 1942 年的「現況」。可是，爪哇的局勢卻讓他們措手不及。1942 年的「現況」不復存在，共和國的建立對英軍造成極大的困擾。最後，英軍決定迴避這個棘手的問題，將自己的任務作狹窄定義——釋放歐洲戰俘和處理日軍投降事宜，其他問題一律丟回給荷蘭人去處理。在實際運作上，英軍指揮官克里斯狄森將

---

❶　根據波茨坦會議決定，美軍為了集中兵力進攻日本本土，決定將包括印尼在內的大部分東南亞地區，從麥克阿瑟的西南太平洋戰區司令部，劃歸以英國蒙巴頓將軍為司令的東南亞戰區司令部管轄。

軍 (General Christison) 甚至將共和國政府視為部分區域的事實 (de facto) 政權，並請求它的合作❷。英軍的這種「承認」造成許多游離分子紛紛投效共和國政府。英軍登陸後，至 10 月 25 日，先後佔領雅加達、萬隆等重要據點。另外，荷蘭軍隊也在 10 月中旬陸續地重返印尼。1946 年 2 月，共和國政府遷往日惹，以躲避氣勢洶洶的荷軍和其狙擊手。在此期間，各地發生與英軍的武裝衝突，其中在泗水和萬隆 (Bandung) 發生嚴重的戰鬥❸。

　　在一片動盪裡，荷蘭與共和國展開談判。共和國代表是首席部長蘇丹沙里爾（Sutan Sjahrir，見圖 36），而荷蘭代表則為副大總督樊穆克 (Hubertus J. van Mook, r. 1942～1948)。談判之前，雙方就為了談判身分和基礎而出現嚴重分歧。荷蘭堅持自己對印尼

---

❷　當時，盟軍荷屬東印度英軍司令克里斯狄森 1945 年 9 月 29 日在新加坡的記者招待會上，宣佈印尼共和派領袖將不會被視為附敵分子而受到清算，並且要求他們把他和其部隊當作「客人」對待，在釋放戰俘問題上給予協助和合作。1945 年 10 月，當英軍登陸雅加達後，克里斯狄森更公開宣佈「將請印尼共和國領導人協助履行他的職責」，希望「印尼共和國政府要對其控制下的領土範圍內的行政、法律與秩序負完全責任。」

❸　英軍為了佔領泗水，於 11 月 9 日向泗水人民發出最後通牒，命令泗水的印尼人交出武器並且無條件投降。當地人民拒絕服從，於是英軍在 10 日展開了攻勢。泗水人民宣稱「寧願戰死，絕不投降」，用鳥槍、竹槍等簡陋武器進行抵抗。泗水保衛戰延續了二十一天，英軍付出重大代價後，方才勉強控制著市區，但郊區游擊隊活動依然活躍。為了紀念泗水戰役中犧牲的烈士，印尼將 11 月 10 日訂為「烈士節」。

圖 36：蘇丹沙里爾　在 1930 年代，與哈達等人組成國民教育黨，與蘇卡諾的國民黨競逐在印尼國族主義運動方面的主導權。在日治時期，選擇轉入地下進行抗日。在獨立初期，曾多次出任總理一職，並企圖限制蘇卡諾的權力，讓他作一位虛位元首，從而箝制蘇卡諾的政治影響力。1947 年被迫辭去總理職位以後，沙里爾的政治力量大幅下滑。1948 年，他創立社會主義黨，不過該黨並沒有獲得很大的影響力。1960 年，社會主義黨被蘇卡諾取締。1962 年，蘇卡諾政府以陰謀刺殺總統的罪名而將他監禁起來。沙里爾於 1965 年獲得釋放，並以就醫的理由前往瑞士。

地區的主權，拒絕承認獨立和共和國的事實。共和國則強調荷蘭在印尼地區的主權早已被終結，現在應被視為一個外國政權。雖然談判成功在 4 月舉行，可是進程卻是寸步難行。

　　此時，共和國內部卻發生權力鬥爭。1946 年 6 月，丹馬六甲所領導的共產黨發動政變，綁架沙里爾，企圖推翻共和國內閣。不過，蘇卡諾得以迅速逮捕丹馬六甲，並將政變平息。另一方面，荷蘭卻成功地控制婆羅洲和大東方（Great East，即印尼東部的各個島嶼）。樊穆克 1946 年 7 月在蘇拉威西的馬里諾 (Malino) 召集這些地區的代表開會，並決議由整個印尼地區分為四個部分──爪哇、蘇門答臘、婆羅洲和大東方，在五到十年內，共同組成一個印度尼西亞合眾國 (United States of Indonesia)。會議中並沒有共

和國的代表，而荷蘭人給的藉口是，前者形勢過於混亂以致無法挑選合適的代表。其他地區與會的代表，則都是荷蘭當局所精心挑選的親荷派。這些地區親共和國／反荷的領袖，不是被監禁起來，就是被流放異鄉。荷蘭希望以此來分裂共和國和其他印尼地區。同年 10 月，荷蘭又召開所謂的少數族群會議，並通過馬里諾會議所提出的計畫。

在此同時，在英國的堅持下，共和國和荷蘭在 10 月達致停火協議。11 月 12 日，雙方達致 〈林芽椰蒂協定〉 (*Linggadjati Agreement*)，其中重要的內容是：首先，荷蘭承認共和國是爪哇、馬都拉和蘇門答臘的事實政權；其次，雙方將合作並迅速建立一個聯邦形式的印尼合眾國——其中包含共和國、婆羅洲和大東方，而印尼合眾國，將另外與荷蘭王國、荷屬蘇利南和庫拉索 (Curaçao) 組成一個以荷蘭女王為首的荷印聯合邦 (Netherlands-Indonesia Union)。不過，這項協定要遲至 1947 年 3 月 25 日才正式被通過。在這段期間，荷蘭加強戰爭準備，同時加強打擊和分化措施。1946 年 11 月底，英國軍隊完全撤離。荷蘭接管英軍所有的戰略要地，大大地鞏固自己的地位。荷蘭公共行政單位已在雅加達被設立起來，而且荷蘭軍隊開始在印尼各島擴張他們的佔領地。他們也對共和國領土實施封鎖，切斷所有糧食、衣物和醫療的供應。另一方面，荷蘭早在 1946 年 11 月，假峇厘島的巴塘 (Den Pasar) 召開會議，建立第一個（合眾）邦國——東印度尼西亞國 (State of East Indonesia)。之後，它更繼續建立其他的（合眾）邦國，其中甚至有東蘇門答臘、馬都拉、西爪哇（或稱巴巽丹

Pasundan）國──即使它們都在共和國受承認的主權範圍之內。

〈林芽椰蒂協定〉簽訂後，共和國與荷蘭之間的糾紛不斷。在 1947 年 7 月 20 日，荷蘭軍隊對共和國的領土發動攻勢，宣稱這不過是一項恢復殖民地秩序的「警察行動」（police action，見圖 37）。荷軍快速地推進侵略，深入共和國的領土。不久之後，他們即控制爪哇糧食生產區域、東蘇門答臘豐饒的種植園，以及巨港周圍出產石油和煤礦的地區。軍事上的勝利，卻帶來嚴重的後遺症。國際上出現一片譴責和抵制的聲浪。一些國家出現反荷蘭示威。在澳洲和國內，碼頭工人拒絕為航向印尼的船隻卸貨。荷蘭國內，部分荷蘭軍人甚至拒絕上船出航。在部分亞洲國家，開始拒絕荷蘭飛機的降陸。

1947 年 8 月 1 日，聯合國安理會接受印度和澳大利亞的提案，就印尼局勢進行討論。在蘇聯、印度、敘利亞和澳大利亞代

圖 37：荷軍所俘虜的五名印尼游擊隊士兵　1947 年，荷蘭軍隊展開「警察行動」，以維持「紀律與秩序」的名義，大肆入侵印尼共和國領土，並且打擊共和國政府。

表的努力下，安理會下令兩造停火，並邀請印尼共和國代表沙里爾到會說明。如此一來，安理會無疑承認印尼共和國與荷蘭的地位平等一致。最終，安理會成立一個由美國、澳大利亞、比利時三國組成的幹旋委員會。在幹旋委員會的主持下，雙方代表終於在 12 月 8 日，假停泊於雅加達的美國「倫維爾」號 (Renville) 軍艦上進行談判。在此同時，荷蘭強橫地以所謂的「樊穆克線」(Van Mook line) 作為共和國的疆界。「樊穆克線」是以荷蘭深入共和國領土最前端的幾個佔領據點所連成的一條邊界線，而且邊界線以內的廣大卻實際並未佔領的地區，都被強納為荷蘭佔領區。在「佔領區」內，荷軍不斷地進行其所謂的「綏靖」行動。

　　1948 年 1 月 14 日，在美國的強大壓力下，共和國與荷蘭雙方簽訂〈倫維爾協定〉(*Renville Agreement*)。協定主要規定：⑴以荷蘭提出的「樊穆克線」為現狀界線；⑵在荷蘭將其主權移交予印尼合眾國之前，過渡時期內，整個荷屬印度主權屬於荷蘭王國；⑶締約後半年至一年內，舉行公投決定爪哇、馬都拉和蘇門答臘各領土居民的意向——願為印尼共和國或者另立一國；⑷如一方提出幹旋委員會繼續存在，另一方不得反對。這項協定使得共和國蒙受更大的損失，它痛失爪哇 1/2 和蘇門答臘 1/5 的領土——都是一些最豐饒的產地。除領土外，共和國也喪失〈林芽椰蒂協定〉中的權力，獨立和主權喪失殆盡。此刻，在爪哇島上，共和國幾乎被荷蘭所包圍，而後者繼續對它實施封鎖。

　　形同喪權辱國的〈倫維爾協定〉在共和國內引發政治風暴。以阿敏沙里福丁 (Amir Sjarifuddin) 為首的左翼內閣倒臺。蘇卡諾

另外指派哈達成立並領導一個臨時應急的 「總統內閣」
(presidential cabinet)，它向總統而非中委會負責。此時，共和國也
在自己領土內，面臨對它的武裝顛覆。1948 年 5 月，卡朵蘇威羅
(S. M. Kartosuwirjo) 和其所領導的「伊斯蘭之域」(Darul Islam) 在
西爪哇宣佈建立 「印度尼西亞伊斯蘭教國」 (Negara Islam
Indonesia)，它既反荷，也同時反對共和國。這場革命要遲至 1962
年才被鎮壓下來。9 月，共產黨發難，慕梭 (Musso) 和沙里福丁
等人在茉莉芬 (Madiun) 宣佈組織「民族陣線政府」。不過，這次
革命卻最終被納蘇迅 (Abdul Haris Nasution) 的西利汪毅
(Siliwangi) 部隊所鎮壓。 共產黨為這次的魯莽行動付出巨大的代
價，因為它從此背負「叛國者」的陰影，許多人和軍方始終敵視
它。相反地，這次的 「反共」 行動讓共和國贏得美國的信任，以
及未來對它的支持和援助。從 1948 年開始，世界已經進入美蘇冷
戰的年代，因此美國「極樂意」扶持任何「反共」的政權。

另一廂，荷蘭則更積極地推動其合眾國計畫。1948 年 9 月，
它再建立一個南蘇門答臘國；11 月建立東爪哇國。最終，荷蘭在
其佔領區內，總共建立十五個（合眾）國家。荷蘭執意在 1948 年
底組成一個合眾國——不論印尼共和國同意和加入與否。可是，
荷蘭佔領地區，一般的菁英和民眾都有顯著的親共和國的情懷，
而不太支持合眾國的計畫。就合眾國課題的談判上，荷蘭與共和
國陷入僵局。在爪哇的佔領區內，荷蘭也受到不斷的軍事騷擾和
攻擊。1948 年底，荷蘭決定採取軍事行動，以一勞永逸地「解決
問題」。

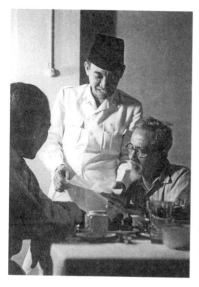

圖38：蘇卡諾（中）與阿古斯沙林（右） 1948年12月，荷軍發動第二次警察行動，一舉逮捕在日惹的眾多印尼共和國領袖，這些領袖包括哈達、蘇卡諾和阿古斯沙林，他們由荷軍以飛機解送到邦加島。荷軍這次的軍事勝利，意外地引來了外交上的強大壓力。

1948年12月17日，荷蘭對共和國發出最後通牒，並通知在雅加達斡旋委員會的美國代表，它即將採取「警察行動」。19日，荷蘭軍隊突襲日惹，並逮捕到蘇卡諾、哈達和其他共和國領袖（見圖38）。荷蘭相信如此將能一舉將共和國殲滅。可是，事與願違，共和國的鬥爭沒有停止，它的軍隊以游擊戰方式繼續堅強反抗，一般民眾更拒絕與荷蘭合作。共和國前財政部長——沙弗魯汀（Sjafruddin Prawiranegara），依事先安排，在蘇門答臘的米南加保區成立臨時政府。

第二節　驚濤駭浪中確立主權

當荷蘭的侵略行動傳出後，國際盡是一片的譴責聲浪。印度

的總理尼赫魯 (Nehru) 在新德里召開亞洲和阿拉伯會議以討論印尼危機。各個剛脫離殖民而獨立的國家紛紛譴責荷蘭的侵略行為。會議要求聯合國安理會出面調停。而安理會的大部分國家,包括美國和英國,都譴責這項行動為「踐踏《聯合國憲章》」。1949 年 1 月 28 日,由於新德里會議的推動,安理會通過決議,明確譴責荷蘭的行為,要求恢復印尼共和國政府,立即進行談判,成立臨時政府,並在 1950 年 7 月 1 日前完成主權的移交。另外,安理會也決議,將斡旋委員會改組為聯合國印尼委員會,授予它更大的權力,以推動印尼問題的和平解決。國際強大的輿論,加上美國威脅將排除荷蘭在「馬歇爾計畫」之外❹,荷蘭在 1949 年 4 月被迫接受安理會決議。5 月 7 日,荷蘭與共和國達致協議,雙方立即停火。印尼同意參加圓桌會議,以籌組荷印聯合邦。荷蘭則同意立即釋放蘇卡諾等人,並讓共和國還都日惹。

　　1949 年 7 月,在美國的參與下,印尼共和國與其他地區的合眾國家,在日惹開會討論組織聯邦政府。會議最後決定將原先的「印尼合眾國」 改為 「印度尼西亞聯邦共和國」 (Republik Indonesia Serikat)。在 8 月 23 日至 11 月 2 日,印尼共和國、其他地區合眾國、荷蘭和聯合國印尼委員會四方面的代表在海牙召開圓桌會議 (見圖 39)。最終,會上達致〈圓桌會議協定〉,其中主

---

❹ 當時,美國國務院艾奇遜在荷蘭外長訪問華盛頓時明確地提醒:如果荷蘭不改變對印尼的政策,美國將排除荷蘭於「馬歇爾計畫」之外。1949 年 2 月,美國參議院更通過決議停止對荷蘭的所有經濟援助。

圖 39：1949 年在海牙所召開的圓桌會議　荷蘭、印尼
共和國和印尼其他地區代表達致〈圓桌會議協定〉，同
意由後兩者組成一個印尼聯邦共和國。

要規定：⑴荷蘭最遲在 1949 年 12 月 30 日，將主權移交印尼聯邦
共和國；⑵印尼聯邦共和國，連同荷蘭、荷屬蘇利南、庫拉索組
成一個以荷蘭女王為象徵「最高元首」的荷印聯合邦；⑶印尼聯
邦共和國在外交、國防、財經和文化方面，必須與荷蘭「永久合
作」。未得荷蘭同意，印尼不得與外國締約。印尼需接受荷蘭的軍
事「合作」和「援助」，給予荷蘭貿易特惠，並賠償四十三億荷蘭
盾的軍事花費；⑷西伊里安 (West Irian) 繼續由荷蘭佔領，其「地
位」問題留待將來協商解決。

　　1949 年 12 月 14 日，根據協定，印尼共和國和其他聯邦國代
表簽署《印尼聯邦共和國憲法》。16 日，蘇卡諾當選為總統，哈
達為副總統（見圖 40）。19 日，以哈達為首席部長的聯邦內閣組
成。27 日，在雅加達和荷蘭的阿姆斯特丹 (Amsterdam)，分別舉
行主權移交儀式。荷蘭朱麗安娜女王 (Queen Juliana) 簽署文件，

「無條件和無挽回地」將荷屬東印度的主權轉交印尼聯邦共和國，
並承認後者為一個獨立的主權國家。蘇卡諾光榮地回到雅加達；
在總統府前，他向群眾發表演說：

> 感謝上帝。再一次，我踏足在雅加達的土地上，我跟它已
> 經別離了將近整整四年的時間。整整四年，漫長的四年裡，
> 我被迫離開雅加達的人民。今天，我要問候你們——那些
> 英雄們、我們的軍人、公務人員、我們的貧民兄弟、我們
> 的三輪車伕兄弟、我們的蔬果小販兄弟、最謙卑的雇員，
> 沒有任何人是例外的。我要向你們獻上我的感謝。

圖40：印尼第一位總統蘇卡諾（左），以及第一位副總統哈達（右）
兩人之間總存在著既合作又競爭的曖昧關係。

議會民主時期：短暫的民主實驗 (1950～1957)

　　印度尼西亞的獨立終於實現，國家主權的自我掌握，以及獨立鬥爭的結束，在廣大的印尼民眾之間點燃樂觀的情緒和高度的希望。不過，蘇卡諾獨立前就提醒：

> 不要以為有了這個自由印尼的國家，則我們的鬥爭就從此結束。不！我一直強調：在這個自由的印度尼西亞裡，我們必須持續鬥爭，只不過其性質將不同於現階段的鬥爭，它將有不同的特性。

這個新生的國家還面對著許多它不熟悉的問題，包括貧窮、教育水平低落、根深的威權傳統、貪污猖獗、社會不公、人口激增、糧食不足和經濟發展困難等。伴隨過高期待而來的，會是更多失望，並給政治局勢埋下不確定的定時炸彈。

　　在這個國家裡，與政治有接觸的人不過屬於少數的政治菁英，具體而言，那些聚集在首都雅加達，宣揚著種種的民主理念的政

治家，其實大多數懷抱的是菁英主義，形成取代原殖民者的新優越統治群體，對生活困難、教育程度低下的劣勢人們，採取大家長式的管理態度，甚至也如過去殖民者一般，鄙視那些不能講流利荷蘭語的人。雖然實施代表制民主體系，但這些政治人物跟草根群眾卻是脫節和沒有義務的，因此能夠將選舉延宕了五年之久。民主的幼苗似乎種植在貧瘠的土地。不過，在菁英對民主理念的堅持之下，1950～1957 年間，可說是印尼歷史上政治最開放自由的時期。

印尼面臨艱鉅的經濟和社會問題。全國各地的園坵和工業設施百廢待興。糧食生產的增長趕不上人口的快速成長，以致須要進口糧食來補足。鄉村人力過剩，驅使人們湧入大城市去討生活。為了抑制進口，國家讓印尼盾維持在相當高的匯率，但這項措施卻傷害以出口經濟為主的外島地區，以致黑市和走私活動猖獗起來。大部分商業和工業領域的日子都不好過。本土中產階級沒有很大的政治影響力，而且華人和印尼伊斯蘭資產階級之間存在著不少的敵意。教育機會的擴大提升了國民識字率，不過大量的學校畢業生，加上退役下來的游擊軍人，以及失去工作的前政府官員都使就業機會嚴重不足。為了吸收這些人和他們的支持，政府讓國家官僚體系持續地膨脹。這些公務人員的薪資微薄，而且受到通貨膨脹的折騰，因此貪污、無效率、行政失當的問題叢生，整個官僚體系臃腫而無能。印尼的出口恢復緩慢，且受印尼盾高匯率政策，以及逐漸舊損的基本設施所拖累。外國利益對國內經濟仍有相當的影響力，尤其石油工業、國內海運和銀行業更受美

國、英國、荷蘭公司的宰制，因此印尼可說是未有經濟獨立性。

第一節 獨立初期主要政黨的概況

1950 年開始，印尼從聯邦制向統一的共和國邁進，各邦國紛紛自願併入印尼共和國。5 月，僅剩的蘇門答臘和東印尼邦國最終被併入。8 月 15 日，蘇卡諾正式宣佈成立統一的「印度尼西亞共和國」，同時頒佈新的臨時憲法。在該憲法下，印尼奉行單院制議會，總統屬於象徵性國家領導人，其唯一的權力就是任命組閣人 (formateur)。當內閣成形後，則向議會負責❶。在 9 月，瑪斯友美的納希爾 (Mohammad Natsir) 領導第一任內閣走馬上任。

這個時期的政黨林立，但是只有少數能夠在雅加達擁有實質的政治影響力。瑪斯友美是最大的政黨，宣稱代表著印尼伊斯蘭教的政治利益。這個政黨組織寬鬆，內部存在著正統和現代化派系之爭。當時，瑪斯友美最高領導是納希爾和蘇基曼 (Sukiman

---

❶ 第一屆國會非由選舉所產生，而是由原有的聯邦共和國國會、印尼共和國中央國民委員會工作委員會和最高顧問會議成員部分合併和委任而成。它宣稱融合了多數重要的政治流派和文化族群，所以具有廣泛的代表性。這個國會共有二百三十二名議員，瑪斯友美佔有四十九席 (21%)、國民黨佔三十六席 (15.5%)、社會主義黨佔十七席 (7.3%)、共產黨佔十三席 (5.6%)、天主教黨佔九席 (3.9%)、基督教黨佔五席 (2.2%) 和穆巴黨佔四席 (1.7%)，其餘的九十九個席位則為個人或其他政黨所持有——最高者不超過十七席。

Wirjosandjojo)，兩人的關係並不和諧，前者主要支持者來自外島，而後者的支持力則主要來自爪哇。在 1952 年年中，這個政黨發生分裂，導火線是內閣宗教部長職位的分配，失意的正統派領袖瓦希德哈斯金 (Wachid Hasjing) 帶領宗聯會出走，自立門戶成為政黨。

另外，印尼當時的第二大黨則是國民黨。它的群眾基礎主要來自官僚體系和白領工人。在爪哇郊區，它獲得相當多的阿邦安社群的支持，因為該黨被認為是蘇卡諾的政黨❷，而且能夠制衡伊斯蘭教的政治力量。在外島的基督教地區，以及印度／佛教為主的峇厘島，民族黨也獲得民眾支持，因為他們同樣希望通過該黨來抗衡伊斯蘭教的政治影響力。

印尼共產黨在 1948 年茉莉芬事件後，其黨員遭到大肆的逮捕和殺害，不過這個政黨卻沒有被宣佈非法。在獨立以後，共產黨以驚人茁壯速度重返政壇。1951 年，黨內以艾迪 （Aidit，見圖 41）、魯克曼 (Lukman)、佐多 (Njoto) 和蘇迪斯曼 (Sudisman) 為首的少壯派掌握中央政治局，壓倒從茉莉芬事件存活下來的老同志。艾迪放棄過去對馬克思主義的教條奉行，採用實用主義的領導方式，強調殖民主義遺毒才是共產黨的首要敵人，所以應該聯合反殖民主義的非共勢力——即小資產階級和民族資產階級，來對抗買辦資產階級和封建階級。在現實政治裡，他拉攏被視為民族資產階級政黨的國民黨，以及作為資產階級政黨的宗聯會來合作。

---

❷ 其實這是一項誤會，因為蘇卡諾實質上是沒有參加或領導任何政黨的。

圖 41：印尼共產黨最重要的黨領袖艾迪　獨立以後，在他的領導下，印尼共產黨放棄對馬克思主義教條一板一眼的黨作風，成功地吸引大量的印尼農民加入，使印尼共產黨在 1950 年代快速的膨脹起來。不過，這種擴張最終證明是不穩固，甚至是虛有其表的，而且它更遭致軍方和伊斯蘭勢力對共產黨的猜忌和仇視。

在群眾基礎方面，共產黨成功地從原來的城市和園坵工人，擴大到其他社會部門──甚至包括了農民。

　　在其他較小的政黨方面，則有沙里爾所領導的社會主義黨（Partai Sosialis Indonesia，簡稱 PSI），主要受到雅加達知識分子的支持，但它在別處卻鮮少有支持群眾。這個政黨對高級公務人員很有影響力，而且受到一些中央軍隊將領的支持。另外，仰慕丹馬六甲的所謂 「民族共產主義者」 則集中在穆巴黨 （Partai Murba， 意即無產階級黨），他們是印尼共產黨在左派陣營的勁敵，不過這個政黨的勢力同樣只侷限在雅加達。在基督教政黨方面，重要的兩個分別是基督教黨（Partai Kristen Indonesia，簡稱 Parkindo） 和天主教黨 (Partai Katholik)。這幾個宗教政黨的影響力來自基督教徒多擁有高教育水平，因而不成比例地佔據了許多官僚和軍隊的高層職位。

第二節　納希爾和蘇基曼政府：瑪斯友美領政與親美反共

　　第一屆內閣 (r. 1950.09～1951.03) 是瑪斯友美和社會主義黨攜手合作的產物，只有短短不到七個月的壽命。因為韓戰的爆發，原產品價格上揚，讓這個政府獲得相對的經濟順境。納希爾政府專注於經濟重組和恢復國內安全 。安汶叛亂在 1950 年 11 月落幕❸。不過，與西爪哇卡朵蘇威羅 (Kartosuwirjo) 的談判，和與荷蘭對西伊里安主權的談判，卻始終沒有進展。在外交上，納希爾政府採取獨立自主，卻稍許親西方的路線。1950 年 9 月，印尼加入聯合國。另外，納希爾與蘇卡諾發生意見相左，他企圖抑制蘇卡諾的政治影響力，強調總統在憲法上作為虛位元首的角色。相反地，蘇卡諾卻從來不甘於做個消極的「標誌」，他努力通過一些較中立的課題——如伊里安問題，來延續個人的政治影響力❹。

　　接下來，同樣是瑪斯友美的領導蘇基曼組織和領導了第二屆內閣 (r. 1951.04～1952.02)。這次的政府是瑪斯友美和國民黨的聯合體。蘇卡諾無疑比較滿意這次的內閣安排，因為後者除給予他更大的財政預算，也提供他更大的政治活動空間。由於蘇基曼政

---

❸　當時，一群之前屬於荷印皇家軍的安汶士兵企圖在安汶建立南摩鹿加共和國。不過，這次的叛亂被政府軍所粉碎。

❹　蘇卡諾曾經向身邊的人抱怨說，這種虛位元首的角色讓他感覺像「關在金籠子的鳥」。

府跟中央軍隊關係較為疏遠而發生摩擦。當時，印尼陸軍從 1949 年起就逮捕大約一萬七千人，這些人都沒有獲得審訊的機會。司法部長亞明上任後，下令釋放其中九百五十人，包括數位著名的左派人物。隨即，陸軍卻馬上將他們再度逮捕——除少數漏網之魚之外。亞明因此憤而辭職。

蘇基曼政府明顯和積極地打擊共產黨。1951 年 6～8 月間，爆發一連串的罷工事件。其後茂物更發生向群眾投擲手榴彈事件，而雅加達的一間警察局更受到武裝分子攻擊❺。雖然共產黨否認涉案，但是蘇基曼政府還是歸罪於共產黨。在沒有諮詢軍方意見之下，蘇基曼政府發動大規模逮捕行動，被捕者包括共產黨和印尼總工會領導幹部、反對人士等等。根據蘇基曼向國會的報告，8 月中旬以後，總共有一萬五千名人士被捕。共產黨領導人艾迪、魯克曼和佐多被迫藏匿起來。

這次「八月大逮捕」讓共產黨領悟到，雅加達的政治人物不可能提供他們公平的競爭立足點，因此共產黨轉向建立一個獨立群眾基礎的長期策略，避免被連根拔起的風險，同時加強本身的政治籌碼。在此同時，共產黨也淡化階級鬥爭，轉而強調民族鬥爭，以建立一個「民族統一戰線」。由於不能信賴國民黨，共產黨也轉向爭取蘇卡諾的支持。他們放棄指控蘇卡諾為日本勾結者、

---

❺ 這宗襲擊雅加達警局事件的幕後主謀不明，蘇基曼政府宣稱是共產黨所為，但中國方面資料則宣稱是蘇基曼政府自導自演的「反革命」事件。

法西斯主義者，以及發動茉莉芬事件的主謀。共產黨也採取低調的姿態，減少罷工示威活動。此後，該黨人數開始急速上揚，1952 年十萬人，到 1954 年則躍升到十六萬人左右。

在此同時，國內安全的問題再度亮起紅燈。8 月，駐紮南蘇拉威西的卡哈 (Kahar Muzakkar) 上校因為不滿軍隊遭整編而發動叛亂。1952 年 1 月，卡哈更宣佈加入卡朵蘇威羅的「伊斯蘭之域」運動。這項叛亂打擊了蘇基曼政府信譽，但更嚴重的政治風暴卻馬上降臨。蘇基曼政府採取更親西方的外交路線，其外交部長於 1952 年 1 月祕密在美國《共同安全法案》511a 條款基礎上接受後者援助。在該條款下，印尼有義務以政治、經濟、人力等資源來捍衛「自由世界」。2 月初，這項消息在國內走漏，全國一片譁然，蘇基曼政府因此倒臺。

第三節　韋洛坡政府：經濟困難和軍隊集權失敗

蘇基曼政府倒臺後，國民黨韋洛坡 (Wilopo) 所領導的內閣 (r. 1952.04～1953.05) 接掌政權。支持該內閣的政黨有社會主義黨、天主教黨、基督教黨，而瑪斯友美也還是聯合政府的一員。但國民黨這次跟瑪斯友美的合作一開始就不和諧，國民黨對瑪斯友美某些領導強烈的伊斯蘭教色彩日益不放心，同時也擔心瑪斯友美會在理應即將舉行的下屆大選中大勝。如此一來，國民黨希望另尋政治聯盟好將全國大選延後，而共產黨早就有拉攏國民黨之心，因此兩黨開始走近。韋洛坡政府釋放了所有在「八月大逮

捕」中被捕的人士。在這期間，伊斯蘭教政治勢力也出現重大變化。宗聯會從瑪斯友美分裂出來，這個勢力建立在中、東爪哇的政黨，似乎有更高的意願與國民黨和共產黨合作。這種情況連帶使得整體政治版圖漸有爪哇跟外島政黨對立之勢。

在這個時候，韓戰效應漸漸消逝，印尼經濟開始出現困難。為了穩定貿易赤字和保持黃金和外匯存底，政府在瑪斯友美的支持下，對進口奢侈品課徵高額關稅，同時削減開銷。雖然這項政策成功緩和經濟危機，但它卻深深打擊以公務人員和白領階級為主的國民黨人，以致國民黨和瑪斯友美的關係日趨緊張。另外，內閣也企圖縮減官僚和軍人體系。縮減官僚固然會遭致國民黨的不滿，但對軍人動刀更給韋洛坡政府帶來可怕的逆火。

當時，印尼軍隊仍然山頭林立，這些區分來自他們在荷蘭、日本統治和反荷時期不同的淵源。日惹蘇丹亞莽古布武諾九世（Hamengkubuwana IX，見圖 42）出任韋洛坡政府的國防部長後，與軍隊的中央領導人取得密切聯絡，這些將領包括納蘇迅（見圖 43）、西瑪圖龐 (Simatupang) 和卡維拉郎 (Alex Kawilarang)。通過大幅縮減員額，強化武器裝備，他們希望將所有部隊整編起來，成為一支有系統、訓練精良而且受中央控制的專業化軍隊。但這些措施卻傷害了區域軍事將領的利益，他們比較強調所謂的「革命精神」，希望領導權能夠分散，反對軍中階層差異擴大❻。

---

❻　雖然兩派軍人有著不同的意見，但是他們還是有相同的地方，就是對共產黨和伊斯蘭教勢力的猜疑。其次，他們都相信一種所謂的「革命精神」，而軍人則是這種精神的最佳守護者。最後，他們對文人政治人

圖 42：亞莽古布武諾九世　在 1948 年反荷革命時，拒絕與荷蘭當局合作，並且暗地裡幫助共和國的鬥爭。由於他的特殊皇家身分，對國家和民主的堅持，以及在印尼獨立後多次入閣，因此享有「皇家民主人士」的美譽。

圖 43：此照片攝於 1965 年「9.30 事件」後不久。蘇卡諾（中）和蘇哈托（右）兩人臉上的笑容掩飾著他們之間的激烈權力鬥爭。儘管納蘇迅（左）當時在軍中的威望絕對遠超過蘇哈托，但由於出身蘇門答臘而非爪哇，似乎已注定與國家最高寶座絕緣。在 1980 年代，他成為蘇哈托政權尖銳的批評者之一。

物都抱持質疑的態度，認為這些人對贏得獨立並沒有提供多少的力量。

　　這些站在反對立場的將領們，企圖通過在雅加達的政治盟友作出抵抗。1952 年 9 月 23 日，國會反對派發言人巴哈魯汀 (Zainul Baharuddin) 提出對國防部長的不信任動議案，要求改組國防部和軍隊中央領導機構。在錯估情勢的情況下，軍隊中央領導在 10 月 17 日發動政變反擊，他們糾集三萬人上街示威遊行，並且出動坦克和大砲包圍總統府，要求蘇卡諾解散國會。雖然蘇卡諾不太關心軍隊的整編事務，而且也跟納蘇迅一樣討厭國會的政治把戲，但是他卻絕對不願意被人操控和指揮。蘇卡諾再次發揮直接向人民講話的本領，下令群眾解散。另外，他也接見了軍方代表團，含糊其詞地答應將滿足他們的利益而將之打發。

　　這次的政變只給起事者帶來反效果。蘇卡諾隨後通過電臺廣播呼籲全國上下保持冷靜，並且清楚說明對總統進行逼宮是不可以被接受的行為。在接下來的日子裡，當初軍方中央所指派的將領一一被撤換，納蘇迅也在 12 月被撤職，1953 年 1 月亞莽古布武諾九世辭去國防部長的職務。軍隊中央領導最終被摧毀。因為這次事件，韋洛坡政府的聲望也大受打擊。無論如何，「10.17 事件」卻帶來一個意外的效果。解散國會作為該事件的主要訴求，使得舉行全國大選的課題再也不能被迴避了。1953 年 4 月，國會終於通過了選舉法案，選定在 1955 年 9 月舉行國會選舉，而 12 月則舉行擬憲議會 (Konstituante)——以便制訂一套永久的憲法。如此一來，在未來的兩年內，爭取基層的選票便成為政黨和政治人物最重視的工程。

　　此時，韋洛坡政府也遭遇最後一擊。1953 年 3 月在蘇門答臘

的棉蘭，警察在強力驅逐外國公司土地上的墾荒者時，開槍打死八名農民，打傷四十多人，並且逮捕多人。這次事件震動全國。一直與這些墾殖民有著聯繫的共產黨，跟國民黨聯手起來，在國會對韋洛坡政府提出不信任動議案。6月，在議案表決前一個月，韋洛坡政府被迫向蘇卡諾總統請辭。

第四節　阿里政府：中間偏左路線和共產黨的茁壯

韋洛坡政府倒臺後，經過六個星期艱苦的討價還價，一個在宗聯會和其他小黨支持下的國民黨內閣 (r. 1953.07～1955.07) 終於組織起來，並由國民黨的阿里 (Ali Sastroamidjojo) 出任總理。這次的內閣還有兩名共產黨同情者被納入。相反地，瑪斯友美和社會主義黨被排除在聯合政府之外。

阿里政府的政策較傾向民族主義，而提出維護和發展民族企業的口號，實施「印度尼西亞化」政策。在這樣的政策下，政府提供土著企業各種經濟優惠。如此一來，一些華人和外資企業也紛紛接納土著合夥人，轉型成為「阿里—峇峇」(Ali-Baba) 企業❼作為應變和權宜之計。另外，內閣也開始擴大官僚體系以吸納更多的國民黨支持者。在經濟方面，阿里政府面對經濟繼續惡化，

---

❼　「阿里」是印尼土著相當普遍的名字，在此指稱一般的印尼土著，而「峇峇」則指華人。因此所謂的「阿里—峇峇」企業，即指利用印尼土著的名號，實質卻是華人控制的企業。

以及嚴重的通貨膨脹問題。政府不得不緊縮進口，並控制外匯。但是地方勢力集團——甚至包括地方軍隊，開始大規模進行走私活動。

1953 年 9 月，亞齊爆發叛亂。全亞齊宗教司聯合會 （All-Aceh Union of Ulama，簡稱 PUSA）向來不滿國家發展日益疏遠伊斯蘭元素，並且擔心亞齊會喪失地方自治權。這次，在達戊 (Daud Beureu'eh) 領導下公開發動叛亂,並且獲得許多亞齊的公務人員和軍人的支持。阿里政府發兵鎮壓，將叛軍逐入山區，雙方最終達致和解。在另一邊廂，西爪哇的「伊斯蘭之域」叛亂，也因為亞齊叛亂者的加入而重燃開來。亞齊、西爪哇、南蘇拉威西的叛亂糾纏著阿里政府，並且消耗其大量的資源。

在外交方面，阿里政府奉行民族主義，以及中立、不結盟的路線，並且獲得非凡的實質成績。首先，阿里政府拒絕加入以美國馬首是瞻、具有濃厚反共色彩的 「東南亞條約組織」（Southeast Asia Treaty Organization，簡稱 SEATO）。1954 年 8 月，與荷蘭簽訂〈印荷協定〉，廢除「荷印聯邦」，並取消〈圓桌會議協定〉中有關軍事、外交和文化等條款。

1955 年 4 月，阿里政府成功地在萬隆召開著名的亞非會議。阿里和蘇卡諾都希望印尼能夠在亞非國家之間扮演積極的領導角色。這次會議集合了二十八個亞非國家的重要領袖，包括中國的周恩來、印度的尼赫魯、柬埔寨的西哈諾、緬甸的吳奴、北越的范文同和埃及的納塞等。會議通過反對殖民主義和促進亞非國家團結的「萬隆十項原則」 ❽。中國總理周恩來到訪印尼，此行強

烈說明中國和印尼關係的冰釋和友好發展。另外,中、印兩國也簽署雙重國籍問題條約,企圖一勞永逸地解決印尼華僑的難題,規定所有印尼華人必須從中國或印尼國籍之間擇一而終❾。

不過,阿里政府在西伊里安再也問題上卻始終未能獲得進展。1954 年底,瑪斯友美在國會藉此發動倒閣動議。共產黨作為關鍵少數,幫助了阿里政府度過難關。無可否認,在阿里政府底下,共產黨獲得較和善的環境進而達致長足的發展。在 1954 年,共產

---

❽ 這十項原則是:⑴尊重基本人權,尊重《聯合國憲章》的宗旨和原則;⑵承認一切國家的主權和領土完整;⑶承認一切種族平等,承認一切大小國家的平等;⑷不干預或干涉他國內政;⑸尊重每一個國家按照《聯合國憲章》單獨地或集體地進行自衛的權利;⑹不使用集體防禦的安排來為任何一個大國的特殊利益服務,任何國家不得對其他國家施加壓力;⑺不以侵略行為、侵略威脅或使用武力來侵犯任何國家的領土完整或政治獨立;⑻按照《聯合國憲章》,通過和平方法來解決一切國際爭端;⑼促進相互的利益和合作;⑽尊重正義和國際義務。

❾ 根據這項 1955 年的條約,印尼華人必須於未來五年內在印尼或中國(中華人民共和國)國籍之間作一選擇。在這五年以後,擁有雙重國籍(印、中)的華人,若想要選擇印尼國籍,則須要在 1960 年 1 月到 1962 年 1 月的兩年期間內,在法庭上聲明放棄中國國籍。當時,在二百四十五萬左右的印尼華人當中,共有一百萬人擁有雙重國籍。據估計,在此兩年之間,此一百萬華人的 65% 選擇了印尼公民的身分。無論如何,後來仍然存在著許多華人公民身分的問題。至 1969 年,印尼政府更單方面廢止 1955 年的條約,使父母擁有雙重國籍、年滿十八歲的印尼華裔青年喪失在該條約下選擇成為印尼公民的權利,而只能透過歸化的途徑來完成入籍。

黨的人數就從 4 月的十六萬左右，驟升到 11 月的五十萬人，到 1955 年底，其人數更到達了一百萬人。通過印尼農民陣線 (Barisan Tani Indonesia)，農民被大量吸納，到 1955 年底，爪哇共產黨 90% 的黨員都是由農民所組成。其《人民日報》發行量在 1956 年初達到五萬五千份，成為全國最大的黨報。

當然，黨員的急速增加還是有其代價的。當共產黨往中、東爪哇鄉區伸展時，階級認同和好戰的潛能幾乎完全被消解。許多農民加入是因為共產黨答應捍衛他們的利益，但更多是為了其他的東西。共產黨派隊伍下鄉，協助修建橋樑、學校、房屋、水壩、公廁、道路和灌溉系統等。他們協助農民消除蟲害，設立識字班，舉辦鄉民運動會、歌舞表演，同時幫助農民度過艱辛的日子。作為這樣的社區組織，溫和且非暴力，共產黨有著無可比擬的魅力，吸引無數的農民紛紛加入。這些鄉區的領導多數是教師、酋長、中農或富農甚至地主，他們往往一併將整個社群帶入共產黨。不過，入黨的農民幾乎都是阿邦安。而閃特里穆斯林大部分仍舊是宗聯會的支持者。通過基層的擴大，共產黨獲取了相當的政治影響力，但這些基礎卻遠不足以發動一場正統「馬克思主義」革命。

共產黨的茁壯開始引起軍方的疑慮。另外，「10.17 事件」前後的內鬥，讓軍方整體政治力下跌，以致軍隊預算大幅被國會刪減。在這個時候，軍人開始瞭解到若要跟文人政治人物和共產黨一較高下，他們就必須消解彼此之間的分歧。1954 年年中，「10.17 事件」的兩大派系開始和解。翌年 2 月，二百七十名中上級軍官在日惹舉行一次特別會議，接受所謂的《日惹憲章》，強調

「團結一致是陸軍力量的主要基礎」，並且宣佈「10.17 事件」已
經成為過去的歷史事件。無論如何，這次的團結仍然是脆弱的，
因為納蘇迅並沒有參加會議，而且他在軍中的敵人絲毫不減。

第五節　第一屆全國大選：讓人沮喪的結果

　　1955 年 7 月下旬，蘇卡諾總統到麥加朝聖並順道走訪埃及。
宗聯會由於長期不滿內閣人事安排，以及各種經濟和安全政策，
趁此機會宣佈退出聯合政府，在沒有足夠的支持之下，阿里政府
被迫辭職下臺。經過一番複雜的談判，以瑪斯友美的布哈奴汀
(Burhanuddin Harahap) 為首的新政府 (r. 1955.08～1956.03) 上臺。
這個聯合政府還包括社會主義黨和宗聯會。這個新內閣能有的作
為不多，因為全國大選已經近在眉梢。

　　1955 年 9 月，印尼終於舉行首次全國大選（見圖 44）。全國
各地 91.5% 的合格選民戰戰兢兢地出席了投票。不過，國會選舉

圖 44：1955 年國會選舉期間，
街道旁貼滿了各政黨的宣傳
板子。這種政黨自由激烈競爭
的情況，在印尼的歷史上是史
無前例，但之後至蘇哈托下臺
前也未曾再發生過。

結果卻是出乎意料且讓人沮喪的。獲得席位的政黨數目非但沒有減少，反而從十二個增加到二十八個。儘管國會中出現明顯的四大政黨：國民黨（五十七席）、瑪斯友美（五十七席）、宗聯會（四十五席）和共產黨（三十九席），但當中議席最多者卻都不超過國會的 1/4 （只得 22%）。對於最大的兩黨，他們一點也高興不起來，主導政府的美夢破滅。相反地，宗聯會和共產黨可說是大有斬獲，前者從原有八席（國會的 3.4%）驟增至四十五席 (18.4%)，後者也從十三席 (5.6%) 提升到三十九席 (16.4%)❿，見下表。

1955 年大選四大政黨的選舉結果統計如下：

政黨名稱	選票百分率	國會席次	國會席次百分率
國民黨	22.3	57	22.2
瑪斯友美	20.9	57	22.2
宗聯會	18.4	45	17.5
共產黨	16.4	39	15.2
其餘二十四個小黨	22.0	59	22.9
總　數	100.0	257	100.0

　　在另一方面，爪哇與外島的政治／政黨分歧也進一步深化。瑪斯友美成為外島地區最強大的政黨，它囊獲這些地區 3/4 的選票（峇厘和基督教地區除外）。在西爪哇，雖然國民黨緊隨在後，

❿　除二百五十七個通過選舉產生的國會席次之外，另有三個席次是屬於伊里安再也的委任席次。日後，國會更增加了十二個非土著少數民族委任席次，包括阿拉伯人三席、歐洲人三席，以及華人六席。

但瑪斯友美還是獲得最多的支持。不過,在中、東爪哇,選票則大致由國民黨 (32%)、宗聯會 (30%) 和共產黨 (27%) 所均分。顯然,這次的選舉並無助於解決政治困境,它只不過將彼此的戰線勾勒得更加清楚。這種膠著的政治局面,讓渴望出現一個有為政府的人們感到失望。對瑪斯友美來說,邁向真正主政的道路變得黯淡無望,因此其領袖轉由強化民眾的伊斯蘭意識進而擴大本身的基礎。而國民黨則驚訝於共產黨這個昔日小合作伙伴的突飛猛進,開始擔憂後者可能對它帶來的威脅。總的來說,隨之而來的種種失望和猜疑,大大地削弱政治菁英對議會民主的信心。

第六節 第二次阿里政府:軍隊分裂、國家解體和議會民主的末路

大選以後,布哈奴汀政府力擋讓路給新國會和政府的壓力,竭盡所能地延長自己的政治生命。在此期間,不少的瑪斯友美和社會主義黨人被安插到政府部門各重要職位上。另外,政府也跟軍方取得協議,忘卻「10.17 事件」,並且讓包括納蘇迅在內的涉案軍官恢復正常職務。不久後,宗聯會收回對聯合政府的支持,迫使布哈奴汀政府在 1956 年 3 月辭職下臺。

在同一個月,國民黨的阿里聯合瑪斯友美和宗聯會,再度組閣執政 (r. 1956.03~1957.03)。為了避免仰賴共產黨,國民黨選擇了這個內部矛盾重重的聯合政府,而其代價是,一切國內政策都寸步難行。不過在外交上,阿里政府倒是再度展現強硬的民族主

義立場，由於荷蘭拒絕談判有關西伊里安的主權問題，所以它便在 1956 年 8 月宣佈片面廢除〈圓桌會議協定〉中印尼對荷蘭四十三億荷蘭盾的債務。如此一來，僅剩的國家主權完整課題——收回西伊里安，變得刻不容緩。而通過此一課題，共產黨和蘇卡諾找到更多的共通點，漸行漸近。

這個時候，印尼也陷入水深火熱當中，經濟進一步惡化，政治人物忙於惡質鬥爭，社會開始出現騷動。華人和外資成為經濟低迷的代罪羔羊，而遭受暴徒的攻擊掠奪。外島和西爪哇湧現大量對爪哇人的不滿，認為爪哇人宰制所有政府機構，主導一切國家政策，進而將他們排擠在國家發展的邊緣。類似的情緒也同樣在軍人之間蔓延著，自從 1952 年以後，地方將領紛紛跟外島民間的各種利益團體掛勾，大量從事走私活動作為個人和部隊的另類收入。作為武裝部隊的中央領導，納蘇迅等人當然不願意看到這種腐敗的情況發生。軍中衝突就此點燃，這些分歧最後觸發政治體系的對立和崩潰。

1955 年 11 月，納蘇迅出任陸軍參謀長，重新掌握軍中大權，並且馬上宣佈進行大規模的將領調動。不過，這些人事調動卻遇到大量的阻力。軍人和相關的民間團體再度分裂成互別苗頭的兩大派系。不同於「10.17 事件」的分化，這次，納蘇迅跟蘇卡諾、阿里和國民黨站到了同一陣線。在此同時，少數在 1952 年敵對的將領也反過來支持納蘇迅。如今，敵對陣營則有辛伯倫 (Simbolon)，以及納蘇迅宿敵盧比司 (Zulkifli Lubis)。這個陣營多數受到非爪哇、反中央的軍官支持。在民間，瑪斯友美和社會主

義黨的一些領袖是他們的政治盟友。

1956 年 8 月，盧比司以涉嫌貪污為由企圖逮捕外交部長拉斯蘭 (Raslan Abdulgani)。逮捕行動因為事先洩漏而沒有成功。納蘇迅出面撤銷逮捕令，敵對陣營的衝突因此公開化。10 月，正當蘇卡諾出訪中國、蘇聯和其他共產國家時，盧比司策動訓練和裝備最精良的西利汪毅部隊襲擊雅加達，企圖發動政變，但沒有成功。11 月，盧比司再次兩度發動政變，但都被納蘇迅所攔截下來。納蘇迅下達逮捕令，迫使盧比司逃亡並藏匿起來。不過，叛亂的火苗並沒有根除，不久後，它轉移到蘇門答臘更加猛烈地燃燒起來。

同年 12 月，在阿瑪德 (Achmad Hussin) 的領導和民間力量的支持下，中蘇門答臘的軍官們起來對抗中央，宣佈成立蘇中臨時政府。在北蘇門答臘，辛伯倫也在棉蘭宣佈全面軍事戒嚴，並要求中央政府內閣改組。另外，南蘇門答臘的將領們也宣佈進行「自治」改革。一時之間，蘇門答臘全面叛亂有一觸即發之勢。在此同時，被一般視為共和國外島政治標誌人物：副總統哈達，也因為跟蘇卡諾發生意見分歧而正式辭職❶。不過，當時反叛者沒有

---

❶ 副總統哈達在 1956 年 7 月 20 日請辭，其辭職在 12 月 1 日生效。哈達是蘇門答臘人，因此他跟總統蘇卡諾的合作關係向來被視為是外島和爪哇政治勢力均衡的最佳寫照。他的辭職使得外島和爪哇區域之間的嫌隙更加深加劇。雖然和區域之間的利益衝突有著某種的關聯，但哈達辭職最直接的原因有二：(1)他跟蘇卡諾的私人關係不睦；(2)他在全國性政策上漸漸失去影響力。此外，對於國會的亂象，哈達與蘇卡諾也有不同的看法，他不同意蘇卡諾較早埋葬政黨的言論，認為政黨雖然有須要改進的地方，但是他還是認同政黨存在的價值。

開戰的準備，只是希望通過政治壓力讓雅加達政府和中央軍隊領導屈服。中央政府圍困棉蘭，調動北蘇門答臘的將領，並且宣佈成立由亞齊人出任省長的蘇北省。12 月底，辛伯倫在一場反政變中被逐出棉蘭。另一方面，納蘇迅通過談判、人事調動、增加撥款等手段，企圖將蘇門答臘反叛的軍官安撫下來。

　　不過，叛亂的大火並沒有平息，到 1957 年 3 月，蘇拉威西第 7 軍區司令加入叛變，宣佈成立軍事政府。加里曼丹和摩鹿加也出現同樣的情況。至此，印尼這個國家面臨分崩離析的危機。在叛亂持續和反對黨逼宮的重重壓力之下，阿里政府被迫在 3 月 14 日宣佈下臺。此時，國家陷入一片迷惘，沒有人知道國家解體的危機要如何處理，更沒有人知道往後的政治運作該如何進行。這種紛亂時局提供蘇卡諾一個絕佳的機會從幕後再次走到印尼政治大舞臺的中央。

第十三章 | *Chapter 13*

指導民主時期：蘇卡諾的浪漫革命情懷和現實羈絆 (1957～1966)

　　早在 1955 年大選以後，蘇卡諾便提出「指導民主」的概念❶。在新國會開幕演講中，蘇卡諾表示希望建立一種真正屬於印度尼西亞的民主形式：奠基於共識的決策，且符合印尼傳統對和諧人際關係的強調。他不滿當時的議會民主，抨擊它「放任、相互廝殺、一半再加一個的多數決和為反對而反對的民主，成為人民真正參與治理國家的諷刺」。1956 年 10 月，蘇卡諾從中國、蘇聯等共產國家訪問歸國不久，而盧比司開始點燃叛亂的燎原野火之時，蘇卡諾更在演說中呼籲埋葬政黨，並表示他已有一個關於「指導民主」(konsepsi) 的概念。

　　1957 年 2 月 21 日，蘇卡諾揭曉其所謂的「指導民主」。此

---

❶ 據說，蘇卡諾「指導民主」的詞彙來自他的一位老朋友奇哈札迪萬塔拉 (Ki Hadjar Dewantara)。這名友人是學苑 (Taman Siswa) 學校的負責人，他首創以「指導民主」來形容他對那些學校的管理方式。另外，有學者認為，「指導民主」的概念其實衍化自列寧的民主集權主義。

刻，他放棄埋葬政黨的想法，而強調為了建立一種更適合印尼民族特性的政府形式，各大政黨——包括共產黨——必須「互助合作」(gotong royong) 來組織一個「納沙共」(Nasakom) 政府❷。另外，負責監督政府的工作，由國會轉移到一個由民間各個功能團體（golongan karya，青年、工人、農人、宗教團體、區域團體等等）所組成的「民族議會」(Dewan National) 手上。這項建議提出後，國民黨、共產黨、穆巴黨和其他一些小黨表態支持，不過瑪斯友美和天主教黨卻明顯反對。宗聯會、社會主義黨等則抱持著相當質疑的立場。

　　無論如何，時局的變化讓蘇卡諾很快就獲得實現「指導民主」的機會。在民眾被動員起來支持蘇卡諾意見的同時，蘇門答臘、蘇拉威西和加里曼丹的叛亂也正燃燒起來。第二次的阿里政府倒臺後，蘇卡諾立即利用總統職權宣佈全國進入緊急狀態，實施軍法統治，從此為印尼議會民主劃上句號。當時，政黨之間的敵意是如此的強烈，以致他們根本無從聯合起來捍衛他們自己的舞臺：政黨議會制。1957 年 4 月，蘇卡諾更自我任命組成超議會緊急事務內閣，由朱安達 (Djuanda Kartawidjaja) 出任總理。朱安達是一個廣受尊重的非政黨人士，而他所領導的閣員更都是以個人的名義入閣——儘管他們大多隸屬國民黨和宗聯會，其中有少數的兩

---

❷　「納沙共」(Nasakom) 即民族主義 (Nationalism)、宗教團體 (Agama) 和共產黨 (Komunism) 的簡稱。其實早在 1927 年，蘇卡諾就已提出這樣的三結合方案。但是，礙於種種現實考量，共產黨始終沒有正式進入任何的聯合政府。

名瑪斯友美黨員，但後來都因此被開除黨籍。1957 年 5 月，擁有四十一名「功能團體」代表的民族議會也成立了。大部分政黨——包括共產黨——的利益都獲得當中某些「功能團體」代表的間接代理，唯獨瑪斯友美和天主教黨被排擠在外。

第一節　印尼共和國革命政府的叛亂

　　民族議會佈局更加劇外島政治利益者對中央政府的不滿。8 月，蘇卡諾決定在 9 月召開全國協商會議，邀請各軍區司令參加，企圖以和平途徑解決外島叛亂的問題。在蘇門答臘，叛亂分子提出《巨港憲章》作為回應，要求宣佈共產黨非法、讓哈達返回領導崗位、改組陸軍中央領導、擴大地方自治等訴求。不過，全國協商會議最終還是一事無成。

　　此後，在美國祕密支持下，蘇門答臘中部、南部和蘇拉威西的叛亂勢力合作起來，建立政府，並與雅加達政府正式決裂❸。1958 年 2 月，辛伯倫在巴東通過廣播，以「蘇門答臘革命委員會」的名義向雅加達發出最後通牒，要求朱安達政府下臺，另組織以哈達或日惹蘇丹為首的新政府，而蘇卡諾必須退回到憲法上

---

❸　根據報導，在臺灣的蔣介石政府也涉入這次的叛亂活動。當時，美國中情局通過新加坡向蔣介石政府購買四十箱武器，並以美國石油公司的船隻運送給蘇門答臘的叛亂政府。這種情況導致印尼政府在 1958 年 8 月下令禁止中國國民黨在印尼的一切活動。印尼陸軍也沒收了許多親臺華人的產業。

象徵元首的地位。當天，美國國務卿杜勒斯 (John Foster Dulles) 也抨擊雅加達政府違憲，為叛亂勢力作外交支援。雅加達方面拒絕最後通牒後，叛亂分子宣佈在巴東成立「印度尼西亞共和國革命政府」 (Pemerintah Revolusioner Republik Indonesia，簡稱 PRRI)，以沙弗魯汀為總理，內閣成員包括納希爾、布哈奴汀（兩位都是前總理）和辛伯倫等。

到了 3 月，印尼中央政府開始以武力鎮壓蘇門答臘叛亂分子，它利用海空優勢對蘇門答臘進行封鎖，將各地叛亂勢力分別孤立起來。3 月 10 日，政府軍從蘇門答臘中部東海岸登陸，迅速向叛亂中心推進。此時，美國竟將軍艦駛至蘇門答臘岸外，企圖以保護美僑的生命財產為藉口進行武裝干預。不過，印尼政府軍還是順利收復蘇中東海岸，以及美國石油公司的採油地區。4 月 18 日，政府軍攻下叛亂政府首都巴東，迫使後者將叛亂中心轉移到蘇拉威西北部的萬鴉老。不過，6 月 26 日，政府軍又成功攻克萬鴉老，使得這次叛亂從此大勢已去，只剩下零星的游擊和反抗活動。

第二節　軍方和共產黨的實力成長

在新的政治架構底下，共產黨和軍方都設法強化自己的政治實力。雖然共產黨人未能加入新內閣，但他們在內閣還是擁有少數的同情者。在這期間，甚至更早的時候，共產黨也成功地祕密滲透到軍隊裡。除此之外，共產黨也開始成功地拉攏知識分子到

他們的陣營內，其中普拉姆迪亞安納塔托　（Pramoedya Ananta Toer，見圖45）是最著名的例子。在「學苑」學校系統裡，共產

圖45：普拉姆迪亞　1925年出生在爪哇的布洛拉(Blora)，他是印尼獨立後最卓越的印尼語散文、小說和短篇小說作家。第二次大戰時，年少的普拉姆迪亞在雅加達擔任打字員的工作。1945年反荷革命戰爭爆發以後，普拉姆迪亞便投入民族主義隊伍內，除負責「印尼自由呼聲」的廣播工作，他也參與出版一份印尼語的雜誌。1947年，他不幸被荷蘭殖民當局逮捕。在隨後的兩年牢獄生活中，他寫下了第

一部小說《逃亡》(Perburuan)──一個反日分子如何逃亡回到爪哇故鄉的故事。在1949年印尼獨立後，普拉姆迪亞創作了一系列的小說和短篇小說。他的名聲漸漸建立起來。到1950年代末，普拉姆迪亞成為共產黨的同情者，並開始書寫以左派觀點為出發的文化批評和文章。他也跟共產黨的文化組織建立了密切的關係。雖然，普拉姆迪亞始終否認自己是共產黨人，不過，印尼1965年「9.30事件」後，他還是在印尼軍方大肆肅共的行動中鋃鐺入獄，之後，他被流放到東印尼布魯島的政治犯集中營內，直至1980年才獲得釋放(但還是被限制居留在雅加達)。艱苦的流放生活並沒有阻止普拉姆迪亞的創作，他仍然成功地寫下著名的布魯島四部曲：《人世間》(Bumi Manusia)、《萬國之子》(Anak Semua Bangsa)、《足跡》(Jejak Langkah)和《玻璃屋》(Rumah Kaca)。上述前兩部小說出版後，廣受大眾和文學批評界的好評。但是，很快就被印尼政府列為禁書，不得出版。因此，後面兩部小說也被迫在國外出版發行。在蘇哈托下臺之前，就曾有兩名大學生因為售賣普拉姆迪亞的作品而被判刑入獄八年。

黨的影響力也越來越大。

1957 年地方議會選舉結果更顯示，共產黨已經超越國民黨和宗聯會，成為中、東爪哇最有實力的政黨。當時，共產黨是唯一擁有活躍草根組織的政黨，它積極地動員以聲援蘇卡諾指導民主的落實，同時推動土地改革和反貪污運動。1958 年的叛亂讓共產黨的勁敵瑪斯友美聲望重挫，開始同樣背負叛亂的「原罪」陰影。除此之外，隨之而來的反美情緒，也為共產黨提供一個有利的政治氛圍。

無論如何，陸軍成為國家進入緊急狀態的最大獲益者，它禁止了所有的政治活動，查封報社，大大地擴張自己在國內的權勢，漸漸滲透到國家每一項行政事務之上。另外，它也致力於強化對新政治體系的重要成員、功能團體的關係甚至控制。1957 年 6月，納蘇迅開始建立軍民合作團體，企圖將原本依附在政黨底下的功能團體給拉攏過來。不過，這種努力顯然不及在退伍軍人方面的成績，軍方成功地組織一個統一的退伍軍人聯盟，並將之置於自己的控制之下。

1957 年底，因為西伊里安課題的衝突，印尼宣佈把所有在印尼領土的荷蘭企業國有化。趁著接收失序的情況，軍方宣佈接收並管理這些被沒收的企業。對軍方而言，這是一項重要的發展，它從此成為國家重要的經濟力量之一，擁有獨立的資金來源，並且能夠使用這些經濟資源來建立自己的恩庇網絡。1958 年的叛亂事件意外地簡化了印尼軍方的派系問題。叛亂平定之後，許多對中央不滿的軍官紛紛被撤職，讓納蘇迅的領導地位大大地鞏固起

來。由於被撤職的軍官多來自外島，這使得軍中爪哇籍軍官的比例大幅上升而偏重。除此之外，軍方中央也向外島派駐嫡系部隊和軍官，減少這些地區軍人叛亂的機會。

　　無疑地，陸軍為蘇卡諾的指導民主的建立提供了重要的助力，它敉平叛亂，並且壓制其他造成威脅的政治菁英，包括哈達和納希爾等。但是，陸軍日益強大的實力，卻也在在威脅著蘇卡諾和他的理想，因此雙方出現對立較量之勢。1958 年 11 月，納蘇迅更提出所謂的「中庸之道」(the "Middle Way")，強調政府不可接管，但卻不能夠在政治上保持無為的狀態。如此一來，軍方被確認為其中一個「功能團體」，得以在政府各級部門裡擁有直接的代表。在這種情勢下，蘇卡諾越來越倚重共產黨作為制衡陸軍的力量。另外，蘇卡諾當時也希望利用共產黨日隆的影響力將革命推到另一個階段：為馬爾哈恩追求社會正義。雖然如此，但蘇卡諾也深信：要達致成功，還須要給上帝或宗教留有一定的位置。總的來說，蘇卡諾開始在陸軍和共產黨的權力平衡之間，努力推動他的革命和理想。

第三節　回歸 1945 年憲法

　　叛亂平定後，合法化 「指導民主」 的工作變得重要起來。1959 年 2 月，朱安達政府公佈有關實施「指導民主」的議決，規定要恢復 1945 年憲法。4 月，此項議案送到制憲議會審理，雖有多數票支持，但卻未能通過所須要的 2/3 票數的門檻。7 月 5 日，

蘇卡諾在共產黨、國民黨和陸軍的支持下，發出總統命令宣佈恢復 1945 年憲法。7 月 10 日，蘇卡諾再度就任印尼總統，以朱安達為第一部長的工作內閣 (Kabinet Kerja) 也宣誓就職。這次內閣也同樣強調個人身分的參與、沒有共產黨員（但有數位同情者），另有少數軍官也出任部長（納蘇迅出任國防部長）。

在 1960 年 3 月底，蘇卡諾指派和組成所謂的合作國會 (Dewan Pewakilan Rakyat-Gotong Royong)，其中政黨代表有一百三十人、功能團體一百五十人、西伊里安一人。9 月 15 日，根據 1945 年憲法，臨時人民協商議會被組織起來，其中包含二百八十一名的合作國會議員、九十四名地區代表、二百四十名功能團體代表等，總共六百一十五人。合作國會設立之初，瑪斯友美、社會主義黨、哈達等人企圖反對之，但最終徒勞無功。在軍方咄咄逼人的情況下，許多政黨選擇進入蘇卡諾的庇護，而政黨人物通過正式建制或政黨架構所取得的影響力也日益衰微，須要依附在蘇卡諾或軍方的勢力之下。至此，除共產黨外，印尼各政黨雖不至於被「埋葬」，但他們的影響力卻肯定是入土了。

第四節　西伊里安問題的解決

根據 1949 年〈圓桌會議協定〉，荷蘭獲得繼續佔領西伊里安。此後，從 1950～1954 年，印尼政府企圖通過談判收回西伊里安，但談判總是無功而返。1954～1957 年，印尼政府改變途徑，轉而通過聯合國尋求解決之道，但提案每每都未能通過 2/3 多數

而遭否決。1957 年底，印尼政府宣佈充公其領土內所有的荷蘭企業。自從 1948 年叛亂平定後，解決西伊里安問題成為印尼國內最刻不容緩的政治議程。1960 年 8 月，印尼更宣佈與荷蘭斷絕外交關係。同年底，印尼向蘇聯購得大量的現代化軍備，包括坦克、導彈、戰鬥機、中程轟炸機、驅逐艦、潛艇和巡洋艦等，因而具備向西伊里安發動兩棲作戰的攻擊能力。1961 年 12 月，蘇卡諾發佈全國總動員令，短時間內召集五百萬名志願軍，積極準備向荷屬西伊里安發動侵略。

　　為了防止印尼進一步在政治和軍事上傾向蘇聯，美國甘迺迪政府改變立場，開始向荷蘭施壓，遣使充當雅加達和海牙之間的中介，以便盡快解決西伊里安衝突。1962 年 3 月，美國總統本克 (Ellsworth Bunker) 提出一項解決方案，內容主要是：⑴荷蘭立即將西伊里安行政權轉交給印尼政府，時間最長不超過兩年；⑵政權移交後，應允許當地人民行使自決權；⑶為防移交期間雙方的軍事衝突，移交期間內，由聯合國負責維護西伊里安的法律和治安。印尼政府欣然接受了美國的基本原則，但荷蘭卻遲遲不肯給予明確的答覆。為此，已經失去耐性的印尼政府再次加強軍事壓力，調動大軍集結在錫江和西伊里安附近的島嶼，並且空降志願軍在西伊里安展開游擊戰。

　　1962 年 7 月，荷蘭最終被迫接受美國方案。經過一連串的祕密談判，印荷雙方於同年 8 月 14 日在聯合國總部簽訂協定。該協定主要規定是：從 10 月 1 日起，聯合國將承擔西伊里安的行政權力；荷蘭軍隊和行政機關必須在 1963 年 5 月 1 日前撤出西伊里

安,而印尼政府也將同時從聯合國手中接收該地行政權;在 1969
年結束前,伊里安必須舉行公民投票,讓其人民決定自己的政治
前途。1963 年 5 月 1 日,印尼最終收回了西伊里安的行政權。

第五節　蘇卡諾與陸軍的權力鬥爭

在 1960 年左右,蘇卡諾與軍方的權力鬥爭越演越烈。在軍隊
內,蘇卡諾則在其他軍種內尋求盟友——尤其空軍。他跟空軍參
謀長蘇查達瑪 (Surjadi Surjadarma) 建立了密切的關係,使空軍成
為他最可靠的武裝力量。在政黨方面,除了共產黨之外,蘇卡諾
也開始拉攏其他爪哇政黨站到同一陣線。蘇卡諾此時所強調的「納
沙共」政府,顯然以國民黨代表民族主義,宗聯會代表宗教,而
共產黨則當然是代表共產主義。前面兩者較不成問題,但共產黨
的入閣卻遭遇來自陸軍的強大阻力。

1960 年 8 月,陸軍最終查封了瑪斯友美和社會主義黨,同時
開始將矛頭轉向共產黨。7 月,陸軍藉故逮捕共產黨全部政治局
成員,宣稱要對他們進行查問,不過隨後在蘇卡諾的壓力下將他
們釋放。8 月,在南蘇門答臘、南加里曼丹和南蘇拉威西,地方
將領宣佈共產黨非法,並且逮捕、騷擾或限制當地共產黨人。10
月,共產黨政治局所出版的所有雜誌被禁,而其黨報也被迫縮減
篇幅。這種政治壓力之下,共產黨被迫跟蘇卡諾走得更近。

在此同時,與荷蘭的西伊里安爭端也炙熱燃燒起來。儘管它
屬於外交事務,但它卻深深牽連著國內政治勢力的角力。除了作

為反殖民事業的一部分，蘇卡諾和共產黨都希望藉此強化本身的政治實力。通過伊里安的動員活動，蘇卡諾企圖引發民眾的熱情，以便延續他想要的革命。對共產黨而言，這次是它參與國家大事的難得機會，而且通過一場場的群眾動員，它的黨員人數繼續膨脹起來。無論蘇卡諾或共產黨都努力把握這次事件的走向，避免它淪為陸軍另一齣擴權的獨腳戲。

　　1961 年 12 月，蘇卡諾設立一個針對西伊里安軍事行動的「最高行動指揮部」（Komando Operasi Tertinggi，簡稱 Koti），並以自己為總司令藉此牽制作為副總司令的納蘇迅。但是，不久後，印尼部隊遭遇嚴重軍事挫敗，包括一名海軍副司令在內的五十幾名軍人戰死。納蘇迅歸咎於空軍，指責它未能提供足夠的空援。蘇卡諾被迫將其盟友蘇查達瑪撤換，而代之以較為疏遠的達尼（Omar Dhani）。然而在未來，蘇卡諾還是成功將達尼拉攏到同一陣線。1962 年 6 月，蘇卡諾利用明升暗降的方式，將納蘇迅擢升為只負責協調和民間防衛工作的武裝部隊參謀長，並且委任雅尼（Achmad Yani）取代陸軍參謀長一職。雅尼雖也反共，但他卻較容易受蘇卡諾的左右。

　　1963 年 5 月，伊里安爭端的落幕為蘇卡諾、共產黨和陸軍之間的關係投下新的不穩定因子。陸軍擔心軍事統治將因此結束，而軍事預算將大幅縮減。蘇卡諾則不希望群眾的熱情冷卻而使革命停滯下來。對共產黨而言，政治大氣候恢復平靜必定不利於它未來的成長。就在這種情況下，馬來西亞課題成為一場及時雨。

第六節　粉碎馬來西亞

1961 年 5 月，當時馬來亞首相東姑阿都拉曼 (Tengku Abdul Rahman) 提出一個包含馬來亞、新加坡、汶萊、砂勞越和沙巴的馬來西亞建國計畫。至 1962 年年底，除汶萊之外，其他涉及的各造已準備正式組成一個國家。印尼對這種發展感到不安，認為這是英、美新殖民主義的策略，馬來西亞日後將成為它安全上的威脅。1963 年 1 月，蘇卡諾宣佈印尼不能夠接受馬來西亞建國計畫，而印尼中情局 (Badan Pusat Intelijens) 首長蘇班狄力羅 (Surbandrio) 更形容印尼將採取「對抗」(confrontation) 的態度❹。

1963 年 7 月，馬來西亞確定將在 8 月成立的消息傳出後，印尼深感屈辱，國內也引爆一股強大的反英情緒。共產黨發動大規模示威。英國大使館被群眾燒毀。馬印兩國隨後斷絕外交關係。9 月 25 日，蘇卡諾宣佈要「粉碎馬來西亞」(ganyang Malaysia)❺。兩國關係極度惡化，邊境的軍事衝突不斷地升級。

蘇卡諾與美國的關係也隨著事件的發展而惡化。在「粉碎馬來西亞」公開後，美國中止對印尼的軍事援助。國際貨幣基金也

---

❹ 印尼共產黨跟蘇卡諾一樣，同樣鮮明地反對這種新殖民主義的發展。它擔心這個新國家將強化原有的泰國、南越、菲律賓和臺灣的反共聯盟。軍方則主張對馬來西亞進行一定程度的對抗，但又不想引爆全面的公開戰爭。

❺ "ganyang" 其實有（活剝）生吞的意思。

宣佈撤銷對印尼的五千萬美元貸款，使得原已陷入困境的印尼經濟雪上加霜。1963 年 12 月，美國更派遣第七艦隊進入印度洋，向印尼施加壓力。1964 年 7 月，美國宣佈放棄中立的立場，轉而支持馬來西亞，同意為後者提供必要的防禦武器。這一連串的發展，使得蘇卡諾與美國的關係進一步惡化。1964 年 8 月，蘇卡諾在國慶日演講中首次公開抨擊美國。各地的反美活動進入高潮，美國在當地的建築紛紛被攻擊，美國石油企業和園坵被工人接管，而印尼政府也宣佈將美國企業置於監督之下。

在這次的外交爭端上，蘇卡諾同樣為了防止陸軍對它的主宰和利用，所以在 1963 年 7 月改組原有的「最高行動指揮部」，撤去納蘇迅副司令的職務，以期削弱陸軍的影響力。1964 年 5 月，蘇卡諾頒佈總統命令，號召印尼志願人員參與「粉碎馬來西亞」的行動。另外，蘇卡諾也建立警戒司令部，委任空軍司令達尼為領導，進而強化空軍的角色。顯然，蘇卡諾在左翼力量的支持下，決心甩掉陸軍的牽絆，寄望由空軍來主導「粉碎馬來西亞」的軍事行動。陸軍知悉後，施壓限制警戒司令部的實質功能，並且通過改組架空達尼的權力。在此同時，陸軍也設法通過裝備和人員的控制，壓抑對馬來西亞的軍事行動，並且直接聯繫敵方，轉達不支持擴大衝突的訊息。如此一來，真正的軍事衝突並不多見，絕大部分集中在加里曼丹邊境，而且都以失利收場。

第七節　共產黨的激進化與反共勢力的集結

在對抗馬來西亞的背景下，共產黨也許是出於過度自信，或者出於希望突破強大政治壓力，又或受到中國的影響，而轉向激進的道路。1963 年 11 月，朱安達去世，內閣大權落入蘇班狄力羅（見圖 46）、查魯沙烈 (Chaerul Saleh) 和里蒙納 (Johannes Leimena) 三人手中，其中扮演主導角色的蘇班狄力羅是共產黨的盟友❻。這種情況，讓整個內閣親共的色彩大增。而印尼共產黨在 1963 年底，中蘇關係破裂後，正式選擇投向中國共產陣營，並且推動更激進的政策。

圖 46：「9.30 事件」爆發後一年，蘇班狄力羅正在聽取對他的死刑判決。

共產黨發動所謂的「單方面行動」，大力推行早已形同廢文的 1959～1960 年的土地改革法。在中爪哇、東爪哇，甚至峇厘、西爪哇和北蘇門答臘，農民在共產黨的支持下進行了搶奪土地的活動，從而跟地主們（大部分是虔誠穆斯林或國民黨支持者）、官

---

❻　當時，野心勃勃的蘇班狄力羅渴望能夠成為蘇卡諾的繼承人。不過，他並沒有陸軍方面的支持，所以他跟共產黨成為緊密的盟友。雖然共產黨不喜歡此人，但為了現實考量也唯有接納他。

僚、軍方管理者，甚至在東爪哇的宗聯會閃特里支持者，發生激烈和暴力的衝突。糾紛、縱火、綁架和殺人事件蔓延開來，而且共產黨的阿邦安支持者跟閃特里之間的族群衝突越來越嚴重。在激烈的反共暴力中，共產黨退居守勢，中央領導也漸對基層同志失去控制。

　　隨著暴力反擊之外，反共勢力也開始祕密的結合起來，陰謀和情治活動暗潮洶湧。一個由情治人員主導的陸軍團體顯然串聯了宗聯會和其他伊斯蘭領袖——甚至某些激進反共分子或西方情治單位。這些陰謀團體的主要打擊對象是共產黨、蘇班狄力羅、蘇卡諾，以及他們三人的同盟軍官或同情者。在種種陰謀的幕後是一個稱為 「特殊行動」 的陸軍情治機構，其掌符人是蘇哈托 (Soeharto) 麾下的莫托普 (Ali Murtopo) 中將。另一方面，陸軍也拉攏了軍民合作團體，以及社會主義黨和瑪斯友美的黨人站到同一陣線上。

　　1964 年 4 月，穆巴黨根據蘇卡諾「埋葬政黨」的概念，通過有聯繫的報章媒體強力推銷解散現有政黨並創建一黨體制的主張。雖然跟共產黨同屬左派，但穆巴黨在中蘇決裂之後，選擇投入蘇聯的共產陣營。該黨雖小，但其影響力卻相當大，因為它擁有一些擔任重要公職的黨員——尤其當時的貿易部長馬力克 (Adam Malik)。另外，穆巴黨人跟蘇卡諾私交甚密，並且獲得少數軍官的支持。9 月，馬力克和反共新聞從業人更成立「挺蘇卡諾主義團體」（Badan Pendukung Sukarnoisme，簡稱挺蘇團），企圖迫使共產黨以所謂的「蘇卡諾主義」來取代馬克思主義，進而

挑撥蘇卡諾與共產黨的關係──至少是為難和削弱共產黨。雅尼
隨後也宣佈支持挺蘇團的主張。蘇卡諾識破他們的企圖,指控這
些舉動是美國中情局的陰謀,並且在 12 月下令禁止挺蘇團,並且
打擊穆巴黨和相關的報章媒體。

　　整體而言,左右對立之勢日益清楚,雙方猜忌日重而劍拔弩
張。以過度簡單的劃分來說,在左邊,蘇卡諾是主要的核心,他
聯繫著政府內閣、共產黨、空軍等勢力,而中國是他們的國際盟
友;在另一邊,則集合了陸軍、伊斯蘭勢力 (瑪斯友美、宗聯
會)、社會主義勢力 (社會主義黨和穆巴黨) 等,美國和蘇聯則是
他們的祕密支持者。

第八節　第五部隊的建立與繼承危機

　　對於陸軍日益強大的權勢,蘇卡諾原本利用離間納蘇迅和雅
尼之計來破壞陸軍內部和睦,以資削弱陸軍整體的力量。不過,
陸軍兩派基本上還是反共的,主要分歧在於對待蘇卡諾和共產黨
的策略差異。1965 年 4 月,兩派通過會議達致基本共識與和解,
發表聲明強調軍人的雙重角色:一為軍事上保家衛國的防衛勢力,
另一則是維持政治社會秩序與安定的力量❼。蘇卡諾瞭解這種發

---

❼　陸軍也宣稱,作為一種政治社會性的勢力,軍隊的職權與活動範圍包
　　含了對意識型態、政治、社會、經濟、文化,以及宗教方面活動的控
　　制。另外,作為革命先鋒、追求國家自由的戰士,以及基於印尼建國
　　五原則,軍人對於國家政策、政府品質、國家安全和社會安定都絕無

展的嚴重性，另尋良策是刻不容緩的工作。此刻，中國和共產黨似乎能夠提供他一個解方。

在國內強烈反美和國際尖銳冷戰的氛圍下，蘇卡諾與中國越走越近，一個雅加達─北京聯盟清楚浮現。1964 年底，為了與蘇聯提供的傳統武器一較高下，中國甚至曾答應提供印尼一顆原子彈。在 1965 年 1 月，馬來西亞被接受為非常任理事國，印尼因此憤而退出聯合國。當時，中國大力支持印尼的決定。在同一個月，共產黨曾向蘇卡諾建議在現有海、陸、空軍和警察之外建立「第五部隊」，也就是將工農訓練和武裝起來。而從中國訪問回國的蘇班狄力羅也宣稱，中國的周恩來同意提供建立民兵所須要的武器。

當時蘇卡諾雖希望擁有可靠的武裝力量，卻因為有所顧慮而未給予正式放行，而只是利用這個課題對陸軍方面討價還價。根據中國方面資料，1965 年 5 月，蘇班狄力羅將一份英國大使致英國外交部的信函副本呈交給蘇卡諾過目。這封信暗示印尼軍人正密謀推翻蘇卡諾政府。蘇卡諾因此大為震驚，並決定將「第五部隊」付諸實現。7 月，空軍很快地開始在雅加達的哈林 (Halim) 空軍基地提供共產黨有組織的群眾軍事訓練❽。

置身度外的空間或餘地。印尼軍隊不能夠成為死的工具，除了擔負一般的軍事職責外，軍人更必須關注社會上其他的活動。未來，在蘇卡諾下臺以後，此一信條最終發展為一般所稱的「雙元功能」(dwifungi)。

❽　9 月中，蘇卡諾更指派達尼祕密出使中國，與中國方面商討和安排如何將十萬支輕型槍械在國防部長納蘇迅不知情下運送到印尼，以便武裝「第五部隊」。

　　8 月 5 日，蘇卡諾在外交場合上嘔吐並暈倒，其嚴重的腎結石病情震驚全國上下。雖然，蘇卡諾後來宣稱已康復，但繼承問題最終引爆原有的緊張關係。根據後來審訊資料顯示，共產黨領導艾迪當時匆匆從中國飛返，並決定鼓動「進步」的陸軍軍官對陸軍高級領導發動攻擊。17 日，蘇卡諾在演講中宣佈要跟北京、金邊、河內和平壤組成一個國際的反帝國主義軸心，公開宣示建立「第五部隊」的決心，並暗示將對反對此項計畫的將領們做出必要的處置。如此一來，反共的武裝力量更加速集結起來。印尼政局陷入了洶湧的鬥爭暗潮，謠言、猜疑和陰謀瀰漫在雅加達的天空。不久，至今仍然疑點重重的「9.30 事件」爆發，粗暴地為這個國家掀開新的一頁。

第九節　「9.30 事件」

　　直至今天，歷史學者對「9.30 事件」的掌握仍然十分薄弱，因為在印尼，它仍然是一個不可碰觸的敏感話題。簡單來說，「9.30 事件」主要有兩種主流說法：一是政變，二則是反政變。印尼陸軍是第一種說法的主要推銷員，而第二種說法，則普遍出現在起事者、共產黨和中國文獻裡——為了制止一個由美國中情局支持的所謂「將領委員會」在 10 月 5 日政變的預防性反政變。其實，它的成因十分複雜，過去一些將它視為共產黨、陸軍、蘇卡諾，甚至蘇哈托陰謀的說法，都顯得過於簡單和陰謀論。無論如何，事件的一些主要經過倒是沒有爭議的。

這次事件的領導人是總統警衛營營長翁東中校，其他參與的軍官包括拉蒂夫上校（雅加達守備區第一旅旅長）、蘇帕佐(Supardjo) 准將（屬狄波尼哥羅營，而且是布拉威查亞(Brawijaya) 營的情報首長）和蘇約諾空軍少校（哈林空軍基地守備部隊司令）等。這些軍官顯然獲得達尼的支持，因為達尼提供了哈林空軍基地作為行動總部，而且本身也在那裡。共產黨的情治首腦史查姆 (Sjam) 跟這些軍官們有著聯繫，而少數的共產黨政治局成員也清楚知道這項計畫。

參與行動的兵力來自總統警衛營、狄波尼哥羅營、布拉威查亞營和共產黨人民青年團 (Pemuda Rakyat)。9 月 30 日晚上 10 時，兩個武裝分隊從哈林基地向雅加達出發。他們的任務分別是逮捕七位所謂的「將領委員會」成員，以及控制首都的主要設施。在該逮捕名單上最重要的人物就是納蘇迅和雅尼。被指派的士兵按照計畫分別包圍該七名將領的住宅並進行逮捕行動。由於遭遇反抗，或慌張失措的情況下，雅尼和其他兩名將領被當場槍殺。除納蘇迅之外，其他三名將領都成功被逮捕。納蘇迅是唯一躲過此劫者，其忠心耿耿的副官騰迪安 (Pierre Tendean) 被誤認而頂替了他。在一片混亂中，納蘇迅五歲的小女兒被槍傷，並在幾天後傷重不治。納蘇迅機靈地躲過搜捕，而翻牆躲藏到隔壁伊拉克大使館內。

政變士兵將被捉的軍官（活的或死的）帶回哈林基地，隨後剩下的活口也一一被處決 ❾ 。他們的屍體被拋置到鄰近鱷魚洞 (Lubang Buaya) 的一口廢井內。在此同時，為數二千人左右的另

一支武裝分隊則佔領了在獨立廣場上三個掌控總統府的據點、廣播電臺和電子通訊中心。10月1日早上7時20分，起事者透過廣播宣佈發動「9.30行動」的目的是為了保護蘇卡諾總統，並且粉碎一個美國中情局所支持的「將領委員會」即將發動的政變。

至於蘇卡諾的動向，事發的30日晚上，他應邀在體育館發表演講，然後偕同太太黛維夫人 (Ratna Sari Dewi) 出席一個招待會，直至深夜才回到黛維夫人家裡過夜。次日清晨6時，他被叫醒得知納蘇迅住宅發生槍擊。隨即，蘇卡諾出發返回總統府，但途中被總統府警衛通過無線電通知總統府附近有軍隊出現，於是他便轉往另一個太太哈麗雅蒂夫人 (Hariati) 的住所。但後來，他又覺得那裡不安全，因此乘車再轉往哈林基地。由於哈林基地是「9.30事件」的政變中心，所以後來不禁讓人將他跟這些起事者牽連起來。不過，蘇卡諾自己解釋說，由於情勢複雜且未明朗，所以他決定到一處隨時有飛機可以調用的地方，而他最終選擇了哈林基地。

在另一邊的陣營裡，蘇哈托也在清晨5時30分輾轉得知納蘇迅和另一位將領的住處發生「不尋常的活動」。他有不祥的預感，因此迅速驅車前往位於總統府附近的陸軍戰略後備司令部

---

❾　這次逮捕和殺害行動無意中摧毀了陸軍的雅尼派系。雅尼雖然反共，但他也相當尊崇蘇卡諾，所以過去，雅尼派系一直扮演著在蘇卡諾／共產黨與更強硬的陸軍派系中間的緩衝角色。如今雅尼派系被毀滅，而陸軍因此落入強硬派將領手中，使陸軍後來在推翻蘇卡諾和消滅共產黨的執行上不再猶疑和手軟。

（Komando Cadangan Strategis Angkatan Darat，簡稱 Kostrad）。未能掌握全盤局勢，也不知道總統的下落，但蘇哈托還是積極展開聯繫和探索的行動。在納蘇迅和雅尼下落不明的情況下，蘇哈托聯繫了一些陸軍、海軍和警察領導，並且獲得他們的同意讓他暫代司令的職權。隨即，蘇哈托下令所有部隊留守軍營內不得擅自離開，除非獲得他正式的動員令。早上 7 時半，蘇哈托從廣播上得知政變發生。他傳令可信賴的軍官帶領西利汪毅的裝甲部隊，以及陸軍傘兵突擊隊入京。

由於後勤斷絕，駐守在獨立廣場的政變部隊開始飢渴疲憊不堪。蘇哈托從上午 9 時至下午 2 時，不斷派軍使軟硬兼施地遊說在獨立廣場的叛軍投降。下午 4 時，除少部分逃回哈林基地外，大部分駐守在那裡的叛軍都棄械投降了。大約下午 5 時，增援部隊終於抵達。在優勢的兵力下，蘇哈托不費吹灰之力就取下廣播電臺和通訊中心。接近 7 時左右，蘇哈托最後控制了整個雅加達。

「9.30 行動」最大的失策在於沒有後續鞏固地位的行動，相反地，他們寄望於蘇卡諾的公開支持和合法化。不過，事與願違，蘇卡諾在早上 9 時半抵達哈林基地後，會見了達尼和其他一些政變軍官聽取事件的發展。可能是因為納蘇迅逃過逮捕，或自信於過去左右平衡者的角色，或相信一直很管用的拖延戰術等不明因素，蘇卡諾始終不願意公開表態支持「9.30 行動」。下午，蘇卡諾發出命令宣佈自己親自出任總司令，並且委任傾向自己的普拉諾托 (Pranoto Reksosamudro) 執行陸軍日常事務。

下午 7 時 30 分，使者將這項命令傳達給蘇哈托，但後者並不願意遵從。相反地，蘇哈托要使者請求蘇卡諾迅速離開哈林基地，因為那裡即將遭受攻擊。其實，蘇哈托在早上 10 時左右，便從來使口中獲悉蘇卡諾安全地停留在「離開戰略後備司令部兩小時車程的地方」。蘇哈托準確地猜測那個地方應該就是哈林空軍基地。不過下午 3 時左右，達尼卻通過廣播宣佈支持「9.30 行動」。這種情況加深了蘇哈托的疑心，不禁懷疑蘇卡諾在這次政變中的角色。8 時，印尼國家廣播電臺宣佈陸軍的新聞，指責被粉碎的「9.30 行動」是反革命事件，並宣佈由蘇哈托暫時出掌陸軍領導權。另外，陸軍誓言要採取堅決措施恢復「秩序和安全」，而雅加達和鄰近地區被宣佈進入緊急狀態，實施宵禁。蘇哈托向哈林基地發出最後通牒，要求他們馬上投降。

蘇卡諾不甘被拒，連續遣使到陸軍戰略後備司令部要求在那裡的普拉諾托到哈林基地，不過都遭到蘇哈托的攔阻。晚上 10 時，蘇卡諾無可奈何地乘車離開，前往茂物的行宮。眼見「9.30 行動」大勢已去，在哈林基地的政變領袖紛紛離去，其中共黨領袖艾迪飛往日惹，達尼則去了茉莉芬。10 月 2 日清晨 3 時左右，陸軍傘兵突襲部隊對哈林基地發動攻擊，在零星戰火和極少傷亡的情況下，「9.30 行動」終於劃下休止符。

第十節　血腥的肅共運動

10 月 2 日在中爪哇，一批同情的軍官起事，一度控制三寶

塵，但沒幾天就被鎮壓下來。當天，雖然雅加達的政變早已灰飛煙滅，但共產黨黨報還是發表社論讚揚和支持「9.30 行動」。另外，共產黨也出現在日惹聲援「9.30 行動」的和平示威，而梭羅的共產黨籍市長也宣佈支持。這些事件，加上共產黨人民青年團在政變中的角色，讓敵對的軍人確信共產黨參與這次的政變。如今，他們要共產黨付出慘痛代價：不僅止於限制或宣佈非法，而是完全的毀滅根絕。當時，伊斯蘭活躍分子、反共人士也無限同意他們的想法。

同樣在 2 日，軍方召集一次由許多政黨和群眾團體（除共產黨和相關團體）參加的會議，決定組成「粉碎反革命 9 月 30 日運動統籌團體」，並且公開號召消滅共產黨。3 日，六名將領的屍首被發現，更進一步激化原有的反共情緒。逮捕和殺害共產黨黨員的行動大肆展開，至 7 日就有三千人被捕❿。共產黨和相關組織的辦公室都遭受攻擊，其領導的住所也被搗毀。以後直至 1966 年元月，全國更掀起腥風血雨的肅共屠殺事件——在爪哇和峇厘尤其慘烈（見圖 47）。

社會各種舊仇宿怨迅速捲入到這場瘋狂的殺戮運動。在東爪哇，宗聯會和共產黨之間早在 1963 年便結下深仇大恨，如今更爆發為全面的流血衝突。10 月中，蘇哈托派遣親信的傘兵突擊部隊

---

❿ 共產黨主席艾迪在 1965 年 11 月 22 日在梭羅附近被捕，隨即被槍殺。第二副主席佐多在 12 月 4 日在雅加達被捕，也立即被處死。第一副主席魯克曼則在 1965 年 4 月被捕，也同樣立即被殺害。

圖 47：1965 年雅加達，一名
共產黨嫌疑犯被逮捕的情
形。

進入中爪哇，以取代被懷疑存有二心的部隊，但是他們遭遇抵抗。
如此一來，肅共屠殺也在當地被引爆。陸軍偕同青年人大肆搜捕
共產黨人。在峇厘，社會地位較高的國民黨地主發動清算共產黨
的運動。11 月初，重要的伊斯蘭團體穆斯林改革運動默哈末狄雅
甚至宣佈肅共是一種聖戰⓫。在軍方的慫恿和縱容下，閃特里社
群開始攻擊被懷疑是共產黨員的阿邦安穆斯林。華人社群更因為
被視為共產黨的支持者而遭受嚴重的掠奪、攻擊和殺害。在此同
時，許多無辜的人士也慘遭殺害和監禁，包括共產黨同情者、國
民黨左翼分子、農民等等。被逮捕的人也不好過，他們受到凌虐
和審問，並且在沒有審訊的情況下被囚禁。根據粗略的估計，在
這期間至少有二十萬人慘遭殺害，三十萬人身陷囹圄──在 1970
年代中，估計還有十萬人沒有獲得釋放。

⓫ 這樣的宣佈意味著，殺戮共產黨人成為穆斯林的一項宗教義務，那些
在執行宗教義務（在此為肅共）過程中遇害的穆斯林將保證能夠進入
天國。

第十一節 蘇卡諾的下臺

雅加達「9.30事件」結束後的10月2日，蘇卡諾再度下令讓普拉諾托出任陸軍代司令，不過卻也做出讓步，准許蘇哈托在他擬定的政策下繼續執行維持秩序和安全的任務。不過，蘇哈托絲毫不買帳，甚至利用蘇卡諾之名自行其事，設立恢復安寧和秩序行動指揮部（Komando Operasi Pemulihan Keamanan dan Ketertiban，簡稱Kopkamtib復安指揮部），展開大規模的擴權和肅共行動。軍方將大學和中學生組織起來，發動大規模的反共示威行動向蘇卡諾施加壓力。雖然在10月14日蘇卡諾被迫任命蘇哈托為陸軍司令，但軍方的慾望已不僅止於此。

蘇卡諾仍然不肯放棄他的政治舞臺。1966年1月，他通過廣播號召人民追隨他，而蘇班狄力羅也希望藉此成立「蘇卡諾陣線」(Barisan Sukarno)。不過，蘇哈托卻機靈地瓦解了這項計畫，他對外宣稱自己對蘇卡諾的效忠，並且要求所有效忠於總統的人跟軍方聯合起來。2月，蘇卡諾宣佈改組內閣，企圖平衡和牽制各方勢力，他委任蘇哈托為內閣部長，但解除納蘇迅國防部長和武裝部隊參謀長的職務。軍方視為眼中釘的達尼和蘇班狄力羅卻還維持在內閣名單裡。此舉並沒有讓軍方停止步步逼近，在軍方的唆使下，青年學生在2月20日包圍總統府，阻擾新內閣的宣誓就職儀式。

3月11日，當蘇卡諾在總統府召開內閣會議時，突然得知有

不明的軍隊（其實是摘掉團徽的陸軍傘兵突襲部隊）包圍了總統府。蘇卡諾、蘇班狄力羅和查魯沙烈馬上乘直升機逃往茂物避難。隨即，蘇哈托委派三名將領向蘇卡諾做最後的攤牌，要蘇卡諾交出政權。經過長時間的「憤怒談判」，蘇卡諾最終在晚上屈服，簽署了所謂的「3.11命令」將其權力委任予蘇哈托，換回後者對他人身安全的保護。

取得政權之後，蘇哈托馬上強力打擊對手，並鞏固自己的力量。指導民主從此結束，其政策也一一出現逆轉。12日，他宣佈共產黨和相關群眾組織為非法，讓「納沙共」正式走入歷史。18日，蘇班狄力羅、查魯沙烈和其他十二名內閣成員被逮捕。27日，蘇哈托宣佈改組新內閣。武裝部隊和官僚體系也經歷大幅人事更動。在外交上，印尼與中國的關係惡化❶❷，轉而施行親西方的路線。4月，印尼重新加入聯合國。5月，跟馬來西亞的對抗政策也正式宣佈結束。

不久之後，蘇哈托通過臨時人民協商議會進一步取得合法性，並且去除最後的威脅——蘇卡諾。首先，他逮捕了其中的一百八十名議員，使該議會反蘇卡諾的勢力大張。1966年6、7月所舉行的會議裡，人數縮減後的臨時人民協商議會背書了「3.11命

---

❶❷ 由於中國被懷疑同樣涉入「9.30事件」，所以在1965年底的肅共風潮中，中國外交代表機關多次被暴徒襲擊，外交人員也被槍傷。中國很快就瞭解到它在印尼不再受到歡迎。1966年初，中國關閉新華社辦公室，並召回外交人員和大使。1967年10月31日，印尼正式「凍結」跟中華人民共和國的關係。

令」，以及取締共產黨和禁止以馬克思主義作為政黨意識型態的決定。議會也決定在 1968 年舉行大選。針對蘇卡諾，議會要求他解釋指導民主時期所發生的種種不道德情事、貪污腐敗和經濟危機，以及他在「9.30 事件」中所扮演的角色。另外，議會也收回蘇卡諾作為終身總統的決定，並且禁止他再發出總統命令。

1967 年，當蘇哈托重新委派和改組合作國會議員人選之後，臨時人民協商議會再次舉行會議。這次，在八萬名軍隊駐守戒備下，臨時人民協商議會在 3 月 12 日通過決議，剝奪蘇卡諾所有的權力和名銜，並且委任蘇哈托為代理總統。除了建國五原則之外，蘇卡諾各種的意識型態指示也一律從國家意識型態中被去除。蘇卡諾的時代就此結束。蘇卡諾隨後退隱到茂物（實際是被軟禁），直到他在 1970 年 6 月去世為止。

第十四章 | *Chapter 14*

蘇哈托與新秩序時代 (1967～1988)

　　蘇哈托從「9.30 事件」中崛起成為印尼第二位總統，並且為這個國家建立起「新秩序」——以區別於蘇卡諾時代的舊秩序。

　　一些學者往往將「新秩序」和荷蘭殖民時期的道德政策相提並論，因為這兩個政權之間存在著某種的相似性。首先，它們的合法性都建立在經濟發展的許諾，以及教育和福利水平的提升。其次，它們都是威權主義的，經常粗暴鎮壓反對勢力。針對伊斯蘭勢力，它們都有所猜疑而小心提防之。另外，它們同樣慣用拘禁的手段來打壓政敵，但「新秩序」政權使用的規模顯然要大許多。最後，無論是經濟、政治、軍事或行政權力，都高度集中在少數菁英的手中。

第一節　蘇哈托的背景

　　如今的印度尼西亞之內，蘇哈托逐漸演變為所有權力的核心和源頭（見圖48）。但在此之前，蘇哈托從來不是一個耀眼之星，

圖48：印尼第二位總統蘇哈托

外界對他的瞭解實在有限。蘇哈托跟蘇卡諾一樣，在印尼土生土長，不過蘇哈托的成長世界卻比後者狹小和封閉。蘇哈托於1921年6月出生在中爪哇日惹西郊三十多里外的柯木蘇 (Kemusu) 農村。他的父親是農村的公務員，負責村內飲用和灌溉用水的管理工作。

由於父母離異，而且母親改嫁，所以蘇哈托輾轉在繼父、姑丈和父親朋友家中寄住。初中時候，他認識了一名既是伊斯蘭宗教司，又是巫師的長者。這名長者十分賞識蘇哈托，除了讓他搬到家裡住之外，還讓他幫忙自己的宗教和巫術工作。這段人生經驗對蘇哈托產生重大的影響，讓他深深接受了爪哇神祕主義，使其伊斯蘭信仰始終維持著一種奧祕色彩，而不拘泥於宗教的教條。

不久後，蘇哈托轉到日惹的默哈末狄雅中學就讀。在那裡，他稍微地接觸了正在風起雲湧的國族主義思潮和運動。1939年，蘇哈托中學畢業，由於家庭經濟拮据，他唯有出社會工作，在銀行擔任職員的學徒。不過，蘇哈托很快就丟掉這份工作。此時，前途茫茫的蘇哈托卻獲得軍校的一紙錄取通知單，讓他開始了軍旅的生涯。經過六個月的軍事訓練，蘇哈托以優異的成績畢業，並且被分派到東爪哇瑪琅附近的部隊裡。

日本軍迅速的入侵，再次改變蘇哈托的命運。戰爭開始八天

以後，荷蘭總司令就宣佈投降，蘇哈托不願意成為日軍俘虜，所以脫掉軍服潛逃到姑丈家藏匿起來。不久，他參加日本警察學校的訓練，成為日惹警長的助手，但後來他又轉入衛國軍，重新接受軍事訓練。經過多次升貶，蘇哈托最後被調到茉莉芬以南一個偏僻的營地。1945 年 8 月，蘇哈托離開荒郊出差到茉莉芬時，赫然發現政局已經完全變樣，日本人宣佈投降，而且蘇卡諾更已宣佈印尼獨立了。帶著雀躍卻又不知何去何從的心情，蘇哈托將消息帶回軍營。經過開會討論，他和其他軍官決定遵守日軍總部的指令宣佈解散部隊。

蘇哈托離開軍營，輕裝前往日惹，打算逗留幾天後再回老家。當時，日惹瀰漫著熱烈的勝利和革命氣氛。蘇哈托受到感染，因此利用自己的專長，跟一些朋友和軍中同袍組織起一支人民治安小隊。為了獲取武器，蘇哈托策動幾千名青年攻擊日軍守備營，成功佔領之並擄獲大量的槍枝。此役以後，蘇哈托被吸納成為新生共和國的陸軍中校，並且奉命出任駐日惹地區的團長。

1948 年 12 月，已經成為共和國臨時首都的日惹受到荷軍的突襲侵略。在這次攻擊行動中，荷軍成功地俘虜了包括蘇卡諾和哈達在內的共和國重要內閣成員，並且向世界宣佈印尼的抵抗不復存在。不久，奉命將部隊撤往鄰近山區的蘇哈托——為了粉碎荷蘭的謊言——在 1949 年 3 月 1 日，向日惹的荷軍發動一次裡應外合的突襲，重新佔領市中心，繳獲大量軍火，並且在六個小時後迅速撤離。這次的戰鬥大大地鼓舞了支持共和國的人民和將士。

　　當荷蘭人正式撤離，而印尼獲得真正獨立以後，蘇哈托曾受命平定 1950 年在蘇拉威西所發生的兩次叛亂。由於第二次平亂過程中，蘇哈托的部隊過度殺害叛軍兵士，激起當地人敵視他這支爪哇部隊，使司令部決定將蘇哈托和其部隊調回爪哇。但這事件並沒有嚴重影響蘇哈托，他在軍中的階位仍然能夠逐漸地提升，並曾受命追剿和鎮壓「伊斯蘭之域」等叛軍。1956 年，他被任命為狄波尼哥羅師師長，軍階為陸軍步兵上校。1959 年，蘇哈托奉命進入萬隆陸軍指揮參謀學校深造，並且在翌年被提升為准將。畢業後，他成為納蘇迅的第一助理，主持情報事務；在此同時，他也兼任陸軍第一後備軍和陸軍空防部隊司令。

　　1962 年 1 月，蘇哈托晉升為陸軍少將，並受任為東印尼軍區司令。1963 年，伊里安爭議燒得火熱時，蘇卡諾任命他為解放西伊里安戰區司令，負責軍區和陸、海、空軍和警察部隊的協同作戰工作。伊里安事件落幕後，蘇哈托回到爪哇，並在同年 5 月受命為陸軍戰略後備司令部司令。該司令部是由一些做好戰鬥準備的部隊所組成的特殊兵種，隨時可以投入任何的作戰任務。兩年後，蘇哈托正是在此獲得登上權力顛峰的實力和天賜良機。

第二節　權力鞏固及新秩序的建立 (1967～1975)

　　1967 年 3 月，蘇哈托成功地從蘇卡諾手上奪取國家最高領導權，被臨時人民協商議會委任為代理總統。8 月，他分別廢除四個的武裝部隊部門和部長職位，並將它們全數置於自己的掌管之

下。顯然，不同於蘇卡諾鼓勵和平衡內部競爭的作法，蘇哈托傾向於集權的作法，讓自己直接或由親信間接來控制各個領域。另外，蘇哈托也大量指派軍官擔任省和地方要職。如此一來，一個圍繞在蘇哈托周圍的軍人權力核心集團逐漸成形。

1968 年 3 月，臨時人民協商議會正式推選蘇哈托為新任總統。6 月，蘇哈托組織新內閣，當中延攬了眾多的平民技術官僚人才，包括曾參加 1958 年蘇門答臘叛亂的蘇密拓 （Sumitro Djojohadikusumo，出任貿易部長）。這些技術官僚對政府政策產生重大影響，使經濟政策走向非共國家所能夠認同的方向。無論如何，軍方仍然牢靠地掌握著最後的決定權。

在 1960 年代末，印尼最重要、最賺錢的出口品就屬石油，其他礦產和伐木業也正在快速地成長。岸外探油計畫如火如荼地進行。軍方兩家石油公司也在 1968 年 8 月被合併成為國家石油和天然氣開採企業 （Perusahaan Pertambangan Minyak dan Gas Bumi Negara，簡稱 Pertamina 國油企業）。不過，這家由依布努蘇托沃 (Ibnu Sutowo) 所一手掌握的公司卻鮮有自己的開採工程，而多與外國石油公司進行生產－坐享的合作模式。

通過技術官僚的努力，印尼嚴重的通貨膨脹問題得以緩和下來——雖然在 1968 年仍然高達 85%。由於印尼在蘇哈托的領導下，清楚地回到國際反共陣營，所以能夠獲得來自美國、其他西方國家和世界組織的經濟援助和貸款，驅動印尼國內的經濟引擎。1969 年 4 月，印尼政府提出第一個五年發展計畫，象徵這個國家從經濟穩定向前邁進到經濟發展的階段。在這個計畫下，政府大

量投資在能夠帶來高回收的產業，包括農業、經濟基礎結構、進口替代工業和出口性工業。

至 1973 年，印尼進入了經濟收入優渥的時期。中東戰爭爆發，使得石油價格飆漲，從 1973 年 4 月的每桶二點九六美元，上揚到 1974 年 7 月的每桶十二點六〇美元 。 石油出口所得為印尼帶來主要和眾多的收入。儘管石油錢未能讓印尼變成富裕的國家，但它卻能夠讓這個國家在經濟發展上不再倚重外資，而開始實行一些經濟國族主義的政策 。 為了有效控制石油錢 ， 印尼政府在 1973 年從蘇托沃手中接管了行政腐敗和負債累累的國油企業。

一、政治生態重組和打壓

在 1969～1970 年之間 ， 蘇哈托完成武裝部隊的結構重組工程。武裝部隊四個司令的職位被取消而以參謀長代替之，各軍區也被統攝到一個新的防衛和安全部 （Departemen Pertahanan-Keamanan，簡稱 Hankam） 底下。忠誠於蘇哈托的將領牢牢掌控著陸軍，而新任的海軍參謀長蘇多摩 (Sutomo) 更是蘇哈托的舊同僚。1970 年，海軍經歷一次的「清算」，一些疑似跟共產黨有聯繫的軍官被逮捕。同年年底，蘇哈托也進行軍隊換血工程，以進一步消除潛在的競爭者。他宣佈調低軍官的退休年齡至四十八歲，以及八十六名將軍將在未來兩年退休。如此一來，武裝部隊的權力高度集中起來，讓軍方的派系鬥爭從此消減並且潛伏不易為外人所見。

在政黨方面，共產黨和左翼勢力已經完全被拔起。屬於國族

主義代表的國民黨深受打擊，蘇門答臘、東爪哇和南蘇拉威西的軍區將領甚至暫時禁止了它的活動。如今，實力保存最好的，就屬剩下的伊斯蘭政治勢力。「9.30 事件」以後，伊斯蘭勢力跟軍方攜手合作展開血腥的肅共行動，但很快他們就發現，即使如此，後者並不願意與他們分享政權。重要的伊斯蘭政黨──宗聯會──同樣遭遇軍方的打壓和削弱，但是它在鄉區深厚的民眾基礎讓它避免必須依附蘇哈托的命運。

1969 年底，蘇哈托開始為懸宕已久的全國大選鋪路。當時，合作國會通過法案成立新國會，當中包括三百六十名選舉和一百名委任而來的議員。這個新國會也跟往常一樣，被納入擁有九百二十席代表的新人民協商議會。在新人民協商議會裡，除了國會席次之外，其餘則由軍方和功能團體代表（兩百零七席）、省議會代表（一百三十一席）、政黨選舉實力配額席（一百一十二席）和小政黨議席（十席）組成。經過這樣的議會改組，蘇哈托獲得直接委派國會 22% 和人民協商議會 33% 的議員的權力，能夠有效攔阻任何修憲的企圖。

1970 年 2 月，印尼政府宣佈所有公務人員對政府必須「一條心」。他們一律被禁止參加政黨，而且受威迫以加入功能團體聯合祕書組織（Joint Secretariat of Functional Groups，簡稱 Golkar 戈爾卡）。這個組織是陸軍在 1964 年所設立，目的是處理軍方─民間合作團體之間的協調工作。在這項政策下，國民黨再次蒙受嚴重打擊，其在官僚體系的傳統力量瞬間被連根拔起。日後，戈爾卡成為軍方和官僚體系支配印尼政治的管道──名義上不是但卻

有實在效果的「政黨」。

陸軍情治首領莫托普、內政部長阿米爾瑪末 (Amir Mahmud) 和復安指揮部聯手起來，進一步確保戈爾卡在大選的勝利。復安指揮部過濾所有政黨的候選人，並且將 20% 可疑的候選人淘汰。軍官和官員們都被分配到一定的選票額，因此紛紛下鄉積極為政府拉票，恐嚇的情事經常發生。另外，值得一提的是，一般選民將這次的選舉視為是伊斯蘭力量對「世俗」發展主義政府的對決。

1971 年 7 月，國會大選結果出爐，戈爾卡獲得輝煌的成績：62.8% 的選票，或三百六十個選舉席次中的二百三十六席 (65.6%)。國民黨只得 6.9% 選票，而宗聯會則囊獲 18.7% 的選票。加上委任議席之後，政府總共控制了國會 73% 的議席，而伊斯蘭政黨佔有 20.4%，其餘席位則是非伊斯蘭政黨的 6.5%。1972 年 3 月，新一屆人民協商議會再度推選蘇哈托為總統。

這樣的優勢並沒有讓蘇哈托停止對政黨的打壓，相反地，政府開始逼迫各政黨合併為兩大政黨。1973 年 1 月，由宗聯會和帕穆西黨 (Parmusi) 為主的各伊斯蘭政黨合併成為聯合發展黨（Partai Persatuan Pembangunan，簡稱 PPP 聯發黨）。在非伊斯蘭政黨方面，包括穆巴黨、國民黨、天主教黨、基督教黨等政黨則合併組成印尼民主黨（Partai Demokrasi Indonesia，簡稱 PDI 民主黨）。

另外，蘇哈托政府所控制的國會更通過一功能團體與政黨法，明文規定：各政黨禁止於非選舉期間在各地方活動、參選者不得質疑政府政策而僅能就政策的執行提出建議、選舉使用的標語和

文件都須要經過政府同意、公務人員加入政黨須要得到上級主管的批准等等。在這些嚴密的控制下，政黨的政治力量幾乎被窒息。不過，這些禁令卻絲毫不影響「非政黨」戈爾卡。

二、入侵東帝汶

1975 年 11 月 28 日，印尼東南角落的東帝汶宣佈脫離葡萄牙殖民而獨立，而領導獨立建國運動的是東帝汶獨立革命陣線（Frente Revolucionaria Timor Leste Independente，簡稱 Fretilin）。雅加達政府絲毫沒有意願容忍這個獨立且左傾的新國家。同年 12 月 7 日，印尼發動海、陸、空軍數萬士兵入侵東帝汶，而東帝汶人民則以頑強的抵抗反擊。

根據某些報導，印尼侵略過程中共有六萬名東帝汶平民死傷（佔總人口的 1/10），而且印尼軍隊也實施凌虐、強暴和掠奪的行為。東帝汶獨立革命陣線被迫退入山區繼續進行抵抗。1976 年 7 月，印尼國會通過合併東帝汶的特別法案，而蘇哈托隨後也批准將東帝汶合併為印尼第二十七省。

儘管印尼的侵略行動受到一些國家的譴責，甚至聯合國和不結盟國家首腦會議也都反對之，但是印尼的西方盟友卻似乎不願意為此跟它決裂，而多數低調地承認了這個「現實」。雖然在軍事上被屈服，但東帝汶獨立革命陣線卻從沒停止他們的鬥爭——即使是最微弱的抵抗。國際特赦團體，和其他人權組織也不曾停止譴責印尼政府的殘暴統治。

第三節　新秩序的顛峰期及其批評 (1976～1988)

從 1970 年代以至 1980 年代初 ，印尼經歷了高度的經濟成長。在 1971～1981 年間，這個國家每年的成長率平均都有 7.7%，而且最低者也不少於 5%。這些成長大部分來自石油的生產，另外，印尼也在 1981 年成為世界出產最多液化天然氣的國家。源源不絕的石油錢讓印尼可以不須要依賴外國援助，於是，經濟國族主義者對外國企業實施限制，進而強力發展國家企業，並鼓勵和培養本土的企業家。

在蓬勃的經濟成長之下，一批新的印尼中產階級崛起。但這些人並不準備挑戰現存的政權，相反地，在眼前利益和一片光明的前景之下，他們容忍了該政權所出現的種種貪污腐敗，以及強硬打壓的現象。在 1970 年代末，蘇哈托政權已經相當穩固。在所有蘇卡諾時代的舊政黨當中，唯有宗聯會（已併入聯發黨）能夠維持其舊有的政治基礎。它和它的基礎力量還是跟政府保持著疏離。許多爪哇鄉下的齊雅伊 (kyai) ❶ 對政府、軍方和官僚都抱持著相當的猜疑和抗拒。即使如此，少數齊雅伊還是開始願意跟政府合作，並且發現其中的好處。

---

❶ 齊雅伊 (kyai 或作 kiyayi) 原意是指稱那些爪哇前伊斯蘭時期的宗教老師，或對宗教有高深造詣的人。不過現在，齊雅伊已經變成爪哇地方穆斯林領導的稱謂。這些齊雅伊擁有本身的宗教學校系統、學生和追隨者，因此能夠抵擋政府施加的各種壓力。

1977 年 5 月的國會選舉，再次證明蘇哈托政權的政治優勢。戈爾卡囊獲 62.1% 的選票，民主黨則只得 8.6%，而聯發黨因為宗聯會的關係，尚能贏得 29.3% 的選票。如此一來，戈爾卡繼續主宰了國會和人民協商議會。翌年，人民協商議會第三次推選蘇哈托為總統。另外，以其手中將近 30% 的選票，伊斯蘭的政治力量顯然還是蘇哈托政權背後的芒刺。

一、生活水平的提升

從 1970 年代開始，豐厚的石油收入使蘇哈托政府能夠著手兌現它對民眾最重要的承諾：提升生活水平。這個國家的教育、醫療和農業領域都出現了顯著的改善和進步。

首先，在教育方面，超過十萬所的學校被設立起來，而且有超過五十萬名的新聘教師加入教育工作。根據報導，至 1984 年，共有 97% 介於七～十二歲的兒童接受教育。識字率也大大提升，根據 1980 年統計，十歲以上的識字男性有 80.4%，而女性則有 63.6%；至 1990 年，識字率更提高到男性 89.6% 和女性 78.7%。隨著教育的普及，印度尼西亞語的使用也擴大了，在 1971 年能夠使用印尼語 （超過五歲） 的人口有 40.8%， 1980 年則提升到 61.4%，1990 年更達到 80%。

在醫療方面 ， 醫生人數顯著增加 ， 讓病人－醫生對比率從 1971 年的 20900:1，降低到 1980 年的 11400:1。雖然有大幅進步，但由於人口眾多，印尼整體醫療情況還是落後於其他東南亞國家如馬來西亞、菲律賓和泰國。控制人口增長以舒緩對國家的沉重

壓力是印尼政府最嚴峻的挑戰，儘管如此，它卻能夠在這方面獲
得相當傲人的成就。蘇哈托政府大力支持計畫生育，增加節育醫
療設施、重視民眾宣傳，並且提供節育家庭各種優惠。這些努力
使得印尼婦女一生的平均生育率從 1950 年代的 6.4‰，降低至
1995 年的 2.8‰（低於菲律賓、馬來西亞和印度）。

在這個期間，印尼的農業發展也獲得非凡的成績。蘇哈托政
府通過建設灌溉系統、改良和開發農作物品種、提升肥料和農藥
的使用和設立農業合作社等等措施，大大地提高稻米和其他糧食
作物的生產。在 1980 年，印尼須要消耗六億多美元進口稻米，但
四年後，印尼國內的稻米生產已經達到自給自足的境界。其他經
濟作物——如咖啡、棕櫚油、丁香，也都獲得高幅的生產增長率。

二、思想和行政劃一工程

1978 年 3 月，人民協商議會的會議裡，逐漸蓬勃的克班汀南
(Kebatinan) 成為討論焦點。在 1965 年以後，許多爪哇阿邦安轉
向克班汀南——一種本土發展起來，同時揉合眾多不同宗教元素
的神祕主義教派，甚至蘇哈托也被認為傾向並且支持此一教派。
在 1973 年，它的支持者曾要求政府承認它為一種宗教，以便可以
獲得宗教部門的保障和撥款。不過，當時政府只有承認它為一種
信仰 (kepercayaan)。如今，政府企圖讓人民協商議會通過並承認
克班汀南為宗教。但是，這個議案遭遇代表著伊斯蘭利益的聯發
黨的強烈反對。最終，政府被迫放棄這種企圖。

這次的挫敗讓政府決意進行思想和行政劃一的工程。1978 年

開始，印尼政府推出一系列強制性措施，向全民灌輸國家意識型態：建國五原則。其中最重要的措施是規定政府部門、工作場所和學校等地方的人員一律必須參與學習建國五原則的課程。在行政方面，政府也在 1979 年頒佈鄉村法，依據爪哇鄉村權力結構模式，將全國的地方行政系統劃一起來。鄉村領導被納入官僚體系，成為政府給薪的公務人員，而其遴選是地方提名，由政府來做最後的指定。這種中央集權式的行政改革，引起各地的不滿——尤其外島地區，因為它往往無視地方的特殊性，如族群或宗教區隔等。

三、貪污濫權和不滿的聲音

在亮麗的經濟發展表面下，可怕的貪污腐敗現象卻也同時在蔓延著。對於集結在他周圍的權力新貴或朋黨——家屬和軍中親信，蘇哈托相當放任他們從事各種營私圖利的行為。舉例來說，根據一些報導，蘇哈托的妻子西蒂哈蒂娜（Siti Hartinah Soeharto，通稱 Ibu Tien 天娘）就掌控多個基金會，並利用她先生的影響力涉入廣泛的商業「投資」。上行下效的結果，整個政府甚至社會都感染嚴重的貪污風氣。根據粗略估計，1970 年代末的貪污腐敗現象已嚴重至吞蝕整體海外援助和政府預算的 30%。

除了軍中的朋黨之外，蘇哈托跟被稱為主公 (cukong) 的華裔資本家勾結起來，並以林紹良最為惡名昭彰❷。這些華裔資本家

---

❷ 主公 (cukong) 一詞乃源自福建話。林紹良又名蘇多摩 (Sutomo Salim)，

能夠為政治菁英提供資本、國外聯繫和商業敏銳度，而且不會對後者造成政治威脅。相反地，政治菁英則提供華裔資本家政治庇陰、商業機會、證照、內部情報、非法貸款交易，甚至政府的鎮壓機器，以換取大量的金錢回報。

　　從 1970 年代開始，針對蘇哈托政權腐敗的抗議和學生示威從未間斷。1976 年 9 月，一名前公務人員沙威多 (Sawito Kartowibowo) 發表〈通往解放〉的文件，當中厲聲抨擊蘇哈托和其朋黨的貪污現象。這份文件甚至獲得少數著名的宗教領袖和前副總統哈達的背書。1976 年 11 月，《亞洲週刊》刊登蘇哈托、天娘和他們的大兒子涉及貪污醜聞的報導而被禁發行。

　　1977 年，少數軍官——甚某些著名的退役將領，也開始對政權的嚴重腐敗和裙帶現象感到不滿，希望將武裝部隊從貪污、過於干預政治和被政治干預的狀態下，轉為重建軍方的紀律、尊嚴和專業精神。不過，這些人的意見從來沒有被實現的機會。1980 年 5 月，納蘇迅等五十位著名人物共同簽署了一份〈五十人請願書〉。這份文件抨擊蘇哈托扭曲「建國五原則」，讓自己彷彿成為建國五原則的化身，並且濫用武裝部隊來服務和背書私己的政治事務。新聞媒體因為害怕獲罪而封鎖了這項消息達兩個月之久，但這份文件還是悄悄地在社會上流傳開來。

出生於中國福建省。他在 1936 年來到印尼，曾經當過店員和小販。1940 年代末，他投入丁香買賣而發跡。1950 年代，他為印尼軍隊提供糧食、衣服和藥品，解決軍隊當時的物資供給困難。如此一來，他結識了尚是該軍隊團長的蘇哈托。兩人以後成為莫逆之交。

四、1980 年代的政治變局

進入 1980 年，國會大選即將來臨，此時宗聯會卻選擇宣佈退出國會。這種決定乃出於該黨對政治的失望。自從 1971 年以後，沒有任何屬於正統伊斯蘭人士被指派為宗教部長，以致宗聯會在該部門的影響力日益衰退，而伴隨的資源也漸漸枯萎。另外，宗聯會在聯發黨內屢屢跟現代派發生摩擦。當時，雙方更為選舉候選人的名單而相持不下，而政府更介入否決宗聯會的名單。在黨內和政府的雙重邊緣化之下，宗聯會核心的齊雅伊們開始厭倦雅加達的政治遊戲，決定撤離政黨政治，轉而強化他們地方性的角色：宗教老師、精神領袖和社群領導等。

1982 年的國會選舉在暴力頻傳的情況下完成。戈爾卡更進一步奪下 64.3% 的選票，而民主黨卻再次受挫，僅獲得 7.9% 選票，聯發黨也面臨小挫，得到 27.8% 的選票。蘇哈托政權的優越地位更加鞏固，而他本身也順理成章地第四次當選總統。

雖然牢控大局，但蘇哈托還是進一步強化自己對武裝部隊的控制。1980 年代來臨後，武裝部隊出現顯著的世代交替，蘇哈托同輩的軍官紛紛退役，並由年輕一代來填補他們的位置。其中，蘇哈托指派慕達尼將軍（L. B. Murdani，通稱 Benny 邊尼）為武裝部隊司令。慕達尼深獲蘇哈托的信賴，加上他是爪哇裔的基督教徒，所以他似乎不太可能威脅蘇哈托總統之位。另外，蘇哈托的女婿帕波沃（Prabowo Subianto）在軍中也快速崛起，在 1983 年他被委任為陸軍特種部隊 （Komando Pasukan Khusus， 簡稱

Kopassus）的副司令❸。一些人甚至曾看好他將是蘇哈托最終的
繼承人。

　　除了在軍中扶植親信，蘇哈托也積極削弱武裝部隊在戈爾卡
內的影響力，讓各方勢力能夠均衡並相互牽制，以維持自己作為
國家事務的最後決斷者角色。1983 年，蘇哈托任命自己的得力助
手蘇達拉摩諾 (Sudharmono) 為戈爾卡主席。雖然蘇達拉摩諾是位
前武裝部隊將領，但他實際上卻是名軍法律師而非作戰軍官，而
且武裝部隊並不喜歡他。在蘇達拉摩諾領導下，戈爾卡努力向一
個平民政黨的方向邁進，組織內的平民會員紛紛獲得擢升的機會。

　　在另一方面，政府也對伊斯蘭組織進行壓迫。1983 年，印尼
政府宣佈國內所有的組織必須接受建國五原則作為它們唯一的意
識型態基礎。相關的法案更在 1985 年 2 月被國會所通過。這種舉
動無疑帶給伊斯蘭組織很大的壓力，因為這意味著伊斯蘭真理將
被迫讓位於一個世俗意識型態。印尼最重要的現代派伊斯蘭團體
默哈末狄雅，在同年的大會裡接受了政府的政策。

　　在正統伊斯蘭團體方面，最有實力的宗聯會也無奈地在 1984
年 8 月做出妥協。不過，宗聯會此時正經歷領導和路線的轉換
期。1980 年以後，宗聯會內部對政黨政治的厭倦繼續發酵。1982
年，齊雅伊長老們和新崛起的年輕領袖阿都拉曼 （Abdurrahman
Wahid， 通稱 Gus Dur， 見圖 49） ❹聯手推翻當權領導伊哈姆

---

❸　這支由帕波沃所領導的特種部隊曾受命鎮壓亞齊、東帝汶和伊里安再
　　也三地的分離運動，並且以殘暴對待平民的行徑而惡名昭彰。

圖49：前排由左至右分別
是阿敏萊斯、阿都拉曼‧
瓦希德、以及梅嘉瓦蒂。

(Idham Chalid)，並扭轉他積極參與雅加達政治遊戲的路線。1984
年12月，宗聯會大會正式放棄政黨的角色，並宣佈回復所謂的
「1926年精神」(Khittah 1926)，恢復作為一個宗教、教育、文
化、社會和經濟性團體。

　　不久之後，阿都拉曼連同齊雅伊長老阿末西迪 (Achmad
Siddiq) 開始主宰宗聯會大權。阿都拉曼這位新領導擁有顯赫的家
世，其祖父是宗聯會創始人哈斯金，而父親更是在1952年帶領宗
聯會離開瑪斯友美並自立為政黨的瓦希德哈斯金。在1963年，阿
都拉曼前往開羅和巴格達深造。回國後，他迅速在雅加達知識分
子圈建立起領導的聲望。他有寬容的胸襟，能夠接納社會的多元
性，並且經常強調伊斯蘭是個基於理性的宗教。

　　在放棄政黨角色後，宗聯會與政府之間的關係大為改進。政
府開始減低它對宗聯會的敵意。宗聯會更因此能夠跟政府在各層

---

❹　"Gus"是爪哇人對菁英家族子孫的指稱，而"Dur"則是阿都拉曼
　　(Abdurrahman) 的縮讀。

次建立起聯繫和合作。宗聯會底下的宗教學校 (pesantren) 成為經濟和社會發展的重要引擎。在這樣的推波助瀾下，印尼社會 1980 年代的伊斯蘭熱潮益發蓬勃成長。

無論如何，並非所有伊斯蘭團體或個人都向政府屈服。一些伊斯蘭團體和領袖依然敵視政府，尤其不滿政府的貪污腐敗，包庇朋黨和主公等現象。零星的反抗事件因此爆發。1984 年 9 月，在雅加達附近的丹絨帕里沃 (Tanjung Priok)，當地民眾在清真寺的煽動下發動示威抗議，他們高喊反政府、反主公和真主偉大的口號，指責武裝部隊污損了他們的清真寺。武裝部隊向群眾開火，殺害至少二十八人並打傷百多人。丹絨帕里沃事件後，爪哇各地跟著出現爆炸和縱火的事件。林紹良的銀行、婆羅浮屠陵廟、雅加達華人區百貨商場和印尼廣播電臺總部等都淪為攻擊的目標。印尼政府以堅決的態度逮捕和審判相關的涉案者，同時也不忘展開新一波打壓異議聲音和媒體的動作。

在蘿蔔和棒子的政策下，同時成功脫離了 1980 年代上半葉的經濟衰退，蘇哈托政權在 1987 年的國會大選中創下歷年最輝煌的成績，戈爾卡一舉拿下 73.2% 的選票。聯發黨則遭遇重挫，從上屆的 27.8% 跌至 16.0%。在民主黨方面，它稍有進步，獲得 10.9% 的選票。顯然，在宗聯會大力助選之下，大部分聯發黨損失的選票都投向了戈爾卡。在宗聯會被收編，而聯發黨重創的情況下，蘇哈托政權更顯得自信滿滿。1988 年 3 月，蘇哈托第五次當選印尼總統。

在此同時，政權的權力核心佈局也出現變化。首先在武裝部

隊方面，蘇哈托與它似乎漸行漸遠。蘇哈托不再信任慕達尼，除了因為他在軍中越來越強大的影響力之外，而且盛傳他更因為勸諫總統克制子女的「商業行為」而得罪蘇哈托。1988 年 2 月，蘇哈托將慕達尼調任國防部長，另外任命特里蘇特里司諾 (Try Sutrisno) 接掌武裝部隊司令的職位。在武裝部隊裡，慕達尼的人馬也一一被蘇哈托的親信所取代。1960 年代中以後掌握種種大權的復安指揮部也被撤銷，而代之以總統和武裝部隊直接指揮的國家維安協調團體（Badan Kordinasi Pemantapan Stabilitas Nasional，簡稱 Bakorstanas）。

其次，在戈爾卡方面，軍方對它的日益壯大感到有所不安。如今，戈爾卡已經是擁有二千五百萬名會員的龐大組織，平民對它的影響正日益增加，而且似乎開始自行其事。1988 年 3 月，戈爾卡主席蘇達拉摩諾，也是軍方厭惡的對象，卻被蘇哈托圈選為副總統。年底，軍方暗中運作，造謠說蘇達拉摩諾曾跟共產黨有聯繫，使後者丟失了戈爾卡主席的位子。取而代之的是一名退役的將領。

進入 1980 年代最後一年的時候，蘇哈托政權的地位十分穩固。無論在國內或國外，它都面對十分優越的順境。在國內，經濟蓬勃發展和利益的輸送，使得城市的新興中產階級願意忍受蘇哈托統治下的各種貪污腐敗和政治高壓的情況。鄉村居民和城市貧民的收入和生活水平也獲得改善——即使比較起來是極有限的。在宗聯會和默哈末狄雅屈服和被收編以後，最大的潛在敵人——伊斯蘭政治力量——也大大地被削弱。在國際上，印尼成

為發展中國家的成功榜樣。西方強權對它相當友善,而且它也漸漸成為不結盟國家的重要領導之一。

不過,一波讓情勢逆轉的國際大浪潮卻也正朝著印尼奔湧過來。最終,在十年的時間內將蘇哈托政權的優勢一一侵蝕,使其王朝瞬間分崩離析。

第十五章 | *Chapter 15*

新秩序霸權的挑戰和崩潰 (1989～1998)

在 1980 年代末，菲律賓、臺灣和南韓等國家陸續出現民主改革運動。在比鄰的菲律賓，獨裁的馬可斯總統於 1986 年被「人民力量」所推翻。基於蘇哈托與馬可斯之間的相似性，後者的倒臺無疑為蘇哈托政權敲響了警鐘。不久後的 1988 年，蘇聯的解體更在國際掀起一波政治變革的浪潮。在政治巨變中，血腥的族群衝突接二連三地浮現，包括在前蘇聯國家（亞塞拜然和亞美尼亞）之間和南斯拉夫等宗教／族群衝突和屠殺。對於同樣有著複雜族群／宗教關係的印尼來說，這種國際發展無疑是具有極度危險甚至要命的流行病。

蘇哈托和武裝部隊都感受到這股潮流所隱藏的危機。在他們的解讀裡，這些發展再次透露宗教／族群關係處理不當，以及對民主呼聲妥協將會帶來巨大的災禍。1989 年 6 月，中國所爆發的六四天安門事件似乎也向印尼政治菁英說明：血腥鎮壓還是「有效」的手段。不過，印尼權力核心集團沒有預料到的是，隨著冷戰的結束，美國成為世界單一強權，讓它對敵人甚至盟友的妥協

性大大降低。人權狀況和民主自由漸漸地崛起成為美國（和西歐強國）外交重要的衡量或修辭標準。任何的高壓鎮壓手段未來將必然招致極大的外交壓力。

第一節　收編伊斯蘭勢力

　　步入 1990 年代，蘇哈托政權在國內政治的優勢依然不減。聯發黨和民主黨唯二的政黨更陷入領導權鬥爭泥淖裡，進一步削弱政黨對當局的威脅性。不過，打壓政策並沒有因此止步，印尼政府繼續向學生運動、媒體和異議人士進行箝制和打擊。在控制武裝部隊方面，除了不斷清除慕達尼勢力外，蘇哈托在 1990 年任命襟弟威斯摩沃 (Wismoyo Arismunandar) 接掌陸軍戰略後備司令部。

　　為了制衡軍方離心的跡象，蘇哈托個人也開始對伊斯蘭勢力展開收編舉動。1989 年，二十一名來自宗聯會和默哈末狄雅的著名領導祕密支持蘇哈托第六次連任總統。1991 年，蘇哈托到麥加朝聖，強化自己作為穆斯林的地位和聲望。因為大部分土著商賈的領導人都是虔誠的穆斯林，所以蘇哈托也積極討好他們。在 1990～1991 年間，蘇哈托多次呼籲主公和大企業將他們公司的股權開放給土著企業家。

　　在拉攏伊斯蘭勢力的工程裡，蘇哈托的親信哈比比 (Bacharuddin Jusuf Habibe，見圖 50) 扮演了重要的角色。哈比比出生在蘇拉威西，跟蘇哈托有著十分深厚的交情。當年，蘇哈

圖 50：哈比比　據說，蘇哈托曾讚譽哈比比為「天才」，而哈比比也回敬蘇哈托一個「超級天才」的稱讚。哈比比跟蘇哈托私人的密切關係，一直是外界攻擊蘇哈托政權具濃厚裙帶主義色彩的例子。1998 年蘇哈托下臺後，擔任副總統的哈比比竟然「無心插柳柳成蔭」，成為印尼第三任總統。

托奉命平定蘇拉威西叛亂時，認識了住在指揮總部對面、方才十幾歲的哈比比。1950 年，哈比比父親去世，蘇哈托就一直照顧著哈比比，一些人甚至稱哈比比為「蘇哈托精神上的兒子」。在萬隆的科技學院畢業後，哈比比遠赴西德進修航空工程。畢業後，哈比比滯留在德國從事飛機製造的工作，直至 1973 年，被蘇哈托傳召回國。從那個時候開始，蘇哈托授命哈比比發展國家的航空和高科技事業。

　　哈比比向來自我標榜為一個虔誠的穆斯林。他在 1984 年前往麥加朝聖，並且遵行週一、四齋戒的宗教戒律。當時，新興的高學歷和專業的中產階級穆斯林希望設立一個屬於他們自己的組織，而哈比比以他跟當局的特殊關係，便成為領導他們的不二人選。1990 年 12 月，在蘇哈托首肯下，印尼全國穆斯林知識分子聯盟（Ikatan Cendekiawan Muslim se-Indonesia，簡稱 ICMI 穆知聯盟）終於被設立起來。

穆知聯盟的出現，大大地改變這個國家的政治和宗教場景。它代表著國家機關與現代派伊斯蘭的妥協和合作。對中產階級的穆斯林知識分子來說，獲得機會和影響力的大門已經敞開。穆知聯盟迅速膨脹起來，1992 年年底，其會員人數急升至四萬人。該聯盟也出版自己的報章，同時設立研究和智庫組織：資訊和發展研究中心 （Centre for Information and Development Studies，簡稱 CIDES）。

在政治氣候放晴的狀況下，一些擁有高度伊斯蘭色彩的事務開始獲得推展。蘇哈托幫助建造了數百座的清真寺，並且撥款資助宗教寄宿學校。在政府學校裡，針對穆斯林學生的伊斯蘭教育被加強。女生開始被允許穿戴頭巾。伊斯蘭宗教法庭獲得更多的權力。在穆知聯盟和蘇哈托的支持下，嚴格依據伊斯蘭教義的印尼交易銀行 (Bank Muamalat Indonesia) 也開始在 1991 年開設。

第二節　動搖國本的貪婪家族和朋黨

在 1990 年代，蘇哈托、其家族和朋黨的貪污腐敗已經到了明目張膽和貪得無厭的程度。在 1989 年，美國中情局就已估計蘇哈托個人財產有二百億美元之多（包括他所控制的「慈善基金」），其他的家族成員則擁有相近的財產總值 （見圖 51）。貪污的風氣從政府的最高層蔓延到官僚體系的最底層，以致在 1997 年，一家投資風險公司形容印尼是「亞洲貪污最嚴重的國家」。

蘇哈托收受賄賂的途徑主要有二：基金會 (yayasan) 和聯合商

圖51：蘇哈托全家福　在蘇哈托右方的是其妻子天娘。1980和1990年代，蘇哈托家族成為惡名昭彰的「貪婪家族」。

業投資。理論上，基金會是一種非營利的慈善組織，但由於沒有稽核程序的監管，也不須要繳稅，所以它們遂成為最佳的黑錢「撲滿」。在所謂的「商業投資」方面，蘇哈托家族和朋黨通過徇私濫權的方式，壟斷或宰制國內最有商業價值的產業，從媒體到地產、農業、製造業、金融銀行、高科技產業等等。

　　蘇哈托的孩子都涉入「商業活動」，通過特殊的利益輸送，他們累積了巨大的財富❶。舉例來說，蘇哈托的大女兒西蒂哈迪燕

❶　蘇哈托膝下共有六名子女，三男三女。根據長幼排序，他們分別是：
　　長女西蒂哈迪燕蒂陸瑪娜（Siti Hardiyanti Rukmana，通稱 Tutut 都杜，

蒂陸瑪娜就在超過一百家公司擁有股權，涉入的產業包括收費高
速公路（此為她最大的財源）、承包工程、廣播、通訊、金融和製
造業。她曾介入印尼軍方的 F–16 戰機購案，以中間人身分賺取
大量利潤。另外，都杜也獲得雅加達捷運的工程合約，以及政府
所發出的第一張商業電視執照。在 1997 年，她的身家估計至少有
二十億美金。

在巧取豪奪的過程中，這些兄弟姊妹甚至為利益分配而彼此
內訌。雖然天娘自己也涉及貪污，但這位母親卻向來扮演著牽制
者的角色，抑制兒女們過分搜括利益的舉動。1996 年 4 月，天娘
去世。當時，坊間盛傳她是在兒女因金錢糾紛而起的槍戰中，不
幸中彈而身亡。姑且不論真假，但這種傳言的流傳似乎說明人們
對蘇哈托家族貪婪無恥的根深蒂固印象，以致他們能夠相信這類
的事情真會發生。

之後，印尼國產車弊案更轟動世界。在 1996 年年初，政府宣
佈要在國內生產自己的國產車，並且提供免稅的優惠期以茲獎勵
和扶持。2 月，蘇哈托發出總統命令宣佈將計畫交付給幼子胡多

出生於 1949 年）、長子是西吉哈約尤旦特（Sigit Haryoyudant，出生於
1951 年）、次子邦榜特里哈摩佐（Bambang Trihatmojo，出生於 1953
年）、次女西蒂何蒂雅悌哈里雅地（Siti Hediyati Hariyadi，通稱 Titiek
滴蝶，出生於 1959 年）、小兒子胡多摩曼達拉普特拉（Hutomo
Mandala Putra，通稱 Tommy 湯米，出生於 1962 年）和么女西蒂恩當
阿蒂寧希業（Siti Endang Adiningsih，通稱 Mamiek 瑪米克，出生於
1964 年）。

摩曼達拉普特拉和南韓車商起亞 (Kia) 所合作的公司。

顯然，對這項計畫同樣垂涎的其他兄弟姊妹完全被排除在外。二子邦榜特里哈摩佐尤其不滿，因為他原本已經跟南韓現代 (Hyundai) 車商合作生產車輛。邦榜因此公開批評這項國產車計畫，指摘湯米沒有相關經驗，也沒有準備在國內生產所謂的「國產車」。另外，準備引進馬來西亞國產車的都杜也同樣受到打擊。日本和美國更因此向世貿提出抗議，指責蘇哈托公然違反國際貿易的規則。但顯然的，蘇哈托沒有理會這些國家的抗議，他早已將自己和家族的利益放置在國家利益之上。

在朋黨方面，蘇哈托密友林紹良成為印尼最大的私人銀行家，控制著國內某些關鍵的商品和重要產業，包括化學、汽車、食品加工、地產等。林紹良後來也涉足通訊、電子和伐木業。他手下的沙林集團估計每年淨賺九十億美金——其中 60% 來自國內業務。另外，蘇哈托的高爾夫球伙伴——後來更當上貿工部長——鄭建盛（或稱 Bob Hassan）通過政府特許，在加里曼丹進行著肆無忌憚的伐木活動，每年賺取四十億美金的收入。

第三節　民主黨崛起和武裝部隊離心

1992 年 6 月的國會選舉裡，戈爾卡再次主宰國會。不過，這項勝利隱藏了危機。戈爾卡本屆得票率為 68.1%，比上屆少了 5.1%。聯發黨得票率從 16.0% 小漲至 17.0%。而向來最弱勢的民主黨則成為選舉最大贏家，它成功吸收大部分離開戈爾卡的選票，

得票率從 10.9% 躍升至 14.9%。在黨魁蘇雅迪 (Soerjadi) 的領導下，民主黨在本屆選舉採取了優異的競選策略，要求限制總統連任次數，並且成功凸顯自己作為貧苦大眾代言人的形象。

　　毫無意外的，蘇哈托在 1993 年 3 月第六次被人民協商議會推選為印尼總統。但隨即，蘇哈托卻與武裝部隊就副總統人選方面發生衝突。過去，蘇哈托都能夠挑選自己中意的人選，而在上屆，他甚至選擇了武裝部隊所厭惡的蘇達拉摩諾。這次，武裝部隊要洗雪前恥，他們先發制人，公開提名前武裝部隊司令特里蘇特里司諾為副總統候選人。面對這種既成事實，蘇哈托也無可奈何，不過，從此他對武裝部隊產生了高度的戒心和疏離感。

　　為了維持對武裝部隊的控制，蘇哈托對軍方高層領導展開人事調動。首先，慕達尼失去國防部長的職位。蘇哈托擢升襟弟威斯摩沃為武裝部隊參謀長，並且讓忠心於自己的費司歐 (Feisal Tanjung) 接掌武裝部隊司令。相對的，武裝部隊的將領們此刻也正在思慮蘇哈托繼承的問題——這位領導也有七十二歲了。一些人相信，武裝部隊所以強力將特里蘇特里司諾推上副總統之位，其實就是希望後者未來能夠繼承蘇哈托。

　　另一方面，蘇哈托也設法削弱有崛起之勢的民主黨。他首先介入民主黨的領袖選舉，阻擾蘇雅迪的繼任。不過，此舉卻意外地引領了另一個政治「明星」的出場——蘇卡諾的女兒梅嘉瓦蒂 (Megawati Sukarnoputri)。在此之前，梅嘉瓦蒂並沒有參與政治，也似乎沒有其父的崇高志向和群眾魅力，但她最大的資本在於她的名字 Sukarnoputri——意即「蘇卡諾之女」。當梅嘉瓦蒂宣佈將

競選民主黨黨魁時，蘇哈托極力阻擾她，但是這種打壓卻適得其反，以致她從此更被眾人視為反抗蘇哈托的象徵。

1993 年 12 月，梅嘉瓦蒂幾經艱苦終於當選為民主黨主席。她的存在無形中更強化民主黨追求大眾平等主義的傳統。此後，梅嘉瓦蒂不間斷地批評政府，揭露各種貪污瀆職的現象，並且抨擊蘇哈托所培養的裙帶政治。在憲政方面，梅嘉瓦蒂批評政府過度限制言論和集會自由，並且控訴政策失當所帶來社會和經濟資源分配不均的問題。這種舉動毫無疑問讓梅嘉瓦蒂成為蘇哈托政權的眼中釘。

另一方面，蘇哈托和武裝部隊也開始認定，宗聯會的阿都拉曼是個潛在的威脅。阿都拉曼不斷地批評穆知聯盟。當政府向伊斯蘭勢力妥協，准許女性穆斯林在學校穿戴頭巾時，阿都拉曼也警告說這樣的妥協將使印尼向伊斯蘭教國邁進。從 1994～1996 年間，政府和穆知聯盟策動宗聯會內部反對派發動一連串政治攻勢，企圖推翻阿都拉曼的領導。不過，阿都拉曼還是能夠穩坐領導的位置。

第四節　強硬鎮壓的升級和種種惡兆

從 1992 年開始，印尼社會出現騷動不安的情況，宗教／族群衝突和工人抗爭事件屢屢發生。面對這些社會變遷，蘇哈托政權和武裝部隊越來越傾向強硬的鎮壓手段。雖然政府在 1991 年頒佈最低薪資法案，但勞工們卻沒有因此停止繼續爭取更好的薪資和

工作條件。而武裝部隊則一成不變地指責共產黨是幕後黑手——即使它早已不存在。1993 年 5 月，泗水一名女工會領袖被綁架、強暴、凌虐和殺害。在國際強大壓力下，涉案的武裝部隊軍官被審判和判刑，但上訴後不久卻獲得釋放。1994 年 4 月，棉蘭的地下工會發動工人抗爭，最後引爆一場反華暴動。此時，共產黨依然是武裝部隊的代罪羔羊。

在宗教／族群衝突方面，雅加達在 1992 年爆發嚴重的穆斯林和非穆斯林暴力衝突，不少的基督教堂受到攻擊。以後，武裝部隊也在暴力衝突中槍殺一些伊斯蘭領袖和群眾。1995 年底，東帝汶發生嚴重天主教徒與穆斯林之間的武力衝突。在爪哇，伊斯蘭和基督教的關係也緊張起來，加上許多華人是基督教徒，使得原本緊繃的關係更具爆炸力。1996 年底，東爪哇發生穆斯林攻擊基督教堂的事件，造成五人死亡。不久，西爪哇也出現類似的事件。1997 年年初，西加里曼丹爆發達雅人和當地馬來人殺害馬都拉移民的血腥事件。根據一些報導，達雅人恢復獵人頭的舊習俗，而整個事件造成超過一千人的死亡。

蘇哈托政權的高壓手段受到越來越大的國際壓力。美國的柯林頓 (Bill Clinton) 在 1993 年入主美國白宮。在外交事務上，這位新美國總統更重視人權和工人權益的問題。美國方面的施壓對印尼有著舉足輕重的影響力。1993 年 9 月，印尼政府提高最低薪資到每日兩美金（但其真正的執行能力卻相當可疑）。同一個月，美國國會工作人員也探訪了東帝汶。在 1993 年年初，美國否決了印尼向約旦購買 F–5 戰機的計畫。9 月，美國國會外交事務委員會

更提出一項軍售修正案，要求美國政府在售賣軍火給印尼之前，須要先評估該國的人權狀況。

除了國內和國際情勢有逆轉的跡象外，印尼經濟也隱藏著巨大的危機。雖然在 1990 年代上半葉，印尼的經濟成長仍然維持在 5% 以上，但是國內放款利率卻高居不下。私人企業紛紛向海外借貸。這些債務多是以美元或日圓計算，而印尼盾的兌換值卻日益下降。政府對外的債務也十分龐大。至 1992 年，全國的外債總值至少已累積到八百四十億美元，佔國內生產總值的 67.4%。

在 1990 年代初的印尼，國營企業是國家經濟的重要支柱，佔據了國內生產總值的 30% 左右。儘管如此，這些國營企業的表現卻十分的差勁。舉例來說，哈比比所掌控的戰略工業管理局 (Baden Pengelola Industri Strategis) 就造成國家損失數十億美元。該管理局底下集合了一系列的高科技產業。1992 年，哈比比決定花費四點八二億美元向前東德購買三十九艘的舊軍艦，並且由該管理局旗下的公司進行翻修工作。哈比比這項奢侈的計畫引起社會的強烈不滿和批評。

為了抑制民間的批評聲浪，印尼政府在 1994 年關閉《編輯》(Editor) 和《點滴》(Detik) 兩份新聞雜誌。不久，政府更查封已經有二十三年歷史的著名新聞週刊《脈動》(Tempo)。《脈動》負責人通過法院挑戰政府的查封令。儘管在 1995 年初級和上訴法庭都判決印尼政府的舉動是非法的，但有關當局卻完全不理會該司法判決。以後，《脈動》負責人唯有再接再厲，利用最新的網路科技，設立電子版《脈動》突破政府封鎖❷。

第五節　1997 年大選的狂勝：迴光返照

　　為了一洗 1992 年的恥辱，蘇哈托決意在 1997 年國會選舉狠狠地教訓民主黨。一連串打擊民主黨的運作老早就被啟動了——它們主要就是分裂和抹黑。蘇哈托政權第一個目標就是將梅嘉瓦蒂拉下臺，因為在她身邊已經聚集了許多的異議和改革勢力。首先，蘇哈托政權向梅嘉瓦蒂在東爪哇的民主黨支部進行滲透，進而運作支持由較親政府的人士來領導民主黨。另外，政府也大肆抹黑支持梅嘉瓦蒂的民主黨領袖，指稱他們是共產黨的同路人。

　　在政府綿密的「黨－政－軍－官僚體系網絡」的操作下，民主黨的前黨魁蘇雅迪重新掌握黨領導地位。此外，在軍方的運作和策動下，民主黨也在 1996 年 6 月底召開臨時黨大會，正式選舉蘇雅迪為黨魁。在另一個陣營的梅嘉瓦蒂拒絕參加上述的黨大會，也同時拒絕承認蘇雅迪的領導權。雖然面對戈爾卡的強大壓力，但梅嘉瓦蒂保持著原有的戰鬥力，並且想要透過司法程序來抵制政府的干預行為。

　　另外，為了表示抗議，梅嘉瓦蒂的支持者堅守民主黨在雅加達的總部辦公室，拒絕遷出。7 月 27 日，一些宣稱是蘇雅迪支持者的暴徒開始強力攻佔該總部辦公室。這些暴徒後來被確認是軍人和與武裝部隊有著密切聯繫的流氓。顯然，蘇哈托政權是這宗

---

❷　電子版《脈動》的網址是 http://www.tempo.co.id。

「7.27 事件」的幕後黑手。在這次的攻防戰裡，梅嘉瓦蒂的支持者蒙受相當慘重的傷亡。隨後的兩天裡，雅加達更因此發生暴動。根據印尼人權委員會的調查，在這次事件裡，有五人死亡，一百四十九人受傷，而七十四人失蹤。一般相信，那些失蹤者極可能已被武裝部隊逮捕甚至殺害。

事發後，印尼政府將責任歸咎於反對人士或團體，給他們戴上紅帽子，企圖一舉將反對勢力徹底瓦解。蘇哈托也公開指責由學運分子所領導的人民民主黨（Partai Rakyat Demokratik，簡稱 PRD 人民黨）是這次事件的主導者，而且後者是「反政府」組織，「思考模式和行動理念正像是當年的印尼共產黨一樣」。

除此之外，蘇哈托政權也採取「聯合次要敵人，打擊主要敵人」的策略。它放下對宗聯會阿都拉曼的敵意，拉攏後者放棄跟梅嘉瓦蒂非正式同盟的關係，轉而站到戈爾卡的陣營裡。在選舉期間，阿都拉曼甚至跟著蘇哈托大女兒都杜到各地進行競選活動，向宗聯會的成員拉票。

1997 年 5 月的國會大選在歷年最嚴重的選舉暴力（暴動）事件，以及最氾濫的舞弊行為中完成❸。經過蘇哈托政權的百般「努力」，戈爾卡在 1997 年國會選舉再次攀上得票率的高峰。戈爾卡

---

❸ 根據報導，許多公務人員獲得特殊的卡片，使他們得以重複投票。而許多學生也收到同樣的卡片，學校校長還特別叮嚀學生們投票給戈爾卡。各地投票所舞弊事件也很多，舉例來說，在東爪哇泗水市某個投票所，選務人員記錄僅有六百人投票，可是開票後的票箱卻發現有八百張選票。

的得票率為 74.5%，比上屆增加 6.4%。聯發黨則獲得 22.5% 的得票率，也增長了 5.5%。相反的，民主黨卻慘敗，其得票率猛挫 11.8%，僅剩下 3.0%。顯然，戈爾卡和聯發黨大致平分了民主黨所流失的選票。

第六節　亞洲金融風暴和蘇哈托的垮臺

緊隨在選戰勝利之後，一場要命的風暴卻以迅雷不及掩耳之勢降臨。1997 年年中，從泰國蔓延開來的亞洲金融風暴，一下子就將印尼席捲進去，讓這個國家的經濟毀於一旦。當時，印尼股市全面崩潰，印尼盾對美元的匯率狂瀉，外資成群撤退，國內企業大量倒閉，失業率快速地攀升。7 月，美元對印尼盾的兌換率為 1:2,500；10 月，下跌為 1:4,000；到 1998 年 1 月，更進一步滑落到 1:17,000。印尼盾折損了 85% 左右的價值。一些學者形容當時的印尼經濟處境「像一隻勇猛的老虎離奇地暴斃了」。

印尼政府對這次大災難的回應卻是昏庸和傲慢的，雖然它宣佈了一些改革方案，但依然小心翼翼地保護著蘇哈托家族和朋黨的經濟利益。1997 年 10 月，印尼答應國際貨幣基金關閉國內十六家銀行，但不久後，其中兩家屬於蘇哈托家族的銀行卻恢復了營業。如此一來，印尼政府與國際貨幣基金對立起來，而國際或國內觀察家則無不看透和厭惡蘇哈托的貪污、無能和裙帶主義作風。國內要求改革 (reformasi) 和蘇哈托下臺的呼聲高漲。12 月，蘇哈托輕微中風。1998 年 1 月，蘇哈托提出一份荒唐的財政預

算，其中竟然依據半年前、完全過時的印尼貨幣匯率。當時，美國、德國、日本和新加坡的最高領導紛紛致電籲請蘇哈托接受國際貨幣基金的改革方案。後來，蘇哈托敷衍地答應了國際貨幣基金的要求。

另一方面，蘇哈托卻積極準備新的權力部署，他宣佈要第七次連任總統，而且提名哈比比為他的新副總統候選人。2月，蘇哈托委任其前副官，也是當時的陸軍參謀長威蘭托 (Wiranto) 為武裝部隊參謀長❹。而蘇哈托的女婿帕波沃也受命接掌陸軍戰略後備司令部。3月，人民協商議會舉行大會，蘇哈托如願地連任，而哈比比也成為副總統。不過，哈比比出任副總統，卻再次讓更多人對蘇哈托政權感到失望，因為哈比比跟蘇哈托有著密切的裙帶關係，而且向來以揮霍無度的「瘋狂科學家」著稱。

蘇哈托出示的新內閣更製造了另一次的反高潮，內閣成員盡是裙帶和朋黨分子，例如蘇哈托的長女都杜出任社會事務部長，長女的盟友哈托諾 (Hartono) 出任家庭事務部長，自己的老友鄭建盛出任貿易和工業部長，蘇哈托家族顧問符阿特巴瓦及爾 (Fuad Bawazier) 出任財政部長。其他內閣成員都跟蘇哈托子女有著密切的關係。過去內閣的技術官僚人士完全出局。民眾對廉潔和有效政府的希望成為泡影。

---

❹　威蘭托在 1989～1993 年間被蘇哈托欽點為後者的副官。從此，威蘭托迅速在軍中崛起，擢升的速度相當的罕見。離開總統府職務後，他便獲得出任雅加達軍區最重要的幾個職務，並且於 1996 年晉升上將。

　　經濟崩潰之後，廣大民眾的生活陷入水深火熱，而蘇哈托政府的作為卻只能帶給他們絕望。改革運動從此一發不可收拾。默哈末狄雅的阿敏萊斯 (Amien Rais) 突出地厲聲批評政府。學生運動如火如荼地展開，至 5 月，各城市的學生更紛紛走上街頭示威。同月 12 日，武裝部隊狙擊手在雅加達特里薩底大學 (Trisakti University) 內槍殺了四名正在示威的學生。這宗槍殺案激起民憤，撲滅人們對蘇哈托政權最後的丁點希望。在接下來的三天裡，全國各地隨即爆發有史以來最嚴重的暴動——其中以雅加達和梭羅最嚴重（見圖 52）。攻擊、掠劫和強暴的嚴重排華事件更震驚世界各地的華人社會❺。

圖 52：1998 年 5 月，雅加達學生抗議蘇哈托政權。

　　5 月 15 日，蘇哈托從開羅的一項高峰會議匆忙返國。至此，蘇哈托已面對眾叛親離的末路。此時，批評政府最力的阿敏萊斯，更不客氣地要求蘇哈托下臺。人民協商議會——包括武裝部隊的代表——也已準備召開特別會議推舉出新的總統。不久後，戈爾

❺　一些印尼個人和非政府組織宣稱，他們有證據顯示大部分的這一連串排華暴動是由印尼武裝部隊，以及後者所控制的暴徒所精心安排的事件，而蘇哈托的女婿帕波沃最被懷疑是幕後的主腦。

卡也做出了同樣的表態。18 日，人民協商議會發言人哈莫果 (Harmoko) 公開呼籲蘇哈托自動請辭。在同一天，學生開始佔據了國會建築，要求蘇哈托下臺，武裝部隊則選擇袖手旁觀。

　　作為最後的補救措施，蘇哈托宣佈他將主導一段改革時期，並且在舉行新大選後退位。不過，這項緩兵之計卻是徒勞無功的。20 日，蘇哈托組織一個改革內閣的希望破滅，十四位被點名負責經濟和金融事務的部長候選人斷然拒絕入閣。顯然，在短短的幾天時間內，國內菁英和群眾都選擇了遺棄蘇哈托，過去服務於後者的權力機構也一一背離而去。如此一來，蘇哈托唯有宣佈引退。21 日早上，蘇哈托在總統府召開記者會，通過電視攝影機正式宣佈辭呈（見圖 53）。腐朽的蘇哈托政權終於轟然倒塌。

圖 53：1998 年 5 月 21 日，當國會、軍方和戈爾卡紛紛選擇遺棄他之後，蘇哈托被迫黯然宣佈下臺。

後蘇哈托時代 (1998～)

第一節　哈比比執政時期：困難中的向前邁步

　　蘇哈托在 1998 年 5 月 21 日宣佈辭職後，副總統哈比比隨即依法宣誓替代總統之位，成為印尼第三位總統。武裝部隊司令威蘭托也宣佈武裝部隊將團結一致支持新總統，並且保護蘇哈托家族。有少數跡象顯示，蘇哈托的女婿帕波沃企圖利用手上的陸軍戰略後備司令部來發動政變，但威蘭托似乎成功瓦解了這樣的不軌之圖。

　　儘管如此，哈比比的地位還是相當不穩定。他的權力合法性備受質疑，甚至被一些人當成不過就是蘇哈托的扯線娃娃。而哈比比過去的背景和形象，更讓學運分子、軍人、政治人物、外國政府、海外投資家、國際組織對他的領導能力充滿了質疑。不過，未來哈比比卻能夠向世人證明他並非蘇哈托的傀儡，而且在重重的巨大艱難之前，展現其獨當一面的能耐。

一、經濟困境和社會衝突

至 1998 年中，印尼經濟仍然是一片淒風苦雨。印尼的貨幣繼續貶值，跌至一美元兌換一萬五千至一萬七千印尼盾之間。幣值滑落迫使政府的財政預算一再修正。國際貨幣基金估計，印尼經濟將萎縮 10%。國內物價飛漲，致使一點一三億人口（全國人口的 56%）陷入貧困狀態，而其中四千萬左右的人口更面臨斷炊的危機。各種的陰謀論滿天飛，人們甚至懷疑國際貨幣基金是猶太人打擊伊斯蘭的國際陰謀。

在強大的經濟壓力和政府控制力衰減的情況下，宗教／族群衝突越演越烈。社會各種敵對性力量突然失去牽絆，政治立場、金錢、宗教狂熱、不滿情緒等一再引燃暴動和血腥衝突。在 6 月，中爪哇的穆斯林攻擊基督教堂和一家海灘旅館。7 月，敵對的齊雅伊支持者在伽巴拉發生衝突，進而引爆攻擊公共建築和搶掠商店的事件。在其他地方，華人繼續成為被洩憤和攻擊的對象。在東爪哇，人們甚至謠傳有通曉邪術的黑衣人出沒。一場歇斯底里的「獵巫運動」因此爆發，當中估計造成了一至二百人喪生。在西加里曼丹，當地土著和馬都拉移民的武裝衝突繼續蔓延。安汶的穆斯林和基督教徒之間也爆發最嚴重的血腥衝突。

二、亞齊分離運動：不可能的任務

亞齊分離運動早在 1970 年代末至 1980 年代初便出現。1976 年 12 月，亞齊叛亂分子就曾宣佈獨立。之後，這裡的分離活動在

1988 年初死灰復燃。領導叛亂的亞齊獨立運動 （Gerakan Aceh Merdeka，簡稱 GAM 亞齊獨運）主要由當地百姓所組成，他們不滿雅加達政權對這個地區所帶來的種種不公平現象。亞齊盛產石油和天然氣，可是大部分的收入都落入了雅加達的中央政權手中。武裝部隊在亞齊的腐敗和濫權經營，造成農民流離失所和種種的社會問題。在亞齊當地，亞齊獨運獲得相當多的支持，尤其在亞齊北部和東部。

在 1989 年年底，亞齊獨運攻擊印尼武裝部隊陣地，並且擄獲相當數量的軍火。這些叛軍在外國有著許多聯繫，其中數百名士兵獲得在利比亞受訓，而且身在馬來西亞的少數亞齊群體也供應他們活動資金。在 1990 年代中，雅加達政府派遣蘇哈托女婿帕波沃，以及其下的陸軍戰略後備司令部軍隊進駐和平亂。自此，以至 1998 年，亞齊被宣佈為「軍事行動區域」，悄悄地進入了軍法統治。在這段期間，印尼軍隊展開不斷的武力和恐怖鎮壓行動。許多被懷疑是亞齊獨運同情者的平民遭受逮捕、凌虐和非法處決。他們的屍體被拋置到公共場所以示警告其他同道者。

在印尼武裝部隊的種種暴行下，亞齊獨運的叛亂稍微緩和，不過，它們卻引起亞齊人私底下更多的不滿和憎恨。即使在蘇哈托倒臺後，亞齊獨立運動的成功機會仍然是十分的渺茫，因為這個人口眾多，以及天然資源豐富的區域對印尼實在太重要了。雖然哈比比主持下的印尼中央政權的態度比過去溫和，但是，主導局勢的武裝部隊卻還是表現得相當強硬——即使威蘭托曾在 1998 年為武裝部隊所犯的罪行道歉並答應撤走戰鬥部隊。此後，

暴動和武裝衝突持續發生，亞齊問題的解決似乎遙遙無期。

三、東帝汶的鬥爭和獨立

在 1970 年代末，東帝汶境內的反印尼武裝鬥爭完全被粉碎。東帝汶在印尼武裝部隊的閉門統治下與世隔絕。不過在海外，由拉末斯霍達 (Jose Ramos-Horta) 所領導的東帝汶獨立運動分子繼續堅持鬥爭，不時向世人揭露印尼武裝部隊所幹下的種種惡行。另外，一些人權團體和政府──尤其葡萄牙政府，也同樣在努力喚醒國際的關注和干涉。

在 1990 年代，天主教會開始成為東帝汶自我認同的支柱。1970 年代初，東帝汶只有 30% 的人口信奉天主教，但到了 1994 年，接近九成的人口已經是天主教徒。通過這個宗教，東帝汶人將自己和他者──信奉伊斯蘭教的印尼軍人和其他地區的移民──區隔開來。1981 年，印尼政府禁止使用葡萄牙語後，該教會選擇使用當地的狄頓語 (Tetun) 作為教會媒介語，進一步強化東帝汶人的自我認同。

貝羅 (Carlos Filipe Zimenes Belo) 主教是當地天主教會的最高領導，一直堅持以和平途徑為東帝汶人民請命。1989 年 10 月，教皇保羅二世走訪東帝汶首都帝力 (Dili)，並且舉行公開的彌撒儀式。過後，群眾藉機展開了支持獨立的示威活動，而印尼警察竟在國際媒體的鏡頭下毆打起示威群眾。這次事件造成許多國際輿論的壓力，也使國際社會開始關注東帝汶的情況。不過，當時的蘇哈托政府和武裝部隊並不準備做出任何的妥協。

1991 年 11 月，帝力再度爆發震驚世界的屠殺事件。當時，一個喪葬儀式突然轉變為支持獨立的示威活動，而印尼武裝部隊——同樣在國際媒體的鏡頭下——向群眾開火。後來，武裝部隊宣稱有十九人被殺，印尼政府的調查則顯示有五十人死亡，葡萄牙方面的消息則指稱有二百七十一人死亡，三百八十二人受傷，二百五十人失蹤。這次事件再度震驚世界，讓東帝汶問題正式登上國際人權的議程。荷蘭、丹麥、加拿大，甚至美國國會都為這次慘劇對印尼政府做出懲罰性的援助縮減。歐盟也因此中斷與印尼的談判。至此，蘇哈托政權開始實際感受到少許的國際壓力，因此採取了一些動作——包括調查、撤換將領和審判涉案士兵，企圖緩和國際的不滿情緒。無論如何，東帝汶課題還是沒有重大影響印尼的國際關係。

1992 年 11 月，印尼軍方成功地逮捕東帝汶獨運領袖古斯茂（Ray Kala Xanana Gusmao，見圖 54），以叛亂的罪名起訴之，並且判刑終身監禁（不久後，減刑為二十年監禁）。印尼政府的打壓，無意中卻讓這位領袖在國際間聲名大噪起來。1996 年，貝羅主教和拉末斯霍達一起獲頒諾貝爾和平獎。1997 年 7

圖 54：東帝汶獨立運動領袖古斯茂　東帝汶確定獨立後，他獲選為第一任總統，帶領這個國家邁向新的獨立自主階段。

月，南非總統曼德拉訪問雅加達時，更探訪在牢獄裡的古斯茂。
這些國際態度的逆轉，無疑帶給印尼許多的憤怒和外交尷尬。

　　哈比比就任印尼總統以後，東帝汶課題出現了重大轉變。哈
比比釋放了數名東帝汶政治犯，並且允諾給予東帝汶一個特殊的
地位——其定義和細節還不明確。印尼外交部長阿里阿拉塔斯宣
稱這個特殊地位將有別於亞齊和日惹，但依然隸屬於印尼共和國。
拉末斯霍達和其他東帝汶領袖堅決地回拒這項建議，因為它意味
著接受印尼佔領東帝汶的合法性。不過，貝羅主教還是跟哈比比
在 1998 年 6 月進行了相當友善的會面。

　　1998 年下半葉，歐盟和聯合國祕書長代表團先後抵達東帝汶
查訪。當地人民因此進行大規模示威，向世人凸顯他們追求獨立
的願望。7 月，貝羅主教更強調由聯合國主導公投是唯一可行的
方案。1999 年 1 月，印尼外長宣佈若自治方案不被接受，則東帝
汶將獲得獨立。古斯茂隨後獲得釋放，但仍然被軟禁在雅加達。
現在，東帝汶人反而擔心印尼將突然拋棄這個地方，任由它自生
自滅。

　　不過，哈比比政府的妥協立場卻不受國內其他政治勢力的認
同和支持。梅嘉瓦蒂公開宣佈將不會接受東帝汶脫離印尼的舉動。
而阿都拉曼也同樣反對哈比比的做法。武裝部隊方面，他們似乎
立意在東帝汶獨立成功之前／之時摧毀這個地方——為了報復，
也為了警告其他區域的分離運動分子。此後，印尼武裝部隊便開
始策動當地親印尼的東帝汶民兵大肆攻擊獨立運動分子。據報導
顯示，在 1999 年上半葉，至少有數十名獨立運動人士被殺害。

1999 年 5 月，經過聯合國祕書長安南、印尼和葡萄牙外長在紐約舉行會議後，三方同意在同年 8 月舉行公投，讓東帝汶人民決定要自治或者獨立。在親印尼民兵的暴力陰影下，東帝汶在 7 月完成了選民登記。印尼武裝部隊派遣增援軍，以準備應付「可能」爆發的內戰。8 月 30 日的公投在平和的氣氛下順利完成。公投結果顯示，98.6% 出來投票的選民當中，共有 78.5% 支持東帝汶獨立。

公投結果公佈後，東帝汶民兵——甚至懷疑當中有印尼軍人——展開連串的血腥報復攻擊。他們攻擊獨立運動人士並且進行大肆破壞。許多東帝汶人被迫逃離家園。9 月 7 日，古斯茂獲得自由，卻馬上遁入英國大使館尋求保護。當天，貝羅主教擠滿難民的教堂也受到民兵攻擊。最後，澳洲出動軍機將他們撤離到澳洲的達爾文 (Darwin)。哈比比宣佈東帝汶進入緊急狀態，但他實際上卻是無能為力的。

9 月 12 日，在國際的強大壓力下，哈比比同意聯合國和平部隊進駐東帝汶。隨即，一支由澳洲指揮的二千五百人聯合國部隊抵達東帝汶。而東帝汶民兵，和他們的幕後黑手印尼武裝部隊只能乖乖地撤離。東帝汶因此進入由聯合國託管的獨立準備時期。貝羅主教、古斯茂、拉末斯霍達先後回到東帝汶。2002 年 5 月 19 日，聯合國將統治權轉予古斯茂所領導的新政府，東帝汶正式宣佈獨立。

四、政治走向開放和民主化

整體而言，印尼政治在哈比比執政下漸漸走向開放和民主化。哈比比對政治改革所展現的決心，的確讓許多人感到意外。如此一來，再加上各大城市的民主派人士大力推動下，印尼的民主進程出現強勁的動力。

哈比比登上總統之位後，馬上釋放了大量的政治犯，其中包括分離運動分子和前共產黨人等等。武裝部隊也釋放少數在 1997 年選舉期間「失蹤」的學運分子。威蘭托也宣佈將調查那些被指涉及綁架的將領，其中包括帕波沃。另一方面，對蘇哈托和其家族的調查進度緩慢，而且還傳出檢察長收取賄賂的疑情，哈比比因此深受訛病，不過，哈比比政府還是成功地提控鄭建盛。

政治氣氛改善，新的政黨也紛紛出現。默哈末狄雅的阿敏萊斯成立國民信念黨（Partai Amanat Nasional，簡稱 PAN 信念黨），奉行民主和世俗資本主義路線。阿都拉曼則以宗聯會的基礎，設立國家醒覺黨（Partai Kebangkitan Bangsa，簡稱 PKB 醒覺黨）。他像過去一樣，仍然倡議族群容忍、多元主義和非宗教形式的民主體制。梅嘉瓦蒂的印尼民主鬥爭黨（Partai Demokrasi Indonesia-Perjuangan，簡稱 PDI-P 民主鬥爭黨）受到民眾相當的支持。戈爾卡和聯發黨依舊存在，前者努力企圖擺脫舊日的污點：為過去種種的過當行為道歉，並且自稱為「新戈爾卡」，該黨主要派系堅定地支持著哈比比。

不過，對於許多人——尤其學運分子來說，這樣的自由開放

程度是遠遠不足夠的。示威遊行活動在雅加達和其他大城市成為家常便飯的景象。他們要求審判蘇哈托、終結武裝部隊在政治層面的介入、恢復經濟穩定，以及哈比比下臺。示威人士和武裝部隊（或他們培養的惡棍）的衝突，或者暴動的情形也時有所聞。

1998 年 11 月，人民協商議會決定在翌年 5 或 6 月舉行國會選舉。另外，它也通過決議削減武裝部隊在議會的席次、調查蘇哈托貪瀆案，以及容許政黨成立且不以建國五原則為黨意識型態。新國會將有五百個席次：四百六十二個選舉議席加三十八個軍方保留席次。而國會這五百個席次，加上六十五個功能團體和一百三十五個地方性代表，則組成人民協商議會的七百個議席。

到 1999 年 4 月大選前夕，總共有四十八個政黨正式向政府登記。不過，一般相信，其中有二十幾個其實是蘇哈托家族和其朋黨所設立的政黨，目的是為了混淆視聽和混水摸魚。經過火熱的競選期，國會大選在 1999 年 6 月 7 日順利舉行。選舉結果顯示，隨著新時代的來臨，新的五大政黨也產生了。梅嘉瓦蒂的民主鬥爭黨崛起成為最大政黨，共獲得 33.7% 的選票。戈爾卡失去昔日的光輝，剩下 22.4% 的選票，不過還是能夠成為全國第二大黨，和外島的第一大黨。另外，聯發黨折損了近半的選票，僅得 10.7%，降為第三大黨。阿都拉曼新創的醒覺黨囊獲 12.6% 的選票，排行第四大黨。阿敏萊斯的信念黨得到 7.1% 的選票，是第五大黨。

既然民主鬥爭黨囊獲最多的選票，梅嘉瓦蒂理應最有機會當上總統。但是，梅嘉瓦蒂似乎沒有太用心進行必要的政治運作和

1999 年國會選舉結果統計如下：

政黨名稱	選票百分率	國會席次	國會席次百分率
民主鬥爭黨	33.7	153	33.1
戈爾卡	22.4	120	26.0
聯發黨	10.7	58	12.6
醒覺黨	12.6	51	11.0
信念黨	7.1	34	7.4
其他小黨	13.4	46	10.0
總　　數	99.9	462	100.1

合縱連橫。即使受到東帝汶事件的負面影響，哈比比在國會選舉之後仍然有保住總統位子的一線希望。但不久後，他的親信捲入一宗銀行醜聞，讓最後這一絲希望隨之破滅。1999 年 10 月 19 日，人民協商議會召開會議，正式拒絕接受哈比比對其政策的解釋，不過卻還是通過了同意東帝汶獨立的事實。如此一來，哈比比唯有退出總統競選。

戈爾卡再推黨主席阿峇丹絨 (Akbar Tanjung) 為候選人不果後，放棄了總統寶座的角逐。在這種情況下，原本不被看好的阿都拉曼運籌成功，爆冷門地被人民協商議會推選為印度尼西亞第四任總統。一般相信，許多戈爾卡的代表都選擇支持阿都拉曼。雖然總統之位落空，但梅嘉瓦蒂還是在翌日當選了副總統——稍微舒緩其支持者的憤怒。另外，阿敏萊斯當選人民協商議會的主席。

第二節　阿都拉曼的執政：政爭糾纏和無功而返

　　阿都拉曼上任後，給印尼這個國家帶來希望和更多的開放自由，但同時，他也造成了許多混淆和失望。阿都拉曼的身體狀況也是一大隱憂，他因為健康不佳以致經常在公共場合睡著。如此一來，許多人開始懷疑阿都拉曼是否有能耐治理這個國家。

　　阿都拉曼的魄力驚人，努力剷除蘇哈托所建立的壓迫性的建制。現在，印尼政府更積極地調查和審訊過去侵犯人權以及貪瀆的種種事件。調查人員開始徹查蘇哈托和其家族所宰制的種種基金會，並且掌握越來越多的實情資料。涉及 1999 年屠殺支持亞齊獨立運動人士的二十四名兵士更受到判刑。2000 年 5 月，印尼政府與亞齊獨運簽署停火協議，使和平談判的機會提高。

　　他主張開放和多元主義，也有許多出人意表的開創性想法。例如，他對印尼華人採取了相當友善的態度，准許孔教公開進行儀式活動。從 2001 年開始，阿都拉曼也啟動地方分權的政策，將政治和經濟資源下放到各級行政單位手中，一改過去蘇哈托政權中央集權的作法❶。

　　不過，阿都拉曼相當率直的性格也讓他經常發表一些矛盾或

---

❶　不過，許多政治觀察家擔心，在沒有完善的法令規章的情況下，這種地方分權的作法將使得貪瀆、官商勾結的問題迅速向下蔓延。另外，一些貧困的省份——如東東南群島和中蘇拉威西等——則將面臨破產的危機，因為這些地方的財政開支八成以上依賴中央的津貼。

魯莽的政策宣示。他的言論經常使人混淆不已。例如，他建議讓
亞齊進行公投，但卻又不允許當地人有脫離印尼獨立的選擇。另
外，他突發奇想地建議廢除 1966 年人民協商議會禁止教授馬克思
和共產主義的決定。這種言論引爆國內許多的不滿，要求他下臺
的呼聲此起彼落，甚至自己的法務部長也威脅要請辭。

　　印尼整體上仍然是百病叢生，經濟處境還是十分艱難，族群
之間的暴力衝突延燒不斷，其中穆斯林和基督教徒間的衝突尤其
嚴重。在情況最嚴重的摩鹿加，估計有一千人在 1999 年因此喪
生。其他的社會問題，如貪污猖獗、治安敗壞和失業率高攀等問
題依然無解。恐怖組織也不時製造暴力衝突或爆炸案件，意圖擾
亂政府運作和帶來恐慌。政府對這種種的難題似乎束手無策，整
體效能似亟待改善。

　　由於國會內五大黨都不過半，所以阿都拉曼一直受到強大政
敵環伺，後者隨時把握每一個機會向他發動攻擊。而環境的困難、
政府的施政無效和阿都拉曼本身的魯莽和反覆都一再提供這些攻
擊者大好的火力目標。上臺一年左右，阿都拉曼陷入激烈的政治
苦戰，使他作為國家領導人的功能完全失效。至 2000 年底，糧食
局和汶萊蘇丹貸款案這兩宗貪瀆案糾纏著阿都拉曼❷，並且引爆

---

❷　糧食局弊案中，與阿都拉曼相當親近的按摩師阿力普 (Alip Agung
　　Suwondo) 侵吞了糧食局三百九十萬美元的款項。儘管阿都拉曼宣稱毫
　　不知情，但一般相信他就是此案幕後的真正主腦。在汶萊蘇丹貸款案
　　方面，涉及的是汶萊蘇丹為了援助亞齊地區提供的二百萬美元。但，
　　該筆款項最終卻去向不明。

最終的政治決鬥。

國會在 2001 年 2 月 1 日，基於這兩宗案件以及其他施政錯誤向阿都拉曼發出第一次警告備忘錄，並要求阿都拉曼三個月內進行辯護，這意味國會已經啟動罷免總統的第一步❸。阿都拉曼向國會提出解釋，同時啟動支持者展開「誓死保衛」的示威活動，企圖向國會施壓——以致引發一連串的暴力事件。

4 月 30 日，國會不接受總統的答辯，並且發出第二次警告備忘錄。這次國會運作過程裡，軍方雖然宣稱維持中立，但它實際上卻是反對阿都拉曼的前奏。而副總統梅嘉瓦蒂已經貌合神離，漸漸地與反對勢力和軍方走在一起。5 月中，梅嘉瓦蒂甚至公開表態支持人民協商議會召開特別大會，進行罷免總統的議程。從此，兩人的關係正式破裂，兩人的支持者也爆發衝突。為了阻擾罷免案的延續，阿都拉曼孤注一擲而威脅國會，若他們不停止建議人民協商議會召開特別大會，他將最遲在 5 月 25 日解散國會。

另外，他也召見警察和三軍將領要求他們公開支持他解散國會、提前大選和宣佈進入緊急狀態的總統命令。當時，盛傳阿都拉曼將撤換反對他的陸軍參謀長蘇達爾托 (Endriartono Sutarto) 和陸軍戰略後備司令李阿庫都 (Ryamizard Ryacudu)。不過，這兩人卻獲得元老將領的支持。5 月 20 日，李阿庫都以閱兵之名發動

---

❸ 根據人民協商議會在 1978 年的決議：罷免有違法行為的總統須要先由國會發出第一次警告備忘錄，若無良好回應，則發出第二次警告備忘錄，然後在一個月後便可向人民協商議會建議召開特別大會作出彈劾。

兵諫，在離總統府不遠的陸軍戰略後備司令部集結了砲車、裝甲車和軍隊，宣示部隊只效忠於憲法和國家而非個人，而且將對付任何的叛逆者。最終，其他軍警首長也都表態反對總統的意圖。

6月1日，阿都拉曼在沒有國會同意的情況下撤換國家總警長，後者卻堅持不肯交棒。由於根據法令規定，緊急狀態下的法令都交由警察執行，所以阿都拉曼希望換上自己人，以便能夠順利頒佈和實施緊急狀態。20日，阿都拉曼強硬任命新總警長，為此，人民協商議會提前至21日召開特別大會（原訂8月1日），一致通過收回對阿都拉曼的總統授權，並且在23日推舉梅嘉瓦蒂為新總統。26日，聯發黨主席韓沙哈茲 (Hamzah Haz) 則當選為副總統。雖然阿都拉曼之前一再指責特別大會不合法，拒絕辭職，但在同一天，眼見大勢已去，他最終還是以赴美就醫的下臺階離開了總統府。

第三節　梅嘉瓦蒂執政：不確定的未來

梅嘉瓦蒂7月底就任總統後，經過與各政黨和軍方的討價還價後，組成了所謂的三十二人「彩虹內閣」，其中包括接近一半是五大政黨和軍方人物，其餘則為專才和技術官僚。一般相信，梅嘉瓦蒂和韓沙哈茲合作的政府應該會比上屆更穩固，因為他們各自隸屬的民主鬥爭黨和聯發黨，再加上軍警方代表，在國會擁有超過一半的議席，可以免去倒閣的威脅。

8月底，伊斯蘭激進組織卻開始示威要求將伊斯蘭法入憲，

即將《雅加達憲章》列入 1945 年憲法序言及第二十九條條文中，使這個國家所有的穆斯林都必須遵從伊斯蘭教教義。有些政治觀察家相信，副總統韓沙哈茲和聯發黨可能是這些行動的幕後支持者。

9 月，國際形勢因為美國紐約的「9.11 事件」而劇烈變動，打擊伊斯蘭極端主義成為美國首要的任務。如此一來，美國相當重視印尼──世界最大的穆斯林國家──的外交態度和國內情勢的發展。在應付美國的壓力，以及國內政治勢力平衡之間，梅嘉瓦蒂面對了左右為難的困境。打擊國內伊斯蘭恐怖主義，可能會引起國內伊斯蘭勢力的反撲。相反地，印尼將面對反恐不力的指控，而遭遇來自美國的強大壓力。當國家在百廢待興的時候，梅嘉瓦蒂似乎須要很大的能耐和勇氣，才能將印尼帶領到民主且繁榮的正軌。

Indonesia

附　錄

大事年表

西元前

六十～四十萬年前	出現爪哇直立猿人。
四十～十萬年前	出現梭羅直立猿人。
一萬年前	蒙古種人開始遷入。
4000～3000 年前	農耕文化的傳入。
3500 年前	巨石文化發展起來。
500 年前	青銅器的出現。

西元後

100～800 年	出現許多古老小王國。
683 年	室利佛逝立國。
732 年	山查雅建立馬打藍王國。
904～905 年	剎郎闍家族入主室利佛逝。
930 年	馬打藍東遷王都。
989～992 年	馬打藍進攻室利佛逝不果，遭反擊重創。
1025 年	注輦攻擊室利佛逝。
1045 年	馬打藍一分為二，一為章伽拉王國；一為諫義里王國。
1211 年	蘇門答臘北部出現最早的伊斯蘭王國。
1222 年	肯昂羅滅諫義里，建立新柯沙里王國。
1268 年	格達拿伽拉繼承，新柯沙里迅速擴張。

1293 年	格達臘查薩智取蒙古遠征軍，並建立滿者伯夷王朝。
1319 年	迦查馬達在古狄叛亂中初露頭角。
1331～1351 年	滿者伯夷版圖大張，勢力如日中天。
1350 年	哈奄烏祿登基。
1364 年	迦查馬達逝世。
1397 年	爪哇滿者伯夷滅室利佛逝。
1401 年	滿者伯夷爆發內戰，走上衰亡之途。
十五世紀初	須木都剌－巴塞成為重要的伊斯蘭教傳播中心。馬六甲王國崛起。
1478 年	淡目王國滅滿者伯夷。
1511 年	葡萄牙人佔領馬六甲。
1512 年	葡萄牙人首次到達香料群島。
十六世紀初	亞齊成為伊斯蘭王國，並且迅速崛起。
1521 年	特朗伽納登基，並建立淡目的海上霸權。
1522 年	葡萄牙船拜訪巽他王國的巽他卡拉巴港口。葡萄牙人正式在德拉底建立要塞。
1529 年	西班牙勢力退出香料群島。
1546 年	特朗伽納被殺，淡目霸權崩析。
1556 年	萬丹王國哈山烏丁自稱蘇丹，脫離淡目自立。
1558 年	亞齊對葡屬馬六甲發動最大規模的攻擊，未果。
1564 年	蘇丹海侖被迫割讓德拉底予葡萄牙人。
1568 年	帕章王國的雅狄威查雅統一群雄，稱號蘇丹。
1575 年	德拉底的巴阿布拉成功將葡萄牙人逐出。
1580 年	葡、西兩國合併。

1586 年	馬打藍的仙納巴狄成功取代帕章成為霸權。
1595 年	荷蘭首支遠征艦隊出航。
1596 年	荷蘭人首次到達印尼群島，在萬丹王國停泊下來。
1600 年	荷蘭人與安汶首領締結首個條約並建立要塞。 英屬東印度公司成立。
1602 年	聯合東印度公司正式成立。
1605 年	荷蘭人在安汶建立要塞，同時獲得丁香壟斷權。
十七世紀初	伊斯干達穆達將亞齊國力推到最顛峰。
1613 年	馬打藍的蘇丹阿貢登基，國力開始進入顛峰。
1619 年	荷蘭人攻佔雅加達，並將它更名為巴達維亞。
1623 年	發生「安汶屠殺」，英國勢力被逐出安汶。
1624 年	蘇丹阿貢啟用蘇蘇胡南 (Susuhunan) 的稱號。
1629 年	亞齊攻擊葡屬馬六甲遭遇重大挫敗。
1628～1629 年	馬打藍蘇丹阿貢兩次進攻巴達維亞，未果。
1641 年	荷蘭人佔領葡屬馬六甲。
1646 年	蘇丹阿貢去世。
1666 年	荷蘭人最終征服南蘇拉威西戈阿王國。
1677 年	特魯納查雅攻陷馬打藍王城。
1681 年	荷蘭軍隊平定特魯納查雅叛亂，擁立亞莽古納二世。
1684 年	萬丹王國臣服於荷蘭。
1685 年	蘇拉巴狄揭竿反荷。
1686 年	蘇拉巴狄和馬打藍反荷派合力攻擊荷蘭代表團。
1704 年	爆發第一次爪哇戰爭，荷蘭擁立巴古布武諾一世。
1706 年	蘇拉巴狄戰死，荷蘭攻下反荷基地巴蘇魯安。

1719 年	亞莽古納四世即位,爆發第二次爪哇戰爭。
1740 年	巴達維亞爆發「紅溪事件」。
1740〜1743 年	華人與爪哇土著武裝反抗荷蘭人。
1743 年	荷蘭人助巴古布武諾二世復辟。
	馬打藍淪為荷屬東印度公司的附屬國。
1743〜1746 年	芒古布米叛亂。
1748 年	萬丹蘇丹被罷黜,引爆當地反荷叛亂。
1749 年	爆發第三次爪哇戰爭。
1752 年	萬丹王國承認荷屬東印度公司的宗主權。
1755 年	馬打藍王國正式分裂為日惹和梭羅公國。
1784 年	英國人通過〈巴黎條約〉打破荷蘭人的壟斷。
1795 年	巴達維亞共和國成立。威廉五世被推翻,出亡英國。
1800 年	荷屬東印度公司解散,荷屬東印度殖民政府成立。
1810 年	英軍佔領德拉底。
1811 年	英軍佔領巴達維亞。
	萊佛士開始統治荷屬印尼地區。
1814 年	英荷簽訂〈倫敦協定〉。
1816 年	英國將爪哇等殖民地交還荷蘭。
1824 年	英荷簽訂〈英荷條約〉。
1825 年	狄波尼哥羅發動反荷起義。
1830 年	爪哇開始實施強迫種植制度。
1837 年	荷軍平定蘇門答臘帕德里叛亂。
1870 年	荷蘭殖民政府開始施行自由開放政策。
1873 年	荷蘭對亞齊發動侵略戰爭,開啟對印尼內地和

	其他島嶼實施統治的推進政策。
1901 年	荷蘭宣佈實行所謂的「道德政策」。
1908 年	瓦希丁成立至善社。
1909 年	特里多阿底蘇佐創立伊斯蘭商業聯盟。
1911 年	《從黑暗到光明：一個爪哇公主的書信集》出版。
	道維司德克創立東印度政黨。
1912 年	伊斯蘭商業聯盟更名為伊斯蘭聯盟。
	阿末達蘭創立默哈末狄雅。
1914 年	史里偉勒成立東印度社會民主協會。
1917 年	伊斯蘭聯盟內部出現 B 派系。
1918 年	「國民議會」成立。
1918～1919 年	荷蘭殖民政府大力打擊反對運動。
1920 年	東印度社會民主協會更名為東印度共產黨協會。
1921 年	伊斯蘭聯盟進行清共。
1924 年	東印度共產黨協會改名為印度尼西亞共產黨。
1925 年	蘇卡諾在萬隆創立總學習俱樂部。
1926 年	哈斯金脫離伊斯蘭聯盟，成立宗教司聯合會。
1926～1927 年	共產黨發動一連串叛亂，未果。殖民當局宣佈該黨為非法。
1927 年	印尼國民協會創立，蘇卡諾出任主席。
1928 年	印尼國民協會更名為印尼國民黨。
1929～1930 年	蘇卡諾被捕入獄。
1931 年	印度尼西亞黨成立，繼承國民黨。
	沙里爾創立印尼國民教育黨。
12 月	蘇卡諾提前出獄。

1932 年	爆發 「七省號軍艦起義」 和 「反學校管理條例」 運動。
1933～1934 年	殖民政府強硬打擊反對運動,蘇卡諾和哈達等領袖先後被捕流放。
1939 年	印尼政治聯盟成立,提出建立反法西斯陣線、成立民選國會和印尼自治等要求。
1940 年	德國入侵荷蘭,荷蘭女王和政府流亡英國。
1941 年	太平洋戰爭爆發。
1942 年 1 月	日本軍侵略印尼。
3 月	荷軍總司令特波登宣佈投降。日軍成立宗教事務部。
4 月	日本當局在爪哇推動「三亞運動」。
9 月	重設印尼最高伊斯蘭理事會。
1943 年 3 月	日軍成立 「人民力量中心」,並由蘇卡諾、哈達、邁蘇爾等國族主義分子領導。
10 月	最高伊斯蘭理事會解散,以瑪斯友美取代之。
1944 年 3 月	日本當局另組織爪哇奉公會。
1945 年 3 月	日軍宣佈成立「印尼獨立準備調查委員會」。
6 月	蘇卡諾發表著名的「建國五項原則」演說。
7 月	日本本土開始受到美軍的轟炸。
8 月	日本天皇宣佈無條件投降。
	蘇卡諾宣讀獨立宣言,印度尼西亞正式誕生。
9 月	盟軍英國部隊登陸。
10 月	荷蘭軍隊重返。
1946 年 2 月	印尼共和國政府遷往日惹。

4 月	荷蘭和印尼共和國展開談判。
7 月	殖民政府召開馬里諾會議。
11 月	印荷簽訂〈林芽椰蒂協定〉。
	荷蘭殖民政府開始建立各個合眾邦國。
1947 年 7 月	荷蘭發動第一次「警察行動」。
12 月	荷印同意以「樊穆克線」為共和國的疆界。
1948 年 1 月	荷印簽訂〈倫維爾協定〉。
5 月	西爪哇發生伊斯蘭教國叛亂。
9 月	共產黨在茉莉芬發動叛亂。
12 月	荷蘭發動第二次「警察行動」，佔領日惹，並逮捕蘇卡諾、哈達等共和國領袖。
1949 年 1 月	聯合國安理會通過決議譴責荷蘭，要求恢復印尼共和國政府，並進行和平談判。
4 月	荷蘭被迫接受安理會決議。
11 月	在海牙的談判達致〈圓桌會議協定〉。
12 月	《印尼聯邦共和國憲法》通過，蘇卡諾當選為總統，哈達為副總統。荷蘭將主權交予印尼聯邦共和國。
1950 年 9 月	納希爾領導的第一屆內閣上臺。
	印尼加入聯合國。
1951 年 4 月	蘇基曼領導的第二屆內閣上臺。
8 月	政府發動大逮捕，打擊共產黨和工會力量。南蘇拉威西發生叛亂。
1952 年 2 月	內閣因為祕密接受有條件的美援而倒臺。
4 月	韋洛坡領導的第三屆內閣上臺。

10 月	納蘇迅等軍方中央領導發動「10.17 政變」，但被蘇卡諾平息下來。
1953 年 7 月	阿里領導的第四屆內閣上臺。
9 月	全亞齊宗教司聯合會發動叛亂。
1955 年 4 月	印尼召開萬隆亞非會議。
8 月	布哈奴汀領導的第五屆內閣上臺。
9 月	印尼舉行首次國會大選。
1956 年 3 月	阿里領導的第六屆內閣上臺。
10～11 月	盧比司發動政變。
12 月	蘇門答臘中部發生叛亂。副總統哈達辭職生效。
1957 年 2 月	蘇卡諾倡議組織「納沙共」政府和民族議會。
3 月	蘇拉威西第 7 軍區司令成立軍事政府，加入叛變。阿里第六屆政府倒臺。
4 月	蘇卡諾成功組織內閣，由朱安達出任總理。
5 月	民族議會成立。
1958 年 2 月	蘇門答臘爆發「印度尼西亞共和國革命政府」叛亂。
3 月	政府軍進攻蘇門答臘叛軍據點。
4 月	政府軍攻克叛亂中心巴東，叛軍移師北蘇拉威西。
6 月	政府軍拿下萬鴉老，大抵平定叛亂。
1959 年 7 月	蘇卡諾發出總統命令，恢復 1945 年憲法。
1960 年 3 月	合作國會被組織起來。
8 月	印尼宣佈與荷蘭斷絕外交關係。陸軍查封瑪斯友美和社會主義黨。
9 月	臨時人民協商議會成立。

1961 年 12 月	蘇卡諾發佈全國總動員令，召集志願軍解放西伊里安。
1962 年 7 月	荷蘭接受美國提出的本克方案。
1963 年 5 月	印尼收回西伊里安的行政權。
9 月	蘇卡諾宣佈要「粉碎馬來西亞」。
1964 年 4 月	穆巴黨倡議解散現有政黨並創建一黨體制。
1965 年 5 月	蘇卡諾決定成立「第五部隊」。
8 月	蘇卡諾病情公開，引起繼承緊張。
9 月	翁東等人發動「9.30 事件」，但被蘇哈托弭平。
10 月	全國各地開始出現血腥的肅共運動。蘇哈托被委任為陸軍司令。
1966 年 3 月	爆發「3.11 政變」，蘇卡諾被迫將權力交付蘇哈托。共產黨被禁，內閣大肆改組。
6～7 月	臨時人民協商議會收回蘇卡諾作為終身總統的決定，並要求蘇卡諾向議會進行解釋。
1967 年 3 月	臨時人民協商議會撤銷蘇卡諾所有的權力和名銜，並且委任蘇哈托為代理總統。
1968 年 3 月	臨時人民協商議會推選蘇哈托為總統。
1970 年 2 月	政府宣佈公務人員不得參加政黨，而且施壓迫使他們加入戈爾卡。
1971 年 7 月	進行國會選舉。
1972 年 3 月	蘇哈托再次被推選為總統。
1973 年 1 月	全國原有政黨被合併為聯發黨和民主黨。
1975 年 12 月	印尼武裝部隊入侵東帝汶。
1976 年 7 月	國會通過合併東帝汶的法案。

1977 年 5 月	進行國會選舉。翌年初，蘇哈托第三次獲選為總統。
1980 年 5 月	納蘇迅等人共同簽署《五十人請願書》。
1982 年	進行國會選舉。
1984 年 9 月	爆發「丹絨帕里沃」事件。
12 月	宗聯會放棄政黨的角色。
1985 年 2 月	國會通過議決，規定所有組織必須以建國五原則為唯一的意識型態基礎。
1987 年	進行國會選舉。
1990 年 12 月	哈比比領導的穆知聯盟成立。
1992 年 6 月	舉行國會選舉。
1993 年 3 月	蘇哈托第六次當選總統。
5 月	泗水女工會領袖綁架案。
12 月	梅嘉瓦蒂當選為民主黨主席。
1994 年 4 月	棉蘭工人抗爭。
1995 年年底	東帝汶發生天主教和穆斯林之間的武力衝突。
1996 年年初	國產車弊案。
7 月	民主黨在雅加達的總部爆發「7.27 事件」。
	貝羅主教和拉末斯霍達共同獲頒諾貝爾和平獎。
年底	東爪哇發生穆斯林攻擊基督教堂事件。
1997 年年初	西加里曼丹發生達雅人和馬都拉移民的衝突。
5 月	舉行國會選舉。
6 月	爆發金融風暴。
7 月	曼德拉探訪牢裡的古斯茂。
1998 年 3 月	蘇哈托第七次當選總統。

5 月	雅加達發生「特里薩底大學事件」，四名示威學生被槍殺。接著，印尼各地爆發嚴重的暴動。蘇哈托宣佈辭職。哈比比宣誓就任總統。
6 月	哈比比會見貝羅主教。
11 月	人民協商議會決定舉行國會選舉，並改組國會席次。
1999 年 1 月	印尼外長宣佈將讓東帝汶選擇自治或獨立。
6 月	舉行國會選舉。
8 月	東帝汶舉行公投，決定獨立。東帝汶民兵製造武力衝突。
9 月	哈比比同意聯合國和平部隊進駐東帝汶。
10 月	人民協商議會拒絕哈比比的政策解釋。哈比比放棄競選總統。阿都拉曼被選為總統，梅嘉瓦蒂當選為副總統。
2000 年 5 月	政府與亞齊獨運簽署停火協議。
年底	阿都拉曼捲入兩宗貪瀆醜聞。
2001 年 2 月	國會向阿都拉曼發出第一次警告備忘錄。
4 月	國會不接受總統政策解釋，發出第二次警告備忘錄。
5 月	梅嘉瓦蒂公開表態支持人民協商議會召開特別大會。阿都拉曼企圖解散國會。陸軍在雅加達發動「兵諫」。
7 月	人民協商議會撤銷阿都拉曼的總統職位，而推舉梅嘉瓦蒂為總統。

2002 年 1 月 16 日	泗水議會宣布 Surabaya、Sunarto、Sumoprawiro 市長不適任公職。
1 月 22 日	內政部長 Sabarno 聲明泗水議會沒有權罷免市長。
1 月 28 日	泗水市長決心宣布獨立合法的團隊。 高卡爾黨領導階層任命「五人小組」或「救援小組」來保護黨的未來和完整。
1 月 29 日	嚴重的洪水襲擊雅加達市郊和市區。
1 月 31 日	洪水襲擊 Madura。
2 月 2 日	印尼政府和 Gerakan Aceh Merdeka 在日內瓦開始新一輪談話。
2 月 5 日	議會投票否決正式接待澳洲總理霍華，以抗議澳洲干涉印尼內政。
2 月 11 日	Maluku 伊斯蘭教和基督教領袖在 Malino 集會，探討結束 Maluku 衝突的可能。
2 月 18 日	梅嘉瓦蒂總統宣布華人農曆新年成為國家假日。
3 月 15 日	前東帝汶總督和警察總長被審判在 1999 年公民投票中違反人權。
3 月 20 日	蘇哈托在雅加達繼續被審判。
4 月 12 日	印尼獲得 Paris Club 同意給予五十四億美元外債。
4 月 20 日	副總統報告印尼外債已達一百三十萬兆盧布。
5 月 8 日	馬來西亞、印尼、和菲律賓共同簽署對付恐怖分子活動的協議。
5 月 19 日	梅嘉瓦蒂總統出席東帝汶領土轉移儀式。
5 月 27 日	聯合國環境高峰會在峇厘島舉行。

6 月 8 日	印尼舉行第一屆西南太平洋論壇。
6 月 12 日	印尼同意經濟改革交換國際貨幣基金組織的金援。
7 月 2 日	東帝汶總統訪問雅加達，並建立外交關係。
8 月 1 日	新的馬來西亞移民法開始生效，成千上萬印尼勞工離開馬來西亞進入印尼邊界。
8 月 10 日	議會通過總統副總統的直選。
9 月 26 日	和中國簽訂二十五年的天然氣供應，從巴布亞到中國。
10 月 12 日	發生峇厘島爆炸案，造成二百零二人死亡。
10 月 18 日	涉嫌在 2000 年 12 月 24 日謀殺梅嘉瓦蒂總統的巴西爾被捕。
11 月 7 日	政府軍開始圍攻亞齊省北部。
12 月 9 日	印尼和亞齊的代表在日內瓦簽署和平協定，包括在外籍觀察員監督下停火，在 2004 年舉行自治立法選舉，並保有 70% 石油和天然氣的稅收。
12 月 17 日	國際法庭宣判 Sipadan 和 Kalimantan Timur 島屬於馬來西亞領土。
12 月 28 日	國際和平考察團在亞齊的工作開始進行。
2003 年 1 月 1 日	政府提高 22% 的燃料價格，電話費和電費分別調漲 6% 及 15%，以應國際貨幣基金組織的壓力。
2 月 9 日	五萬人參加反對攻打伊拉克的遊行。
2 月 11 日	Ali Imron 坦承犯下峇厘島爆炸案。

2 月 18 日	議會通過國會議員候選人的 30% 應為女性。
3 月 9 日	三十萬人參加反對美國入侵伊拉克的示威。
12 月	印尼選舉委員會宣布，具備參選 2004 年國會大選資格的政黨名單，共有二十四個黨符合資格，包括舊國會中的六個主要政黨及十八個新黨。
2004 年 1 月	東南亞爆發禽流感。
	確認各政黨候選人名單。
3 月	開始為期三週的政黨競選活動。
	印尼中央銀行預測 2004 年第一季經濟成長率可達 4.2% 到 4.7 % 之間。
3 月 11 日	外國的選舉觀察團被禁止前往亞齊省部分地區去觀選。
	原任政治安全統籌部長 Yudhoyono 辭去部長職務。
4 月 1 日	停止政黨競選活動。
4 月 5 日	國會與地方大選投票。
4 月 21～28 日	宣布國會競選結果。
4 月 29～30 日	確認國會席次分配。
5 月 1～7 日	總統選舉登記。
5 月 5 日	高卡爾黨發表聲明，贏得國會大選。
5 月 23 日	國會大選過後一個多月，在各政黨合縱連橫之下，共有五組總統候選人產生。
5 月 19 日	確認政黨總統候選人。
7 月 8 日	警方逮捕涉及爆炸案的七名伊斯蘭教祈禱團成員。

7 月 13 日	召喚緬甸大使，對使館遭竊聽問題表示關切。
9 月	東協十國經濟部長在雅加達開會，商討開放貿易、吸引投資、爭取早日建立東亞貿易自由區等議題。
10 月 4 日	全國選舉委員會正式宣布民主黨候選人尤多約諾以較大優勢當選印尼自 1945 年獨立以來的第六任總統。
12 月 10 日	印尼官方表示不會跟進油國組織的石油減產計畫。
12 月 26 日	蘇門答臘島附近海域發生強烈地震，並引發海嘯。印尼再次成為全球關注的災難地域。
2005 年 10 月 1 日	印尼峇里島發生三起爆炸案，死傷超過百人。
2006 年 7 月 17 日	印尼發生規模 7.7 爪哇地震，死傷近萬人。
2007 年 12 月 3～15 日	印尼峇里島舉辦聯合國氣候變化大會。
2008 年 5 月 24 日	學生在萬隆發起反油價上漲活動。
2009 年 10 月 20 日	尤多約諾以六成得票率連任印尼總統。
2010 年 5 月 1～31 日	印尼進行第六次人口普查。
2011 年 1 月 11 日	印尼總統尤多約諾提出印尼將注重經濟成長、創造就業場所、減少貧窮、與保護生態環境等四項政策。
2013 年 9 月 22 日	在印尼巨港舉辦第三屆伊斯蘭團結運動會。
2014 年 10 月 20 日	佐科‧維多多當選第七任印尼總統。
2015 年	政府積極推動「菜市場更新計畫」。
6 月 30 日	印尼棉蘭軍機墜機事故。
7 月	印尼計畫興建雅加達至萬隆的高速鐵路。

2016 年 1 月 14 日	印尼雅加達發生伊斯蘭國襲擊事件。
2017 年	從 2017 年開始，實行三年的鋼鐵進口產品管制。
11 月 4 日	保守派穆斯林在首都雅加達舉辦反華裔省長——鍾萬學的示威活動。
2018 年 5 月 13～14 日	泗水連環爆炸案。
8 月 18 日	第十八屆亞洲運動會在印尼的雅加達及巨港雙城共辦。
9 月 28 日	蘇拉威西島發生 7.5 強震，引發海嘯，死傷慘重。
2019 年 8 月 19 日	印尼發生巴布亞抗議活動，巴布亞省與西巴布亞省要求脫離印尼獨立。
8 月 26 日	印尼首都雅加達面臨地層下陷危機，決定實施遷都計畫，宣布遷至婆羅洲島。
10 月 20 日	佐科·維多多連任印尼總統。
2021 年 4 月 21 日	印尼潛艦於演習時失聯，後遭證實遭水下波浪拖入海底，潛艦內五十三人全數罹難。

參考書目

中文部分

Cribb, Robert and Colin Brown，《印尼當代史》，蔡百銓譯，臺北：國立編譯館，1997。

Hall, D. G. E.，《東南亞洲史》，張奕善譯，臺北：國立編譯館，1982。

Sanusi Pane（薩努西‧巴尼），《印度尼西亞史》，吳世璜譯，香港：商務印書館，1980。

王任叔，《印度尼西亞古代史》，北京：中國社會科學出版社，1987。

王任叔，《印度尼西亞近代史》，周南京整理，北京：北京大學出版社，1995。

余定邦，《東南亞近代史》，貴陽：貴州人民出版社，1996。

吳秀慧、余金義（編），《蘇哈托——千島國君主》，臺北：克寧出版社，1995。

李炯才，《印尼——神話與現實》，臺北：遠景，1983。

李美賢，〈印尼「新秩序」時期的威權政治機制與官僚政治〉，《東南亞季刊》1983 年第 1 卷，第 4 期，頁 27–50。

李美賢，〈印尼的政黨政治：走上「非自由民主」之路？〉，《東南亞季刊》1997 年第 2 卷，第 1 期，頁 43–67。

李美賢，〈1997 年印尼國會大選與「開放政治」〉，《東南亞季刊》1999 年第 2 卷，第 4 期，頁 27–50。

李美賢，〈解析政治文化與印尼政黨政治發展的（無）關連性〉，《海華

與東南亞研究》第 1 卷，2001 年第 1 期，頁 105–132。

梁志明（主編），《殖民主義史‧東南亞卷》，北京：北京大學出版社，
1999。

廖建裕，《印尼散記》，新加坡：青年書局，1960。

外文部分

Benda, Harry J. (1964), "Democracy in Indonesia," *Journal of Asian Studies*, 23, pp. 449–456.

Black, C. & A. (1998), *The East India Company: 1600–1858*, Patrick Tuck (ed.), Vd. I.: Routledge.

Crouch, H. (1978), *The Army and Politics in Indonesia*, Ithaca, N.Y.: Cornell University Press.

Eklof, Stefan (1999), *Indonesian Politics in Crisis: The Long Fall of Suharto, 1996–98*, Copenhagen: NIAS Publishing.

Feith, H. (1962), *The Decline of Constitutional Democracy in Indonesia*, Ithaca, N.Y.: Cornell University Press.

Goto, Ken'Ichi (1996), "Caught in the Middle: Japanese Attitudes toward Indonesian Independence in 1945," *Journal of Southeast Asian Studies*, Vol. 27, No. 1 (March), pp. 37–48.

Kahin, George McT. (1952), *Nationalism and Revolution in Indonesia*, Ithaca, N.Y.: Cornell University Press.

Kingsbury, Damien (1998), *The Politics of Indonesia*, South Melbourne: Oxford University Press, pp. 198–218.

Kingsbury, Damien (1998), *The Politics of Indonesia*, Melbourne: Oxford University Press, pp. 163–175.

Legge, J. D. (1964), *Indonesia*, New Jersey: Prentice-Hall.

Legge, J. D. (1972), *Sukarno: A Political Biography*, New York and Washington: Praeger Publishers.

Leo, Suryadinata (2002), *Elections and Politics in Indonesia*, Singapore: ISEAS.

Liu Hong (1997), "Constructing a China Metaphor: Sukarno's Perception of the PRC and Indonesia's Political Transformation," *Journal of Southeast Asian Studies*, Vol. 28, No. 1 (March), pp. 27–46.

Lubis, Mochtar (1990), *Indonesia: Land under the Rainbow*, Singapore: Oxford University Press.

Pluvier, Jan (1974), *South-East Asia from Colonialism to Independence*, Kuala Lumpur: Oxford University Press.

Ramage, Douglas E. (1995), *Politics in Indonesia—Democracy, Islam and the Ideology of Tolerance*, London and New York: Routledge.

Schwarz, Adam (1994), *A Nation in Waiting: Indonesia in the 1990s*, Australia: Allen & Unwin.

Soebadio, Haryati & Carine A. du Marchie Sarvaas (1978), *Dynamics of Indonesian History*, Amsterdam; Oxford, New York: North-Holland Publishing Company.

Tarling, Nicholas (ed.) (1992), *The Cambridge History of Southeast Asia*, Cambridge, New York: Cambridge University Press.

圖片出處：Hulton Archive: 15, 18, 38, 39; Reuters: 49, 53, 54; Bettmann/ Corbis: 46, 51; Peter Tuenley/Corbis: 52; Shutterstock: 5, 10, 11; Wikipedia: 24, 25, 32, 33, 36, 40, 41, 45, 48, 50.

國家圖書館出版品預行編目資料

印尼史：異中求同的海上神鷹／李美賢著.－－二版
二刷.－－臺北市：三民，2021
　　　面；　　公分.－－（國別史）
　　參考書目：面
　　ISBN 978-957-14-6575-3　（平裝）
　　1.印尼史

739.31　　　　　　　　　　　　　　108000097

國別史

印尼史——異中求同的海上神鷹

作　　者	李美賢
發 行 人	劉振強
出 版 者	三民書局股份有限公司
地　　址	臺北市復興北路 386 號 (復北門市)
	臺北市重慶南路一段 61 號 (重南門市)
電　　話	(02)25006600
網　　址	三民網路書店 https://www.sanmin.com.tw
出版日期	初版一刷 2005 年 6 月
	初版二刷 2012 年 11 月
	二版一刷 2019 年 2 月
	二版二刷 2021 年 9 月修正
書籍編號	S730190
I S B N	978-957-14-6575-3

三民書局